纺织高职高专"十二五"部委级规划教材

U0738117

实用纺织商品学

（第2版）

朱进忠　主　编

潘绍来　副主编

许瑞超　主　审

李　南　副主审

中国纺织出版社

内 容 提 要

本书介绍了纤维、纱线、织物和服装四大类纺织商品的品种类别、生产过程、品质特征、质量检验、用途性能、编码代号、标志包装、仓储运输、保养使用等方面的内容,涉及面广,实用性强。

本书适合各类纺织高职高专院校作教材,也可供商业贸易、物流仓储、商检海关、技术监督和纺织企事业单位的经贸人员和技术人员参考。

图书在版编目(CIP)数据

实用纺织商品学/朱进忠主编. —北京:中国纺织出版社,2011.8(2022.1 重印)

纺织高职高专"十二五"部委级规划教材

ISBN 978 - 7 - 5064 - 7522 - 8

Ⅰ.①实… Ⅱ.①朱… Ⅲ.①纺织品 - 商品学 - 高等职业教育 - 教材 Ⅳ.①TS101 F768.1

中国版本图书馆 CIP 数据核字(2011)第 092425 号

策划编辑:孔会云 责任校对:楼旭红 责任设计:李 然
责任印制:何 艳

中国纺织出版社出版发行
地址:北京东直门南大街 6 号 邮政编码:100027
邮购电话:010—64168110 传真:010—64168231
http://www.c-textilep.com
E-mail:faxing@c-textilep.com
北京虎彩文化传播有限公司印刷 北京虎彩文化传播有限公司装订
各地新华书店经销
2000 年 9 月第 1 版 2011 年 8 月第 2 版
2022 年 1 月第 12 次印刷
开本:787 × 1092 1/16 印张:15.25
字数:311 千字 定价:35.00 元
购买更多纺织服装专业电子书,请登录:
http://www.c-textilep.com.cn/acrp/ebooks.cfm

　　《国家中长期教育改革和发展规划纲要》(简称《纲要》)中提出"要大力发展职业教育"。职业教育要"把提高质量作为重点。以服务为宗旨,以就业为导向,推进教育教学改革。实行工学结合、校企合作、顶岗实习的人才培养模式"。为全面贯彻落实《纲要》,中国纺织服装教育协会协同中国纺织出版社,认真组织制订"十二五"部委级教材规划,组织专家对各院校上报的"十二五"规划教材选题进行认真评选,力求使教材出版与教学改革和课程建设发展相适应,并对项目式教学模式的配套教材进行了探索,充分体现职业技能培养的特点。在教材的编写上重视实践和实训环节内容,使教材内容具有以下三个特点:

　　(1)围绕一个核心——育人目标。根据教育规律和课程设置特点,从提高学生分析问题、解决问题的能力入手,教材附有课程设置指导,并于章首介绍本章知识点、重点、难点及专业技能,增加相关学科的最新研究理论、研究热点或历史背景,章后附形式多样的思考题等,提高教材的可读性,增加学生学习兴趣和自学能力,提升学生科技素养和人文素养。

　　(2)突出一个环节——实践环节。教材出版突出应用性学科的特点,注重理论与生产实践的结合,有针对性地设置教材内容,增加实践、实验内容,并通过多媒体等形式,直观反映生产实践的最新成果。

　　(3)实现一个立体——开发立体化教材体系。充分利用现代教育技术手段,构建数字教育资源平台,开发教学课件、音像制品、素材库、试题库等多种立体化的配套教材,以直观的形式和丰富的表达充分展现教学内容。

　　教材出版是教育发展中的重要组成部分,为出版高质量的教材,出版社严格甄选作者,组织专家评审,并对出版全过程进行跟踪,及时了解教材编写进度、编写质量,力求做到作者权威、编辑专业、审读严格、精品出版。我们愿与院校一起,共同探讨、完善教材出版,不断推出精品教材,以适应我国高等教育的发展要求。

中国纺织出版社

教材出版中心

第 2 版前言

《实用纺织商品学》是全国纺织高职高专的纺织商品学规划教材,2000 年出版后受到广大师生的欢迎和好评。近年来,纺织科技飞速发展,新材料、新仪器和新修订与制订的纺织标准不断涌现,引起了纺织教育和纺织商品学教学内容的改变。为充分体现纺织高职高专院校人才培养目标的要求,基于新形势下对高等技术应用型人才基本特征及培养规律的认识和探索,我们编写了这本纺织高职高专"十二五"部委级规划教材《实用纺织商品学》(第 2 版)。

第 2 版对第 1 版进行了大量删减、修订,较之第 1 版有以下几个特点:

(1)在第 1 版基础上充分考虑到近几年来纺织商品的发展和变化,删去了一些陈旧的内容,增加新品种、反映新商品,整合某些篇章段落,解决了原版内容陈旧的问题。

(2)将新标准、新商品及时引入教材,按照国家和行业标准的规定修订名词术语和概念,确保指标、要求、方法等内容与最新国家标准一致,充分体现了教材的时效性和前瞻性。

(3)更加强调学生职业能力的培养,以强化学生的职业技能。

(4)教材内容富有弹性,有一定的覆盖面,基本满足了不同专业方向对纺织商品学教材的需求。

(5)在每章前后分别增加本章知识点、思考题。

(6)增加图示图片和实用内容,以细化内容的说明。

本教材由河南工程学院、南通纺织职业技术学院、安徽职业技术学院、成都纺织高等专科学校等院校联合组成编写委员会,由河南工程学院的老师担任主编,南通纺织职业技术学院的老师担任副主编。其中,河南工程学院朱进忠编写了绪论、第四章、第五章第五节、第六章、第八章;河南工程学院张海霞编写第一章、第二章第一节~第四节、第三章;河南工程学院曹秋玲编写了第五章第一节~第四节;河南工程学院周蓉编写了第七章第一节~第四节;南通纺织职业技术学院潘绍来编写了第七章第五节、第九章、第十六章;成都纺织高等专科学校李一编写了第十章~第十二章;安徽职业技术学院袁传刚编写了第十三章~第十五章。全书由河南工程学院朱进忠担任主编,南通纺织职业技术学院潘绍来担任副主编,河南工程学院许瑞超担任主审,常州纺织服装职业技术学院李南担任副主审。

由于编者的能力有限,书中难免有不足、疏漏和错误之处,敬请广大读者不吝赐教,使之不断进步。

编者
2011 年 3 月

　　本教材是在全国纺织教育学会全纺职业教育教学指导委员会和全纺中专校纺纱专业教学指导委员会的领导下,主要由五所院校分工编写的,可供高等职业技术学院、高等专科学校的经贸、商检专业及纺纱(棉纺、毛纺、麻纺、绢纺)、机织、针织、服装等专业作教材,也可供纺织中等专业学校、中等职业学校使用以及商业、商检与纺织企事业单位的干部职工阅读。

　　在编写本教材时,根据高等职业教育的培养目标及特点,力求简明扼要地叙述商品实用知识,做到内容深浅适度,简洁明快,使本书更加符合教学要求。

　　本书的绪论、第五章由河南纺织高等专科学校朱进忠编写;第一篇各章由河南纺织高等专科学校张海霞编写;第四章由河南纺织高等专科学校曹秋玲编写;第六章由河南省环境保护研究所王伟编写;第七章由河南纺织高等专科学校周蓉编写;第八章由常州工业学校蒋蓉编写;第九章、第五篇各章由南通纺织职业技术学院潘绍来编写;第十章由成都纺织高等专科学校赵敏编写;第十一章、第十二章由成都纺织高等专科学校李一编写;第四篇各章由安徽纺织职业技术学院袁传刚编写。全书由朱进忠副教授担任主编并统稿校订,由成都纺织高等专科学校贺庆玉副教授和南通纺织职业技术学院顾菊英高级讲师担任主审,参加审稿的还有浙江纺织职业技术学院高级讲师言宏元、河南省出入境检验检疫局高级工程师郭会清、河南商业高等专科学校副教授张东升等。

　　由于我们的水平有限,难免有不足之处,竭诚欢迎使用本书的师生以及广大读者批评指正。

编者

1999 年 12 月

☞ 课程设置指导

本课程设置意义 本课程是纺织品检验与贸易等专业的必修核心课程,是深刻认识和理解纤维、纱线、织物和服装四大类纺织商品的品种类别、生产形成、品质特征、质量检验、用途性能、编码代号、标志包装、仓储运输、保养使用等内容的主要途径,是培养学生的职业工作能力、分析和解决实际问题能力的重要途径,对培养学生理论联系实际的工作作风、科学严谨的工作态度具有重要意义。

本课程教学建议 本课程作为纺织品检验与贸易专业、纺织经贸、物流专业的主干课程,建议学时 86~116 课时,教学内容包括本书全部内容。

纺织品设计、针织与服装、现代纺织技术专业、化纤专业、染整技术专业及服装类专业作为必修课,建议学时 52~74 课时,教学内容选择与专业有关的章节。

本课程教学目的 通过本课程的学习,要求学生了解纺织商品生产形成的基本工艺与过程;重点掌握纤维、纱线、织物和服装四大类纺织商品的品种类别、品质特征、质量检验、用途性能和编码代号;了解纺织商品的标志包装、仓储运输、保养使用等方面的知识。

目 录

第一篇　纤维商品

第二篇　纱线商品

第三篇　织物商品

绪 论

● 本章知识点 ●

1. 纺织商品学的内容。
2. 纺织商品的常用性能指标。
3. 纺织商品学的沿革和发展。
4. 纺织商品的分类。

纺织商品是人类社会物质文化生活中的一类重要商品,与工业、农业、交通运输、国防、医疗卫生以及劳动保护等方面关系密切,在国计民生中占有重要地位。我国是人口大国和纺织品服装生产经营的大国。服装是人民生活必不可少的必需品,制造服装的主要材料是纤维纺织品,当它们进入市场流通,便是纺织商品。

第一节 纺织商品及一般分类

一、纺织商品

纺织商品是指提供给市场交换、用于满足人民生活和社会需要的各种纺织制品,包括化学纤维。市场上的各种纤维以及由各种纤维经过纺织加工而形成的制品,包括纱线、织物、服装等,统称为纺织商品。

随着科学技术和经济社会的发展,纺织商品的生产经营已进入"大纺织"阶段。纺织生产不仅是指纺纱、织布和染色,还包括化纤、非织造布、服装等加工,纺织商品不仅有衣着商品,还包括装饰用商品、产业用商品。过去单一的衣着商品,也在向穿、戴、背、挎、系等系列化发展,而传统的服装面料,也在向服装成衣、服装原料及辅料全方位发展。棉花、羊毛等天然纤维虽非纺织工业所产,但却是纺织工业所用的主要原料,是纺织商品的主要构成部分,故也纳入纺织商品予以介绍。

作为纺织商品,一般有三个特征:一是其构成以纤维为主体,或为纤维,或为纤维制品,虽然在形成纺织商品的过程中有非纤维材料被采用,但构成纺织商品的主体是各种纤维;二是其一般经过制纤、纺纱、织造、染整、制衣等工艺的部分或全部加工过程,或者经过人工培植、饲养,具有适应各种需要的使用价值;三是进入市场流通实现其使用价值,若未进入流通领域,则其不能称为商品,而只能是制品、物品或产品。

二、纺织商品的一般分类

(一)按商品形态分类

纺织商品按其形态分为纤维商品、纱线商品、织物商品和服装商品四大类,纤维是指直径一般为几微米到几十微米,而长度比直径大许多倍的细长物质,如棉纤维、毛发等。纤维的种类很多,其中可以用来制造纺织品(如纱线、绳带、织物等)的纤维称为纺织纤维。纺织纤维按其来源分为天然纤维和化学纤维两大类(表1)。纱线的种类繁多,一般按原料、纺纱方法以及用途的不同进行分类。内容详见本教材各篇章。

表1　纤维分类表

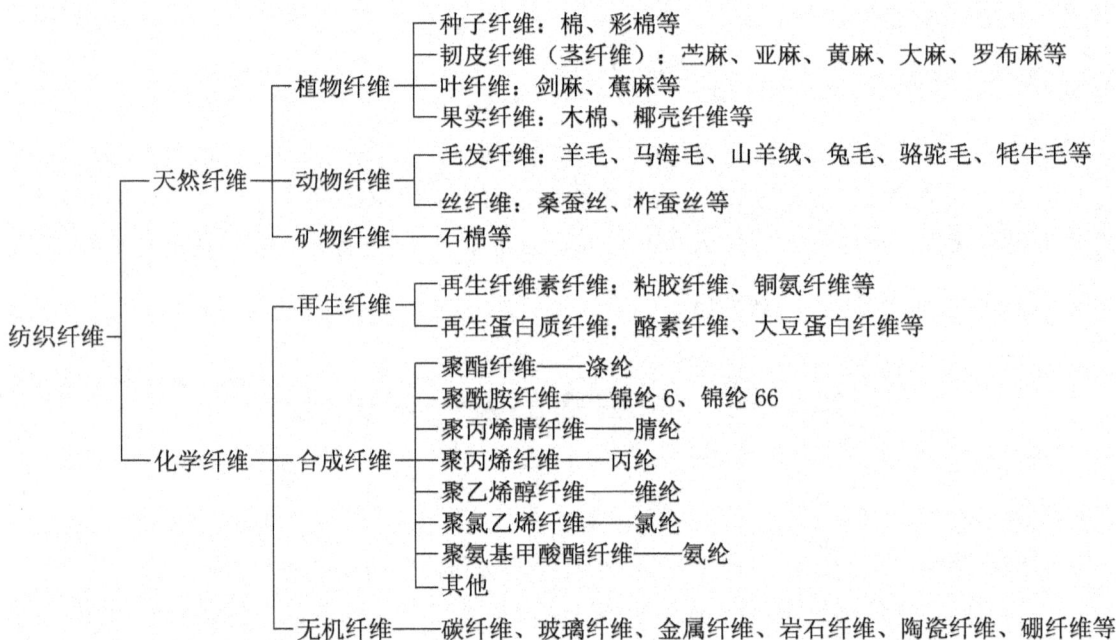

```
纺织纤维
├─ 天然纤维
│   ├─ 植物纤维
│   │   ├─ 种子纤维:棉、彩棉等
│   │   ├─ 韧皮纤维(茎纤维):苎麻、亚麻、黄麻、大麻、罗布麻等
│   │   ├─ 叶纤维:剑麻、蕉麻等
│   │   └─ 果实纤维:木棉、椰壳纤维等
│   ├─ 动物纤维
│   │   ├─ 毛发纤维:羊毛、马海毛、山羊绒、兔毛、骆驼毛、牦牛毛等
│   │   └─ 丝纤维:桑蚕丝、柞蚕丝等
│   └─ 矿物纤维──石棉等
└─ 化学纤维
    ├─ 再生纤维
    │   ├─ 再生纤维素纤维:粘胶纤维、铜氨纤维等
    │   └─ 再生蛋白质纤维:酪素纤维、大豆蛋白纤维等
    ├─ 合成纤维
    │   ├─ 聚酯纤维──涤纶
    │   ├─ 聚酰胺纤维──锦纶6、锦纶66
    │   ├─ 聚丙烯腈纤维──腈纶
    │   ├─ 聚丙烯纤维──丙纶
    │   ├─ 聚乙烯醇纤维──维纶
    │   ├─ 聚氯乙烯纤维──氯纶
    │   ├─ 聚氨基甲酸酯纤维──氨纶
    │   └─ 其他
    └─ 无机纤维──碳纤维、玻璃纤维、金属纤维、岩石纤维、陶瓷纤维、硼纤维等
```

(二)按商业习惯分类

按商业习惯,纺织商品分为纺织品和针织品两大类。纺织品是指在织机上由经纬纱线交织而成的各类织品,包括棉布、呢绒、丝绸等。针织品是指在针织机上将纱线形成线圈并互相串套而成的各类织品。在纺织机上直接加工成型的毛巾、床单等制品则称为棉织品,针织品和棉织品又统称为针棉织品。

(三)按用途分类

纺织商品应用非常广泛,按其最终用途可分为衣着用、家用和产业用商品三大类。

1. 衣着用纺织商品　包括面料、里料、填料、衬料、辅料等服用材料和袜子、手套、围巾、手帕等衣着配用品。

2. 家用纺织商品　有各种家具用布、床上用品,餐巾、浴衣等餐饮盥洗用品,各种墙布、壁挂、帷幕、人造草坪等地面、壁面及建筑场所用装饰品。这类商品也称家用纺织品。

3. 产业用纺织商品　种类繁多,有土工布,农业栽培用的各种遮阳布、育秧布等,渔业水产养殖用的各种渔网、钓钩线、网绳等,传动带,篷盖、帐篷,还有印刷用毡、钢琴琴键毡、尼龙粘扣带,船用救生抛绳,粉尘、烟尘、制糖过滤织物,电信行业的各类筛网,隔热、隔音、绝缘用绝缘套管、吸声材料,各种类型的包装用材,各类阻燃服、消防服、航空布、防静电服、透气防毒服等,医用高分子绷带、无损伤缝合线、可溶性止血布、人工血管,芭蕾鞋、运动鞋用布、足球里布,各种灯箱广告布,以及导弹、火箭等国防、航空航天及尖端工业用碳素纤维材料制品等。

三、纺织商品的常用性能指标

(一)吸湿性与公定质量

纤维纺织品较为突出的性能之一是在空气中具有吸收或放出水蒸气的能力,称为吸湿性。因吸湿导致纤维纺织品的重量发生变化,在日常的贸易、计价和计划报表中广泛应用的重量(质量)是公定质量。

1. 回潮率与含水率　表示吸湿性的指标有回潮率和含水率两种,回潮率用得较多。回潮率是指纤维材料中所含水分质量对纤维干燥质量的百分率;含水率是指纤维材料中所含水分质量对纤维含湿质量的百分率。其计算式如下:

$$W = \frac{G - G_0}{G_0} \times 100\% \tag{1}$$

$$M = \frac{G - G_0}{G} \times 100\% \tag{2}$$

式中:W——回潮率;

　　　M——含水率;

　　　G——实际含湿质量,g;

　　　G_0——干燥质量,g。

2. 标准回潮率　纤维及其制品的实际回潮率会随温湿度条件而变。为了比较各种纺织材料的吸湿能力,需把它们放在统一的标准大气条件下一定时间后,使它们的回潮率达到一个稳定值,这时的回潮率称为标准回潮率。GB/T 6529—2008 规定:标准大气为温度(20 ± 2)℃,相对湿度 65% ± 4%(4% 含测试不确定度)。

3. 公定回潮率　纺织商品的回潮率不同时,其质量也不同。为了消除因回潮率不同而引起的质量差异,满足纺织贸易和检验的需要,国家对各种纺织商品所作的统一回潮率规定,称为公定回潮率。GB 9994—2008 规定的常见纺织商品的公定回潮率见表2。混纺商品的公定回潮率,可按混纺比例和混合纤维公定回潮率加权平均计算。

表2　常见纺织商品的公定回潮率

纺织商品	公定回潮率(%)	纺织商品	公定回潮率(%)
棉纤维、棉纱线、棉缝纫线	8.5	黄麻及其纱线、织物	14.0
棉织物	8.0	桑蚕丝、柞蚕丝	11.0
羊毛洗净毛(同质)	16.0	木棉	10.9
羊毛洗净毛(异质)	15.0	椰壳纤维	13.0

续表

纺织商品	公定回潮率(%)	纺织商品	公定回潮率(%)
羊毛精梳落毛	16.0	粘胶纤维、富强纤维、铜氨纤维	13.0
羊毛再生毛	17.0	莫代尔纤维	11.0
羊毛干毛条	18.25	莱赛尔纤维	10.0
羊毛油毛条	19.0	醋酯纤维	7.0
羊毛精纺毛纱	16.0	三醋酯纤维	3.5
羊毛粗纺毛纱	15.0	涤纶	0.4
羊毛织物	14.0	锦纶	4.5
羊毛绒线、针织绒线	15.0	腈纶	2.0
羊毛针织物	15.0	维纶	5.0
羊毛长毛绒织物	16.0	丙纶、乙纶、含氯纤维（氯纶、偏氯纶）、含氟纤维	0
分梳山羊绒	17.0	氨纶	1.3
山羊绒条、山羊绒纱、山羊绒织物	15.0	聚乳酸纤维（PLA）	0.5
兔毛、骆驼绒/毛、牦牛绒/毛、羊驼绒/毛及其纱线、织物	15.0	芳纶（普通）	7.0
马海毛及其纱线、织物	14.0	芳纶（高模量）	3.5
苎麻、亚麻、大麻（汉麻）、罗布麻、剑麻及其纱线、织物	12.0	二烯类弹性纤维（橡胶）、碳氟纤维、玻璃纤维、金属纤维	0

注　蚕丝均含生丝、双宫丝、绢丝、䌷丝及炼白印染等各种织物。

4. 公定质量　纺织商品在公定回潮率时的质量称为公定质量，简称公量。公定质量与实际回潮率时的质量之间折算的关系式为：

$$G_k = G_a \times \frac{1 + W_k}{1 + W_a} \tag{3}$$

式中：G_k——公定质量，g；

G_a——实际回潮率时的质量，g；

W_k——公定回潮率；

W_a——实际回潮率。

在实际测试应用中，往往先将纤维材料取样烘干，然后按干燥质量计算而得到样品的公定质量，其计算式为：

$$G_k = G_0 \times (1 + W_k) \tag{4}$$

（二）力学性质和其他性质

纤维材料在各种外力作用下所呈现的特性，称为力学性质。

1. 强力　强力是纤维材料拉伸到断裂时所能承受的最大拉伸外力，其法定计量单位为牛顿（N）或厘牛（cN）。强力与纤维的粗细有关，所以对不同粗细的纤维，强力没有可比性。比强度和断裂长度可用来比较不同粗细纤维的拉伸断裂性质。

2. 比强度　强力与线密度之比称为比强度。比强度的法定单位为牛/特（N/tex），纺织材料常用厘牛/特（cN/tex）。习惯上，有时也将比强度称为强度。

3. 断裂长度　断裂长度是假设将纤维连续地悬吊起来，直到它因自身重量而断裂时的长度，也就是纤维本身重量与其断裂强力相等时的纤维长度，单位为千米（km）。

4. 断裂伸长率　纤维的伸长能力一般用断裂伸长率表示，即纤维拉伸至断裂时产生的伸长占原来长度的百分率。

5. 弹性　纤维及其制品在加工和使用过程中都要承受外力的作用，并且会产生相应的变形。当外力去除后，纤维的一部分变形可以恢复，而另一部分变形则不会恢复。纤维的弹性就是指纤维变形的恢复能力。

另外，纤维及其制品的化学稳定性、导热性、保温性、耐热性、耐光性、抗静电性也常用到。化学稳定性是指纤维对酸、碱、有机溶剂等化学物质具有的抵抗能力。纺织材料的导热性越好，则保温性越差。纤维集合体中含有空隙和水分，常见纺织纤维的导热性大于静止空气而小于水，因此，纤维集合体中含有的静止空气越多，则保温性越好。纤维在热的作用下，随着温度的升高，强度下降。人们用纤维受短时间高温作用，回到常温后强度能基本上或大部分恢复的温度，或纤维随温度升高而强度降低的程度，来表示纤维的耐热性。纺织纤维在使用过程中，因受日光的照射，会发生不同程度的裂解，使纤维的强度和耐用性下降，并会造成变色等外观变化，以致丧失使用价值。纺织纤维在日光照射下，抵抗其性质变化的性能，称为纤维的耐光性。纺织纤维的比电阻很高，特别是吸湿能力差的合成纤维比电阻更高，导电能力差。因此，纤维在纺织加工和使用过程中相互摩擦或与其他材料摩擦时产生的静电荷不易散逸而积累，造成静电现象。纺织纤维所带的静电，如果处理不当，会带来很大的危害，既会妨碍生产的顺利进行，又会影响制品的质量、性能和使用效果。

第二节　纺织商品学及其发展沿革

一、纺织商品学的研究内容

纺织商品学是研究纺织商品使用价值的一门科学，主要是研究纺织商品使用价值在流通和消费过程中的评价、维护、管理和实现问题。这是一门以纺织商品质量和品种为中心内容的、技术和经济相结合的管理类学科。

纺织商品的使用价值是由纺织商品的自然属性所决定的。研究纺织商品的使用价值就要研究纺织商品本身的性质与功能等自然属性，如强韧、吸湿、透气、手感、保暖、导电、保形、光泽、色彩等，也包括纺织商品的结构、组成、外观形态、品种类别、使用条件等，涉及纺织商品的质量要求、检验标准、保管养护、生产技术以及标志、包装和商标等。纺织商品的自然属性取决于纺织原材料的性能，即纺织纤维的性能。纺织纤维的性能与纺织商品的品质功能、保管养护等直接相关。因此，研究纺织纤维的性能就成为研究纺织商品学的基本任务。

商品的使用价值有其自身的形成、转移、实现和消亡运动历程。商品的设计和生产是商品使用价值的形成阶段,这时的"商品"叫做产品。商品流通是商品使用价值的转移阶段,商品消费是商品使用价值的实现阶段,商品废弃是商品使用价值的消亡阶段。

商品从生产部门进入流通领域,首先要经过商品检验和验收,以确保进入流通领域的商品符合商品的实际需要和质量要求。科学的商品鉴定、正确的检测方法、恰当的质量分析与评价方法,对全面分析和评价商品的品种质量、防止不合格的商品与伪劣假冒商品进入流通领域、保护消费者利益具有重要意义。商品检验是商品经济正常运行不可缺少的,在国民经济中起着重要作用。

商品进入流通领域,如果其质量得不到良好的维护,在运输和储藏过程中发生变化,其使用价值就会下降或不能实现,从而造成经济损失。维护商品使用价值的安全是商品学研究的一个重要方面,应通过确定合适的商品包装、保管、运输条件和方法,防止已经形成的商品使用价值受到不应有的损失。

商品能够满足使用者需要的特性是质量;商品品种是否齐全,从一个侧面反映了商品对使用者需要的满足程度。质量和品种是商品使用价值的集中体现,是商品学的中心内容。

为适应现代化商品信息流和物流管理的需要,必须研究商品的分类及各类别的相互关系,确定商品种类的划分标志,建立和发展科学、实用的商品分类体系。

归纳起来,纺织商品学有以下几方面的任务:

(1)研究纺织商品的分类编码、品种规格和消费动向。

(2)研究纺织商品的成分、结构、性能和使用保养要求。

(3)制订纺织商品的质量要求、质量标准和检验方法。

(4)研究纺织商品的制造方法和生产工艺,开发新商品。

(5)研究纺织商品质量变化规律和影响因素,寻求提高质量的途径。

(6)研究纺织商品的鉴定、识别及防止伪劣商品的方法。

纺织商品学是一门涉及面较广的学科,不仅涉及纺织材料学、纺织工艺学、纺织标准学,而且涉及环境、市场、包装艺术、人体工程等,与多学科均存在着内在的联系。研究纺织商品学,必然要借助于多种学科的理论知识,这也是使纺织商品学得以发展的重要方法。需要指出的是:本书介绍的纺织商品的分类编码是纺织系统对纺织商品的分类编码,与《进出口商品的名称与编码》是不同的。

二、纺织商品学的发展沿革

早在原始社会,人们就已开始采集野生的葛、麻、蚕丝等纤维物进行手工制衣。我国公元前 3600 年已有葛布的生产,公元前 2700 年已有丝绸制品。丝绸通过闻名于世的丝绸之路远销中亚、西亚、地中海和欧洲,受到世界各国的欢迎。其实,我国的麻纺织历史比丝绸更为悠久,我国最早使用的纺织品就是麻绳、麻布,大麻布和苎麻布则一直是古人的大宗衣料。我国是世界上毛纺织发展较早的国家之一,在新疆、陕西、甘肃等地,早在新石器时代就有手工的毛纺织品。我国还是最早进行纺织加工的国家之一,公元前约 300 年已有手工纺织机器。

随着商品生产和商品交换的出现以及商品经济贸易的发展,逐渐形成了商品学这一门独立的学科,且随着科学技术的发展,其内容不断更新和充实,研究范围不断扩大,理论体系不断发展和完善,在国民经济中的作用不断增强。商品学的发展与社会生产力、商品生产、商品经济及教育的发展紧密相关。

商品学的发展大概经历了商品知识的汇积、商品学的诞生和现代商品学三个阶段。

商品学诞生之前,商品的研究是商学研究的一个重要组成部分。为便于商人在经商过程中认识商品的品种、产地,鉴别商品质量的优劣和真伪,早期的商学书籍中包含了大量的商品知识。1675年,法国人编著出版的《商业大全》中详细论述了纤维制品、染料等商品的产地、性能、包装、储存保管、销路方面的知识。这一时期为商品学的诞生积累了大量商品知识。

1774年,德国的约翰·贝克曼教授在哥延根大学首次开设了"商品学"课程。1793～1800年,在教学和科学研究的基础上,他编著出版了《商品学导论》,创立了商品学的科学体系,使商品学成为一门独立学科,至今已有二百多年的历史。约翰·贝克曼教授被誉为商品学的创始人。

自19世纪以后,德国的古典商品学相继传入意大利、中国等国家,使商品学得到迅速发展,商品学教育和研究也不断深入。19世纪末20世纪初,我国开始进行学校式商业教育,1902年把商品学列为一门必修课程,并相继出版了商品学教科书。

1949年新中国成立后,我国商品学的研究和教育得到了迅速发展。自1950年开始,先后在高等院校中建立了商品学教研室,开设了商品学课程和研究生班,创立了商品学系,设立了一批商品学专业,培养了商品学专门人才和教师。全国现有8所高等院校设有商品学专业,其中中国人民大学商品学系是全国唯一的商品学专业硕士学位授予点。我国还成立了商品学会等学术组织,广泛开展了商品学理论研究和应用研究,编著出版了大量的商品学教材和专著,加强了同国际商品学学术组织、教学科研机构和商品学学者的学术交流,为商品学的发展作出了重要贡献。

纺织商品学作为商品学的一个重要分支,是在纺织商品的生产、采购、销售、调动、储存等长期实践及科学研究的基础上,逐步总结、积累、发展而成的。随着现代纺织科学技术的发展及消费者对纺织商品要求的提高,纺织商品学还将进一步发展,不断充实和完善。

纺织商品学是纺织品检验与贸易等专业的专业必修课,其任务是阐述纤维、纱线、织物和服装四大类纺织商品的品种类别、生产形成、品质特征、质量检验、用途性能、编码代号、标志包装、仓储运输、保养使用等。

为了通过本课程的教学,使学生较好地掌握纤维、纱线、织物和服装四大类纺织商品的品种类别、品质特征、质量检验、用途性能和编码代号;了解纺织商品生产形成的基本工艺与过程;了解纺织商品的标志包装、仓储运输、保养使用等方面的知识,并为学生从事专业工作打下坚实的基础,应注重启发式教育,注意培养学生的形象思维能力和观察能力,同时注意发挥教师的主导作用和学生的主体作用;注重学生能力培养的可持续性和创新性;注意教学观念的转变,改革传统的教学方式和方法,提倡使用教师导学(启发、诱导和讨论)、学生自学、共同讨论、共同分析、学生归纳、教师总结的教学方法。在课堂上应尽可能地发挥学生的主观能动性,尽可能采用形式多样的教学手段,尤其是采用多媒体技术进行教学,以提高理论教学的效果、激发学生的学习兴趣和学习主动性。也可以采取其他方式,例如,结合课程内容和工作实际,让学生出外调研纺织商品市场,让他们分组进行讨论,使他们知道本课程的重要性、地位和作用。

教学过程中应注重教学内容的整合,使课程内容更加紧凑,重点更加突出,教学内容应及时体现纺织商品学的最新理论和研究成果以及一些新的产品标准和方法标准,使学生能够了解学科发展的动态;合理安排各章节课时,重点讲述纺织商品的品种类别、品质特征、质量检验、用途性能和编码代号,其余的部分内容可以安排学生自学或者以习题课的方式进行讨论,保证在有限的课时内得到最好的教学效果,以节省课时,加强新教学方法的应用。

学习纺织商品学,要坚持理论联系实际的原则,多接触纺织商品的实际和纺织商品的经营,不断从经营实践、消费实践和科学技术研究成果中汲取营养,只有这样,才能为商品经济和社会主义市场经济的发展作出较大贡献。

☞ 思考题

1. 纺织商品在国计民生中的地位如何?

2. 谈谈纺织商品学的内容。

3. 什么叫纺织商品?

4. 纺织商品的三个特征是什么?

5. 纺织商品学的中心内容是什么?

6. 纺织商品的使用价值与什么有关?

7. 纺织商品学的任务有哪几项?

8. 商品学发展的三个阶段是什么?

9. 纺织商品的分类方法有几种? 分类情况如何?

10. 纤维商品常用的性能指标有哪些?

11. 试验用标准温湿度条件是什么?

12. 混合原料的公定回潮率如何计算?

13. 公定质量如何计算?

第一篇　纤维商品

第一章　纤维商品的种类和主要品种

> ● 本章知识点 ●
>
> 1. 纤维商品的分类。
> 2. 纤维商品的常用性能指标。
> 3. 天然纤维、化学纤维的主要品种及结构性能。

第一节　纤维商品的分类

随着各种新型化学纤维的不断涌现,纺织纤维的分类日益复杂。纺织纤维按其来源分为天然纤维和化学纤维两大类,见绪论表1。

一、天然纤维

天然纤维是指自然界生长或形成的适合于纺织用的纤维。天然纤维根据它的生物属性又可分为植物纤维、动物纤维和矿物纤维。植物纤维是从植物中获得的纤维的总称。其主要组成物质为纤维素,所以又称为天然纤维素纤维。它可分为种子纤维、韧皮纤维、叶纤维和果实纤维。另外,还有取自竹类茎秆的纤维,称为竹纤维,也称为竹原纤维。动物纤维是从动物身上或分泌物中取得的天然纤维。其主要组成物质为蛋白质,所以又称为天然蛋白质纤维。它主要分毛发纤维和丝纤维两种。矿物纤维是从纤维状结构的矿物岩石中获得的纤维。其主要组成物质为硅酸盐等无机物,所以又称为天然无机纤维。矿物纤维主要有石棉,它不燃烧、耐高温、绝热性好,在工业上常用作防火、保温、绝热等材料,现已逐渐被淘汰。

二、化学纤维

化学纤维(化纤)是指用天然或合成的高聚物为原料,主要经过化学方法加工制造成的纺织纤维。按原料、加工方法和组成成分的不同,化学纤维又可分为再生纤维、合成纤维和无机纤维。再生纤维是以天然聚合物为原料,经化学方法制成的、化学组成与原高聚物基本相同的化学纤维。它可分为再生纤维素纤维和再生蛋白质纤维两种。再生蛋白质纤维强度低,生产成本高,且原料本身又是食物,所以发展受到限制。合成纤维是以石油、煤、天然气及一些农副产品等低分子物质作为原料制成单体后,经人工合成获得的高聚物纺制成的化学纤维。无机纤维是指主要成分由无机物构成的纤维。另外,还有一些化学纤维是天然高聚物化学改性后溶解纺丝制得的纤维,有资料称之为半合成纤维,其化学组成与原高聚物不同,如醋酯纤维等。

第二节　纤维商品的常用性能指标

一、长度

纤维的长度一般是指纤维伸直而未伸长时两端的距离。常用的长度指标有平均长度、主体长度、品质长度、短纤维率、长度标准差和变异系数。

平均长度是指纤维长度的平均值;主体长度是指纤维中含量最多的纤维的长度;品质长度是指比主体长度长的那部分纤维的平均长度,一般比主体长度长 2.5～3.5mm,在确定工艺参数时采用;短纤维率是指长度短于某一长度界限的短纤维重量占纤维总重量的百分率,在棉纤维中称为短绒率(长度界限细绒棉为 16mm,长绒棉为 20mm),在毛纤维中称为短毛率(长度界限为 30mm);长度标准差和变异系数表示纤维长度的整齐程度。

二、细度

纤维细度是指纤维的粗细程度。纤维的细度指标分为直接指标和间接指标两大类。

纤维细度的直接指标有直径、截面宽度和截面积,其中直径使用较多,它的量度单位用 μm。间接指标有定长制和定重制之分,它们是利用纤维长度和重量间的关系来间接表示纤维细度的。因为长度和重量测试比较方便,所以生产上都采用间接指标来表示纤维的细度。定长制包括线密度和旦尼尔,其值越大,纤维越粗;定重制包括公制支数,其值越大,纤维越细。有关指标的定义、计算式及其换算详见第四章第二节内容。

第三节　天然纤维

一、棉纤维

棉花是纺织工业的重要原料,也是国防、医药、化学工业的原料,在国民经济中占有相当重要的地位。进出口棉花属于法定检验商品。

我国是世界主要产棉国之一,此外,美国、俄罗斯、印度、巴基斯坦、巴西、埃及、秘鲁等国都是世界主要产棉国家。我国除西藏、青海、内蒙古和黑龙江等少数省、自治区外,都可种植棉花。

一般划分为黄河流域、长江流域、西北内陆、华南及北部特早熟棉区等五大棉区,其中以黄河流域和长江流域为我国主要棉区。

(一)棉花的种类

1. 按棉花的品种分类

(1)细绒棉:为陆地棉种,占世界棉纤维总产量的85%。纤维细度和长度中等,色洁白或乳白,有丝光,是目前我国主要栽种的棉种。细绒棉可用于纺制10tex以上的棉纱。

(2)长绒棉:为海岛棉种。较细绒棉细且长度长,品质优良,色乳白或淡棕黄,富有丝光,是生产10tex以下棉纱的原料,用于纺制高档或特种棉纺织品。现生产长绒棉的国家主要有埃及、苏丹、俄罗斯、美国、摩洛哥等。新疆是我国长绒棉的主要生产基地。

(3)粗绒棉:包括亚洲棉和非洲棉种。纤维粗短,色白或呆白,少丝光,只能纺粗特纱,可做起绒织物或用作絮棉。

2. 按棉花的初加工分类　从棉田中采得的是籽棉,无法直接进行纺织加工,必须先进行初加工,又称轧花。轧花是将籽棉中的棉籽除去,得到皮棉(又称原棉),然后进行分级打包。籽棉经轧花后,所得皮棉的重量占原来籽棉重量的百分率称为衣分率,一般为30%~40%。

按初加工方法不同,棉花可分为锯齿棉和皮辊棉两种。

(1)锯齿棉:采用锯齿轧棉机加工得到的皮棉。锯齿棉含杂、含短绒较少,纤维长度较整齐,皮棉呈松散状态,产量高。但锯齿轧棉作用剧烈,容易损伤较长纤维,轧工疵点较多。目前,细绒棉大都采用锯齿轧棉。

(2)皮辊棉:采用皮辊轧棉机加工得到的皮棉。皮辊棉含杂、含短绒较多,纤维长度整齐度较差,皮棉呈片状,产量低。皮辊轧棉作用缓和,不易损伤纤维,轧工疵点也较少,但有黄根。皮辊轧棉适宜加工长绒棉、低级籽棉和留种棉。

3. 按棉花的色泽分类

(1)白色棉花:按色泽又可分为白棉、黄棉和灰棉。

黄棉是在棉铃生长期间受霜冻或其他原因,铃壳上的色素染到纤维上,使纤维大部分呈黄色。一般属低级棉,棉纺厂仅有少量使用。

灰棉是棉铃在生长或吐絮期间,受雨淋、日照少、霉变等影响,使纤维色泽灰暗。灰棉一般强力低,品质差,仅在纺制低级棉纱中搭用。

(2)彩色棉花:天然彩色棉花是棉纤维自身含有天然色彩的棉花新品种,主要属粗绒棉品种。包括我国在内的一些国家,如美国、俄罗斯、墨西哥、巴西、印度等国已培育出了彩色棉花。现在我国新疆、江苏、四川等地种植的彩色棉花主要为棕色和绿色。彩色棉花的抗虫害、耐旱性好,纺织品不用染色,生产过程无污染,其织物色泽自然、质地柔软、永不褪色、穿着舒适。但彩色棉花产量低,衣分率较低,纤维长度偏短,强度较低,可纺性差,且彩色棉花色素不够稳定,在加工和使用中会产生色泽变化。

(二)棉纤维的组成与形态结构

棉纤维的主要组成物质是纤维素,正常成熟的棉纤维中纤维素含量约为94%。此外,还含有蜡质、糖分、蛋白质、脂肪、灰分等伴生物。伴生物的存在对棉纤维的加工使用性能有较大影响。

棉纤维截面呈不规则的腰圆形,有中腔;纵向具有天然转曲,见图 1 – 1。

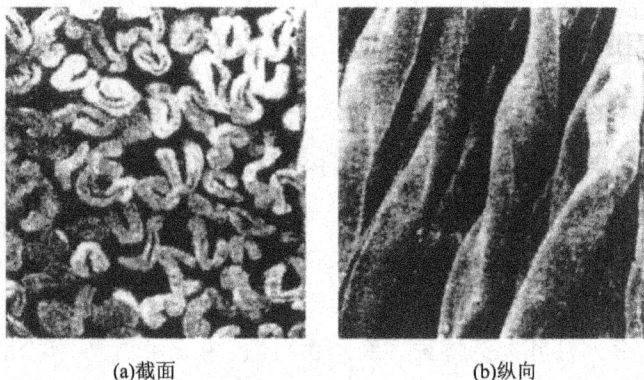

(a)截面   (b)纵向

图 1 – 1 棉纤维的截面和纵向形态

(三)棉纤维的主要性能

1. 长度 棉纤维的长度主要取决于棉花的品种、生长条件和初加工。通常细绒棉的手扯长度约为 23 ~ 33mm,长绒棉为 33 ~ 45mm,亚洲棉为 18 ~ 25mm。

2. 细度 棉纤维的细度主要取决于棉花品种、生长条件等。一般长绒棉较细,为 1. 11 ~ 1. 43dtex(9000 ~ 7000 公支);细绒棉较粗,约 1. 43 ~ 2. 22dtex(7000 ~ 4500 公支)。

3. 成熟度 棉纤维的成熟度是指棉纤维中细胞壁增厚的程度,即棉纤维生长成熟的程度。随着成熟度的增加,细胞壁增厚,中腔变小。棉纤维的成熟度常采用成熟系数表示。成熟系数是根据棉纤维中腔宽度与胞壁厚度的比值确定的相应数值,成熟系数越大,表示棉纤维越成熟。一般正常成熟的细绒棉平均成熟系数为 1. 5 ~ 2. 0。

4. 马克隆值(Micronaire) 马克隆值是一定量棉纤维在规定条件下透气性的量度,可用马克隆气流仪测量。马克隆值是同时反映棉纤维细度和成熟度的综合性指标。马克隆值没有计量单位,其数值越大,则棉纤维越粗,同时也说明棉纤维的成熟度较高。一般细绒棉的马克隆值为 3. 3 ~ 5. 6,长绒棉为 2. 8 ~ 3. 8,亚洲棉为 6. 2 ~ 10。

5. 强伸性 棉纤维的强度主要取决于纤维的品种、粗细等。一般细绒棉的单纤维断裂强力为 3. 5 ~ 4. 5cN(断裂长度约为 20 ~ 30km),长绒棉更高一些。棉纤维吸湿后强度约增加 2% ~ 10%。棉纤维的断裂伸长率为 3% ~ 7%,吸湿后断裂伸长率约增加 10% 左右,弹性较差。

6. 吸湿性 棉纤维的吸湿性较好,回潮率一般在 8% ~ 13%。

7. 杂质和疵点 杂质是指原棉中夹杂的非纤维性物质,如沙土、枝叶、铃壳、棉籽、虫屎、籽棉等。疵点是指原棉中存在的由于生长发育不良和轧工不良而形成的对纺纱有害的物质,包括破籽、不孕籽、棉结、索丝、软籽表皮、僵片、带纤维籽屑及黄根等。棉花中杂质和疵点的存在不仅影响用棉量,还影响纺纱工艺和成纱质量,所以必须进行检验,严格控制。混入棉花中的异性纤维(即非棉纤维和非本色棉纤维),如化学纤维、毛发、丝、麻、塑料膜、塑料绳、染色线(绳、布块)等,也对棉花的加工、使用和棉花质量有严重影响。

8. 其他性能　棉纤维的主要组成物质为纤维素,所以较耐碱而不耐酸。无机酸如硫酸、盐酸、硝酸,对棉纤维有破坏作用,有机酸如甲酸作用较弱。稀碱溶液在常温下处理棉纤维不发生破坏作用,但会使纤维膨化。利用稀碱溶液可对棉布进行"丝光"处理,浓碱高温对棉纤维可起破坏作用。棉纤维不溶于一般的有机溶剂,如乙醇、乙醚、苯、汽油、四氯乙烯等,但可溶解纤维中的伴生物质。棉纤维耐热性良好,在110℃以下只会使水分蒸发,不会引起纤维损伤。保暖性良好,仅次于毛、丝。干燥的棉纤维是电的不良导体,随着含水率的提高,其导电性增加。在阳光照射下,纤维素大分子会发生破坏。棉织物在阳光下晒一个月,强度下降26.5%,三个月强度下降60.6%。在潮湿情况下,微生物极易生长繁殖,从而使纤维发霉、变色,因此棉纤维应储存在干燥的地方。棉纤维密度为$1.5g/cm^3$,是纺织纤维中较重的一种。

二、麻纤维

(一)麻纤维种类

1. 苎麻　分为白叶苎麻和绿叶苎麻两种,白叶苎麻的原产地是我国,绿叶苎麻的原产地为马来群岛或印度。苎麻产量以我国最多,印度尼西亚、日本、巴西、菲律宾、印度、朝鲜和法国次之,美国和俄罗斯也有种植。我国苎麻主要产于湖北、湖南、江西、四川、广东、广西、贵州、安徽、河南等省,产量占世界总产量的90%左右。苎麻品质优良,有较好的光泽,呈青白色或黄白色,可单纤维纺纱。苎麻织物宜作夏季面料和西装面料,也是抽纱、刺绣工艺品的优良用布。

苎麻按加工工艺可分为:生苎麻(原麻)、精干麻、麻球、麻落棉。生苎麻是从苎麻茎上剥下并经刮制的韧皮。苎麻经过脱胶处理称为精干麻。麻球是精干麻经精梳后卷绕成球状体的苎麻条。麻落棉是从绢纺式圆梳机或毛纺式精梳机上梳弃的短麻纤维。

2. 亚麻　对气候的适应性强,主要产地在俄罗斯、波兰、法国、比利时、德国、中国等。我国的亚麻种植主要集中在黑龙江、吉林、甘肃、宁夏、河北、四川、云南、新疆、内蒙古等省区。亚麻用途较广,除服装和装饰外,亦可用于水龙带等工业用布。大麻(汉麻)纤维的性状与亚麻相似,在欧洲常用作亚麻的代用品。

3. 黄麻　属一年生草本植物。世界上主要产地是印度、孟加拉国、中国、越南、泰国、印度尼西亚、尼泊尔、缅甸、柬埔寨、日本、澳大利亚、俄罗斯、巴西和埃及等。中国主要产于浙江、江西、湖南、广东、广西、福建等省。黄麻由于吸湿性好(一般大气条件下回潮率可达14%左右),且吸湿散湿速度快,透气性好,强度高,所以常用作麻袋、麻布等包装材料和地毯底布等。

4. 洋麻　属一年生草本植物,又称红麻、槿麻。洋麻原来野生于非洲,目前主要产地是中国、印度、泰国、俄罗斯和非洲等。中国主要产于广东、广西、江西、浙江、山东、安徽、河南、四川、河北等地。洋麻是黄麻的主要代用品,用作包装用麻袋、麻布等的原料,也可用于家用和工农业用粗织物。

5. 大麻(汉麻)　属一年生草本织物,纤维用(工业用)大麻又称为汉麻。我国历史上曾广泛种植大麻,1953年我国在禁毒公约上签字后开始停止种植,只有少量药用的大麻种植。20世纪80年代开始逐步培育出无毒大麻,目前世界各国正在逐步推广。大麻纤维呈淡灰带黄色,坚韧且较粗硬,弹性差。大麻纤维吸湿性好,在标准大气条件下的回潮率为12.7%左右,且其散湿速度快,故大麻制成的衣物凉爽透气,不贴身。大麻是麻类纤维中最细软的一种,单纤维细且末端分叉呈钝角绒毛状,用其制作的纺织品无须经特殊处理,对皮肤不产生刺痒感和粗硬感。大麻纤维含有十多种对人体有益的微量元素,具有良好的防腐、防菌、防臭、防霉功能。此外,大麻纤维具有较好的耐热、耐晒和防紫外线辐射功能,可用于制作篷布等户外制品。

6. 罗布麻 属于野生植物,在我国资源极为丰富,尤以新疆塔里木河流域最为集中。纤维较细软,线密度约为 3 ~ 4dtex(3300 ~ 2500 公支)。由于纤维表面光滑,长度较短,抱合力小,纺织加工中易散落,故制成率低。罗布麻对防治高血压、冠心病等具有良好效果,目前罗布麻与其他纤维混纺的保健产品已开发成功。

7. 剑麻 剑麻属龙舌兰麻类,又称西沙尔麻,是热带作物,商业上称为硬质纤维。主要产于巴西、坦桑尼亚、安哥拉、肯尼亚、莫桑比克、哥伦比亚、海地等国。剑麻纤维洁白而富有光泽,纤维长,伸长小,强度高,湿强更高(约增加 10% ~ 15%),且耐磨、耐海水浸泡、耐盐碱、耐低温、抗腐蚀。它可用来制作舰艇和渔船的缆绳、帆布、防水布、钢索绳芯、传送带、防护网等,可编织麻袋、地毯,制作扫帚、马具等,也可与塑料压制硬板作为建筑材料。但由于合成纤维的发展,剑麻有逐渐被替代的趋势。

8. 蕉麻 原产于菲律宾群岛,又称菲律宾麻草,因马尼拉是集散地,故又名马尼拉麻,主要产地仍为菲律宾,在印度尼西亚、印度也有少量种植。蕉麻纤维粗硬、坚韧,强度为硬质纤维类中最大者,断裂伸长率为 2% ~ 4%,密度为 $1.45g/cm^3$。由于耐海水腐蚀、强度高,宜做船舶绳索,矿用绳缆,还可编织帽子、包装用布等。由于合成纤维的发展,它也有被取代的趋势。

(二)麻纤维性状

1. 麻纤维的组成与形态结构 麻纤维的主要组成物质是纤维素,一般约占 60% ~ 80%,其中苎麻、亚麻的纤维素含量略高。此外还有木质素、果胶、脂肪及蜡质、灰分和糖类物质等。

不同种类的麻纤维截面形态不同。苎麻大都呈腰圆形,有明显的中腔,胞壁有裂纹,如图 1 - 2;亚麻的截面呈多角形,有较小的中腔,如图 1 - 3。麻纤维的纵面大都较平直,有横节竖纹,亚麻的横节呈"×"形。

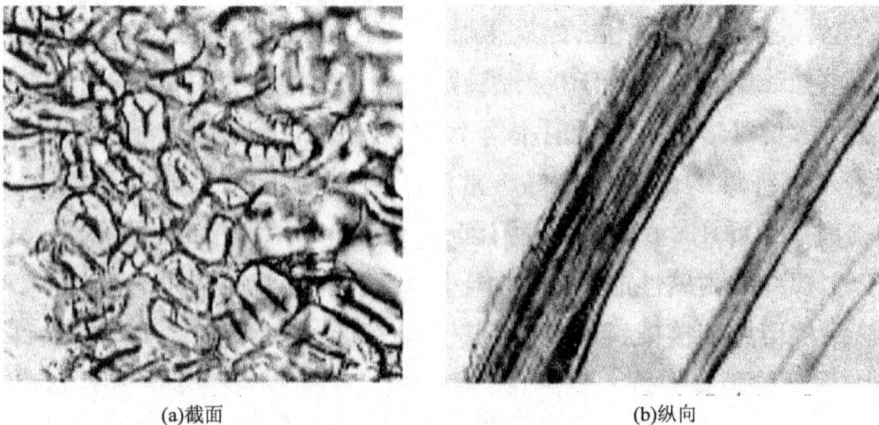

(a)截面   (b)纵向

图 1 - 2　苎麻纤维的截面和纵向形态

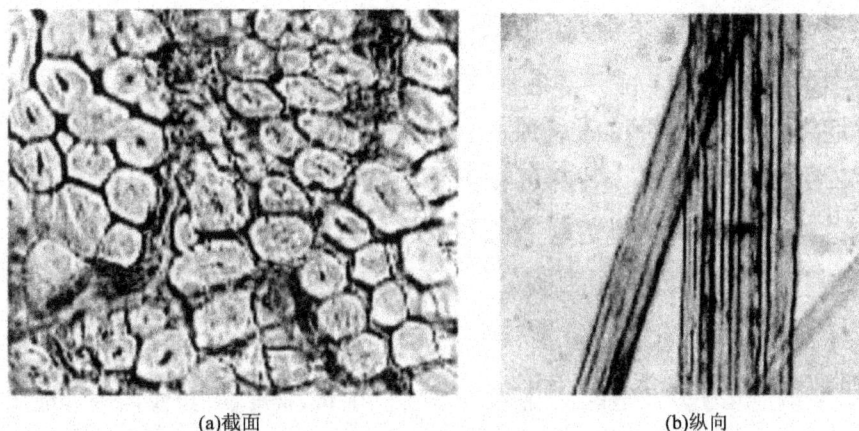

(a)截面　　　　　　　　　　　　　(b)纵向

图1-3　亚麻纤维的截面和纵向形态

2.麻纤维的主要性能

（1）长度和细度：常见麻纤维的单纤维长度、细度见表1-1。麻纤维的长度整齐度、细度均匀度都比较差，所以纺得的纱线条干均匀度也差，并具有独特的粗节，形成了麻织物粗犷的风格。

除苎麻外，其他麻类经初加工后得到的束纤维，在经过梳麻后，由于梳针的梳理作用，进一步分离，以适应纺纱工艺的要求，这时分离成的束纤维称为工艺纤维。工艺纤维的细度除与品种和生长情况有关外，还与脱胶程度和梳麻次数等有关。

表1-1　麻纤维的单纤维长度和细度

麻类品种	纤维长度（mm）	纤维细度（μm）
苎麻	20～250	20～45
亚麻	17～25	12～17
黄麻	2～4	20～25
洋麻	2～6	14～33
大麻（汉麻）	16～20	10～30
罗布麻	25～60	14～20

（2）强伸性：麻纤维是常见天然纤维中拉伸强度最大的纤维，且湿强大于干强。苎麻的单纤维强度约为53～79cN/tex（断裂长度可达40～55km）。亚麻单纤维强度约为24～32cN/tex。麻纤维的伸长是常见天然纤维中最小的，断裂伸长率约为2%～3%。此外，麻纤维的弹性较差，因此纯麻织物极易起皱，常将麻纤维与涤纶混纺织制挺爽透气的麻的确良。

（3）吸湿性：麻纤维的吸湿能力比棉强，且吸湿、散湿速度快，所以其制品在夏季穿着凉爽舒适。一般大气条件下，苎麻回潮率为7%～8%。

（4）刚柔性：麻纤维的刚性是常见纤维中最大的，其刚柔性除与品种、生长条件有关外，还与脱胶程度和工艺纤维的线密度有关。刚性强,不仅手感粗硬,也会导致纤维不易捻合,影响纺纱性,成纱毛羽多,因此纯麻织物常有刺痒感;但刚性强又使麻纤维吸汗后不易沾身。

（5）化学稳定性:由于化学组成主要为纤维素,因此麻纤维的化学稳定性与棉相似,较耐碱而不耐酸。

三、动物毛纤维

天然动物毛的种类很多,纺织用动物毛以绵羊毛为主。

世界上生产羊毛的国家很多,澳大利亚的羊毛产量占世界首位,俄罗斯、新西兰、阿根廷、乌拉圭、南非及我国也都是主要的羊毛生产国。

我国的羊毛产地几乎遍及全国,以新疆、内蒙古、东北、青海、甘肃及西藏等地产量最高。国产羊毛按羊种的品系可分为改良毛和土种毛两大类。

（一）羊毛的组成与形态结构

羊毛纤维的主要组成物质是一种不溶性蛋白质,称为角朊。

羊毛纤维具有天然卷曲,纵面呈鳞片状覆盖的圆柱体,如图1-4(a);截面近似圆形或椭圆形,如图1-4(b)。

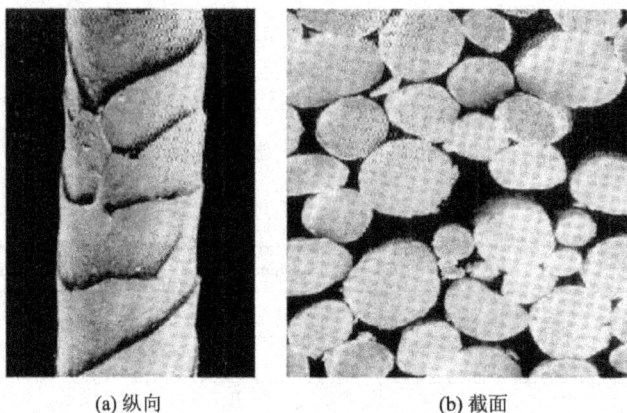

(a) 纵向　　　　　　　(b) 截面

图1-4　羊毛纤维的纵向和截面形态

羊毛纤维的截面从外至内由鳞片层、皮质层,有时还有髓质层组成。鳞片层像鱼鳞或瓦片一样重叠覆盖在羊毛纤维的表面,对羊毛纤维起保护作用。鳞片的根部着生于毛干,梢部按不同程度伸出纤维表面,向外张开,其伸出方向指向毛尖。皮质层是羊毛纤维的主要组成部分,它决定了羊毛纤维的理化性质。髓质层只存在于较粗的羊毛中,会影响纤维的纺纱价值。

（二）羊毛的分类

1. 按纤维结构分类　根据羊毛纤维中髓质层的存在情况,可分为绒毛、两型毛、粗毛和死毛四类。

（1）绒毛:只有鳞片层和皮质层,没有髓质层,如图1-5(a)。直径在30μm以下为细绒毛;直径在30~52.5μm的为粗绒毛。这类纤维较细,卷曲多,颜色洁白,光泽柔和,品质优良,纺纱性能好。

（2）两型毛：具有鳞片层、皮质层和断续的髓质层，如图1-5（b）。纤维粗细差异较大，纺纱性能较绒毛差些。我国没有改良好的羊毛多属此种类型。

（3）粗毛：具有鳞片层、皮质层和连续的髓质层，如图1-5（c）。粗毛直径在52.5μm以上，卷曲很少，无光泽，呈不透明白色，有髓部连续长度占纤维长度的1/2及以上，纺纱性能较差；腔毛髓腔长50μm以上，髓腔宽为纤维直径的1/3以上。粗毛和腔毛统称粗腔毛。

（4）死毛：髓质层占绝大比例，如图1-5（d）。纤维很粗，直径在75μm以上，呈扁带状，色枯白，无光泽，僵直，强度低，无纺纱价值。

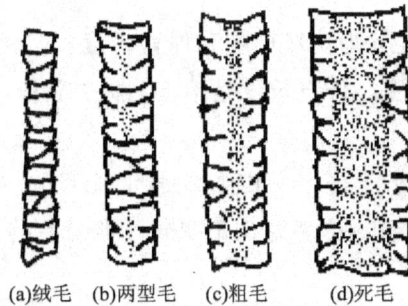

(a)绒毛　(b)两型毛　(c)粗毛　(d)死毛

图1-5　绒毛、两型毛、粗毛、死毛

2. 按毛被上的纤维类型分类

（1）同质毛：羊体各毛丛由同一类毛纤维组成，纤维长度、细度基本一致。同质毛品质优良，新疆的羊毛及各国的美利奴羊毛多属同质毛。

（2）异质毛：羊体各毛丛由两种及两种以上类型的毛纤维组成。土种毛和我国低代改良毛多属异质毛，质量不及同质毛。

此外，羊毛按纤维粗细和长度可分为细羊毛、半细毛、长羊毛、粗羊毛；按剪毛季节分为春毛、秋毛和伏毛，其中春毛品质较优；还可按取毛方式和取毛后原毛的形态分为套毛、散毛和抓毛。

（三）羊毛纤维的主要性能

1. 细度　羊毛纤维的细度是决定羊毛品质和使用价值的最重要的指标，与各项物理性能关系密切。羊毛纤维细度差异较大，最细的绒毛直径约7μm，最粗的直径可达240μm，就是在同一根羊毛上，直径差异也可达5~6μm。

常用的羊毛细度指标有平均直径和品质支数。羊毛纤维截面近似圆形，因此可用直径表示其细度。品质支数是羊毛业中长期沿用下来的表示羊毛细度的一个指标。目前，品质支数仅表示平均直径在某一范围内的羊毛细度指标，见表1-2。

表1-2　羊毛品质支数与平均直径的关系

品质支数	平均直径（μm）	品质支数	平均直径（μm）
70	18.1~20.0	48	31.1~34.0

品质支数	平均直径(μm)	品质支数	平均直径(μm)
66	20.1~21.5	46	34.1~37.0
64	21.6~23.0	44	37.1~40.0
60	23.1~25.0	40	40.1~43.0
58	25.1~27.0	36	43.1~55.0
56	27.1~29.0	32	55.1~67.0
50	29.1~31.0	—	—

2. 长度　羊毛纤维的长度分为自然长度和伸直长度。自然长度是指纤维束在自然卷曲下的长度,一般用来表示毛丛长度。伸直长度是指羊毛除去卷曲、伸直后的长度,主要在毛纺工艺上采用。

羊毛纤维的长度随羊的品种、年龄、性别、毛的生长部位、饲养条件、剪毛次数和季节等不同,差异很大。一般国产细羊毛的长度为5.5~9cm,半细毛的长度可达7~15cm,粗羊毛则为6~40cm。

3. 卷曲　卷曲是指羊毛在长度方向上存在着自然的周期性弯曲。羊毛的卷曲与毛被的形态、纤维细度、弹性、抱合力和缩绒性等都有一定关系。卷曲对成纱质量和织物风格也有重大影响。一般细羊毛的卷曲数为6~9个/cm。

4. 缩绒性　羊毛缩绒性是指羊毛在湿热和机械外力的作用下,纤维集合体会逐渐收缩紧密,并相互穿插纠缠、交编毡化的特性。羊毛具有缩绒性的主要原因是羊毛毛干上有定向排列的鳞片层,使逆鳞片方向的摩擦因数大于顺鳞片方向的摩擦因数(称为定向摩擦效应),当羊毛受到机械外力的反复作用时,使纤维保持根部向前运动的方向性。这样,每根纤维都带着和它纠缠在一起的纤维按一定方向缓缓蠕动,使羊毛纤维啮合成毡,羊毛织物收缩紧密。此外,羊毛纤维优良的伸长能力、弹性恢复率和天然卷曲都有助于缩绒。

利用羊毛纤维的缩绒性可以织制丰厚柔软、保暖性好的织物,但缩绒性会影响织物洗涤后的尺寸稳定性,并对织制织纹要求清晰的薄型织物不利。可以采用化学药剂破坏羊毛鳞片,或涂以树脂使鳞片失去作用,以达到防缩绒的目的。

5. 强伸性　羊毛纤维的拉伸强度是常见天然纤维中最低的,其断裂长度只有9~18km。一般羊毛较细,髓质层较少,其强度较高。羊毛纤维吸湿后强度下降。

羊毛纤维的伸长能力是常见天然纤维中最大的,断裂伸长率干态可达25%~35%,湿态可达25%~50%。去除外力后,其伸长的弹性恢复能力也是常见天然纤维中最好的。

6. 吸湿性　羊毛的吸湿能力很强,一般大气条件下,回潮率为15%~17%,是常见天然纤维中最强的。

7. 其他性能　羊毛比纤维素纤维耐酸性强。一般情况下,低温弱酸对羊毛无显著破坏作用,所以常用酸去除原毛或呢坯中的草屑等植物性杂质。浓度大的强酸可使羊毛受到损伤,温度越高,时间越长,损伤越大。羊毛不耐碱,碱会使羊毛变黄及溶解。

羊毛的耐光性较好,羊毛织物在正常情况下,经日光照射1120h,强力下降约50%。

羊毛具有一定的耐热性和良好的耐低温性能。羊毛纤维在30～70℃时无显著变化;70～100℃时出现颜色变化,手感粗糙;100～110℃时纤维变黄,长时间处理(30h以上),强度下降;160～170℃时明显分解,有臭味。在-50～60℃时,其柔韧性和强度与常温相仿。

羊毛耐霉菌,但不耐虫蛀。

(四)其他纺织用动物毛

1. 山羊绒　山羊绒是珍贵的纺织原料,一般用于生产羊绒衫、围巾和羊绒大衣呢,也可用作精纺高级服装原料。山羊绒是从绒山羊身上抓取得到的绒毛,开司米山羊所产的绒毛最好,这种山羊原产于我国西藏一带,后来逐渐向四周传播繁殖。现在生产山羊绒的国家主要有中国、伊朗、蒙古和阿富汗等。我国产量占首位,主要产地在内蒙古、西藏、新疆、宁夏、甘肃、陕西、河北等地,其中内蒙古产量最高。

山羊绒根据颜色可分为白羊绒、紫羊绒和青羊绒,其中以白羊绒最名贵。山羊绒由鳞片层和皮质层组成,没有髓质层。纤维截面为圆形,平均直径为14.5～16.5μm。山羊绒平均长度多在30～45mm,强伸性、弹性等一般均优于绵羊毛,密度比羊毛低。因此山羊绒具有轻、柔、细、滑、保暖等优良性能,但山羊绒对酸、碱、热的反应比羊毛敏感。

2. 马海毛　马海毛也称安哥拉山羊毛,原产于土耳其的安哥拉省。南非、土耳其和美国为马海毛的三大产地。它以长度长和光泽明亮为主要特征。从1985年开始,我国引入安哥拉山羊以发展我国马海毛。

马海毛属异质毛,夹杂着一定数量的有髓毛和死毛,平均长度为120～150mm,直径为10～90μm。纤维具有丝一般的光泽,卷曲少,不易毡缩。此外,马海毛的强度、弹性也较好,但对化学试剂的反应比羊毛敏感。

马海毛多用于织制高档提花毛毯、长绒毛和顺毛大衣呢等毛织物,也可用于高级精纺呢绒。

3. 兔毛　兔毛有普通兔毛和安哥拉兔毛两种,以安哥拉兔毛质量为好。我国是兔毛的主要生产国。

兔毛由绒毛和粗毛两类纤维组成。绒毛直径为5～30μm,且大多数集中在10～15μm,粗毛直径为30～100μm。兔毛的长度最短的在10mm以下,最长的可达115mm,大多数为25～45mm。绒毛的截面呈非正圆形或多角形,粗毛呈腰圆形或椭圆形,绒毛和粗毛都有髓质层。兔毛密度小,仅为1.11g/cm³左右。纤维轻、细、柔软、光滑、蓬松、保暖性好,且吸湿能力强。兔毛含油率低,杂质少,所以不需经过洗毛即可纺纱。但由于兔毛抱合力差、强度较低,所以单独纯纺较困难,多与羊毛或其他纤维混纺。

4. 骆驼毛　我国是世界骆驼毛最大产地之一,多产于内蒙古、新疆、甘肃、青海、宁夏等地。

骆驼毛毛被中含有绒毛和粗毛两类纤维。骆驼绒的平均直径为14～23μm,平均长度为40～135mm,色泽有乳白、杏黄、黄褐、棕褐色等,品质优良的骆驼绒多为浅色。骆驼绒强力高,光泽好,保暖性好,可织制高级粗纺织物、毛毯和针织品。骆驼毛的平均直径为50～209μm,平均长度为50～300mm。骆驼毛鳞片很少,而且边缘光滑,所以没有像羊毛一样的缩绒性,不易毡并,可作填充材料,保暖性优良。

5. 牦牛毛 牦牛是高山草原上特有的耐寒畜种,主要分布在中国、阿富汗、尼泊尔等9个亚洲国家。我国主要产于西藏、青海、四川及甘肃等省。

牦牛毛毛被由绒毛和粗毛组成,颜色以黑褐色为多。牦牛绒很细,平均直径约为20μm,平均长度约为30mm。光泽柔和,弹性好,手感柔软,常与羊毛混纺织制绒衫和大衣呢等。牦牛毛略有髓,平均直径约为70μm,平均长度约为110mm,外形平直,表面光滑,坚韧而有光泽,可织制衬垫织物、帐篷及毛毡等。

四、蚕丝

蚕丝是由蚕吐丝而得到的天然蛋白质纤维,是人类最早利用的天然动物纤维之一。我国是世界上最早养蚕和利用蚕丝织造织物的国家,丝绸是我国出口贸易中占绝对垄断地位的产品。世界上其他产丝的国家主要有日本、印度、巴西、朝鲜、泰国、越南及土耳其等。

(一)蚕丝的分类

蚕丝可分为家蚕丝和野蚕丝两大类。家蚕丝即桑蚕丝,我国的江苏、浙江、广东、四川、山东、安徽、新疆等地产量较多。野蚕丝有柞蚕丝、木薯蚕丝、蓖麻蚕丝等数十种,其中主要的品种是柞蚕丝,我国辽宁省产量较多。

(二)生丝

蚕茧主要由茧衣、茧层、蛹衬和蛹体组成。外层茧衣和内层蛹衬丝条紊乱、细弱,不能缫成连续的长丝,只能作为绢纺原料纺成短纤维纱,即绢丝。蚕茧的中部即茧层丝条排列有条不紊,品质优良,经过缫丝获得生丝,可直接供织造用。

由单个蚕茧抽出的丝称为茧丝。茧丝细脆不牢,不能直接用来织造,必须将数根茧丝平行排列并合成一根具有规定粗细的长丝,该长丝称为生丝。生丝规格以"纤度上限/纤度下限"标示,其纤度中心值为名义纤度。如20/22旦,表示生丝的名义纤度为21旦(23.1dtex),其纤度下限为20旦,纤度上限为22旦,这种规格的生丝也是产量最多、用途最广的一种。

生丝俗称厂丝,手工缫制的称土丝或农工丝。生丝手感较硬,光泽较差。经过精练脱胶后称熟丝或精练丝,光泽悦目,柔软平滑。大部分的丝织品是用生丝织造而成的生坯绸,也有部分丝织品是直接用熟丝织的。有时,两条蚕共同做成一个茧,称双宫茧。以双宫茧为原料缫制的丝称双宫丝,这种丝条具有不规则粗节,别具一格。

1. 生丝的组成与形态结构 蚕丝主要由丝素和丝胶组成,它们都是蛋白质。丝素蛋白质呈纤维状,不溶于水;丝胶蛋白质呈球形,能溶于水中。丝素含量约占70%～80%,丝胶约占20%～30%。此外,还有少量色素、灰分、蜡质、碳水化合物,它们主要分布在丝胶中。

单根茧丝的截面呈不规则椭圆形,由两根丝素外覆丝胶组成;除去丝胶后的单根丝素截面呈不规则三角形,如图1-6。生丝的横截面没有特定的形状,因为它是由若干根茧丝在缫丝过程中随机组合而成的。

图1-6 桑蚕茧丝的截面形态

蚕丝纵向比较平直光滑,没有除去丝胶的茧丝表面带有异状丝胶瘤节。生丝由于经过缫丝工艺使丝胶分布均匀,且由于数根茧丝合并,所以比较均匀光滑,但也可能有各种缫丝疵点,如糙结、环结、丝胶块、裂纹等。

2. 生丝的主要性能

(1)长度:一个茧子上的茧丝长度可达数百米至上千米。数根茧丝经缫丝合并可获得任意长度的连续长丝(生丝),不需要纺纱即可织造。也可将下脚茧丝、茧衣和缫丝中的废丝等经脱胶切成短纤维,经绢纺工艺获得绢丝供织造用。

(2)细度:蚕丝的细度按我国法定计量单位应用线密度(tex)来表示,以往曾以纤度(或称条份)来表示蚕丝的细度。桑蚕丝的线密度约为 $2.8 \sim 3.9$ dtex($2.5 \sim 3.5$ 旦),生丝细度则由茧丝细度和合并茧丝数而定。

(3)强伸性:蚕丝的强度大于羊毛而接近于棉,约为 $25 \sim 35$ cN/tex,湿强下降 $10\% \sim 25\%$。蚕丝的伸长率小于羊毛而大于棉,断裂伸长率为 $15\% \sim 25\%$。蚕丝的弹性恢复能力也小于羊毛而优于棉。

(4)吸湿性:蚕丝吸湿能力较强。一般大气条件下,桑蚕丝回潮率可达到 9% 左右,吸湿达到饱和时可达 35%,且散湿速度快。吸湿后纤维膨胀,直径可增加 65%。

(5)光学性质:桑蚕丝一般呈白色,除去丝胶后具有雅致悦目的光泽,这是由丝素的三角形截面和层状结构所形成的。

蚕丝的耐光性较差。在光照下,蚕丝颜色会发黄,强度下降。

(6)丝鸣:干燥的蚕丝相互摩擦或揉搓时发出特有的清晰微弱的声响,称为丝鸣。蚕丝经过稀酸处理后丝鸣加大。丝鸣是蚕丝独具的风格特征。

(7)其他性能:丝素在碱溶液中可引起不同程度的水解,而酸对丝素的破坏性不如碱。弱无机酸和有机酸对丝素的作用稳定,用有机酸处理丝织物,可增加其光泽,改善手感。但随着浓度和温度的增高,也会破坏丝的质量。高浓度的强无机酸,如浓硫酸、浓盐酸、浓硝酸等的作用,可使丝素急剧膨胀溶解。在中性盐类的稀溶液内,丝素立即膨润。丝素对氧化剂的作用较为敏感,含氯的氧化剂与丝素作用,能使丝素发生氧化裂解,以致失去使用价值。

生丝密度为 $1.30 \sim 1.37$ g/cm³,是天然纤维中密度较轻者。

生丝在无捻的情况下,抱合是靠丝胶粘着而成的。如果抱合不良,生丝受到机械摩擦和静电作用时,会引起丝纤维分裂、起毛、断头等。在丝织生产中,要求抱合试验不低于 60 次。

(三)绢丝和绸丝

在养蚕、制丝和丝织生产过程中,不可避免会产生一些下脚料,如养蚕业中的废次茧、留种茧,缫丝生产中形成的废丝和蛹衬等(通称为干湿下脚)。这些下脚既具有天然丝的优良特性,又具有良好的可纺性,是宝贵的纺纱原料。绢丝和绸丝就是由这些原料加工制成的。

1. 绢丝　绢丝(又称绢纺纱)是由蛹衬(滞头)、茧衣、下脚干茧、丝头及丝织厂的无捻下脚废丝,经过化学处理及机械加工纺制而成的短纤维纱。为了增加强力及改善品质,作为最终产品的绢丝一般均为双股线。如 6.25tex × 2(160 公支/2)绢丝,即表示该产品是由两根 6.25tex (160 公支)绢丝合股而成的双股绢丝。

绢丝按其粗细可分为三档:

（1）细特绢丝（高支绢丝）：6.25tex×2 以下（160 公支/2 以上）。

（2）中特绢丝（中支绢丝）：10tex×2（100 公支/2）~6.25tex×2（160 公支/2）。

（3）粗特绢丝（低支绢丝）：10tex×2（100 公支/2）以下。

由于绢丝是天然丝纤维经纺纱工艺加工而成，所以它具有天然丝纤维的许多优良性能，如吸湿保暖性好，穿着舒适，光泽优美等；还具有短纤纱的特点，如多孔松软，透气性好，色泽柔和等。绢丝绸是高档衬衣、内衣、女装的原料。

2. 紬丝 紬丝是用圆梳制绵工艺末道落绵为原料在紬丝纺系统上纺制而成的。其纤维长度短，整齐度差，纤维细，绵粒和蛹屑杂质多。紬丝手感柔软、丰满，表面有许多细小的绵粒和毛茸。用紬丝织成的丝绸具有一种特殊的风格，且紬丝成本低，价格便宜，颇受国内外消费者欢迎。

紬丝规格传统上也用公制支数表示，都为单股纱。常见的紬丝品种有 66.7tex（15 公支）、37tex（27 公支）、33.3tex（30 公支）等。近年来，各种混纺紬丝不断出现，如二合一、三合一、四合一以及花式线等。这些混纺紬丝一般较粗，有 166.7tex（6 公支）、125tex（8 公支）、83.3tex（12 公支）和 62.5tex（16 公支）等。

与化学纤维混纺的紬丝，既能保持天然丝纤维的高贵身价及良好的服用性能，也具有化学纤维的一些特性，如强度、弹性等得到了改善。与羊毛、兔毛混纺的紬丝，可改善紬丝织物的服用性能，用以织制羊毛衫等。

（四）柞蚕丝

柞蚕丝属于天蛾科野生蚕茧缫制的丝。柞丝绸是我国纺织品中占相当地位的传统商品，具有坚牢、耐晒、富有弹性、平挺和滑爽等特点，在国内外享有盛名。它可以单独或与其他纤维交织形成各种织物，用于衣着、装饰和工业用品。

柞蚕丝的主要产地有辽宁、河南、山东，其次有陕西、黑龙江、吉林、山西、湖北等省。我国柞蚕丝主要输往日本、印度、德国和中国香港等国家和地区。

柞蚕丝主要由丝素和丝胶组成，丝素约占 85%，丝胶含量少一些，约占 15%。柞蚕丝的截面较桑蚕丝扁平，如图 1-7。

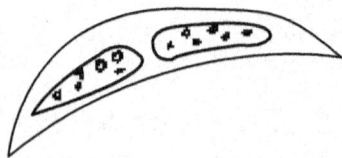

图 1-7　柞蚕丝的截面形态

柞蚕丝较桑蚕丝略粗，线密度为 5.6dtex（5 旦）左右。柞蚕丝的强度为 30~35cN/tex，湿强比干强略高 4%~10%，断裂伸长率为 23%~27%。在常见天然纤维中，它的强度仅次于麻，伸长率仅次于羊毛，耐磨牢度最高。一般大气条件下，柞蚕丝回潮率可达 10% 以上。柞蚕丝具有天然淡褐色，光泽柔和，但比桑蚕丝差。同样条件下，柞蚕丝的耐酸碱性比桑蚕丝强。

五、其他天然纤维

（一）木棉

木棉属木棉科植物，主要产地在热带地区。木棉科植物约有 20 属 180 种，目前应用的木棉纤维主要指木棉属的木棉种、长果木棉种和吉贝属吉贝种三种植物果实内的纤维。我国的木棉纤维主要是木棉属木棉种，主要生长和种植地区为广东、广西、福建、云南、海南、台湾等省。

木棉纤维由于强度较低、抱合力差，不适于单纤维纺纱，但可以混纺，尤其适于制作隔热吸声材料和浮力救生材料等。其纤维集合体在水中可以承受自重 20 ~ 36 倍的负荷而不会下沉，在水中浸泡 30 天，其浮力也仅下降 10% 左右。尽管我国的木棉资源丰富，品质优良，但其应用还在初级阶段。

木棉纤维由木棉蒴果壳体内壁细胞发育、生长而成，与内壁的附着力很小，易于分离，不需像棉花那样进行初加工除去棉籽，只要将木棉剥出，木棉籽会自行分离。

1. 木棉纤维的组成与形态结构　木棉纤维为单细胞纤维，是以纤维素为主的纤维，胞壁含有 64% 的纤维素，其余还有木质素、灰分、水溶性物质、木聚糖、蜡质、水分等，细胞壁平均密度为 1.33g/cm^3。木棉纤维表面有较多蜡质，使纤维光滑、不吸水、不易缠结。

木棉纤维纵向呈薄壁圆柱形，表面有微细凸痕，无转曲。纤维中段较粗，根端钝圆，梢端较细，两端封闭，纤维未破裂时呈气囊结构，破裂后呈扁带状。纤维截面为圆形或椭圆形，具有独特的薄壁、大中空结构。木棉纤维截面和纵向形态如图 1 - 8。

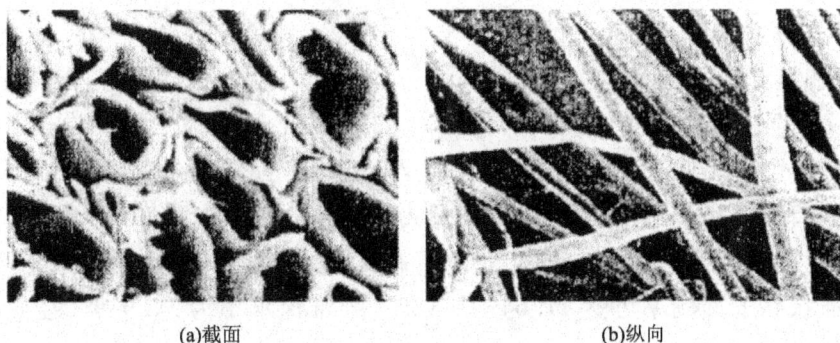

(a)截面　　　　　　　　　　　　　(b)纵向

图 1 - 8　木棉纤维的截面和纵向形态

2. 木棉纤维的主要性能

（1）长度和细度：木棉纤维长度为 8 ~ 34mm，纤维中段直径为 20 ~ 45μm，线密度为 0.9 ~ 1.2dtex。

（2）密度：木棉纤维中空度高达 94% ~ 95%，未破裂细胞的密度为 0.05 ~ 0.06g/cm^3，纤维集合体浮力极好。

（3）强伸性：木棉纤维的强力极低，伸长能力小，单纤维平均强力为 1.4 ~ 1.7cN，纤维比强度为 0.8 ~ 1.3cN/dtex，断裂伸长率为 1.5% ~ 3.0%。木棉纤维相对扭转刚度很高，大于玻璃纤维,使纺纱加捻效率降低,因此很难用加工棉纤维或毛纤维的纺纱方法单独纺纱。

(4)吸湿性:木棉纤维吸湿性比棉纤维好,其标准回潮率为10%～10.73%,但由于纤维表面有蜡质而具有拒水性。

(5)化学稳定性:木棉纤维耐碱性良好,常温下氢氧化钠溶液对其没有影响;耐酸性较好,常温下稀酸、弱酸对其没有影响。

(6)色泽特征:木棉纤维有白、黄和黄棕色三种颜色。纤维可用直接染料染色,但其上染率低,约为63%。

(二)竹纤维

竹纤维是一种原生竹纤维,也可称为竹原纤维。它是利用特种材料将竹材中的木质素、果胶、糖类物质等除去,再通过机械、蒸煮等物理方法,从竹秆中直接分离出来纯天然的竹纤维。它可以在棉纺设备上纺制竹纤维纱线,多应用于建筑材料、汽车制造、环境保护等领域,但也有个别品种可用于纺织纤维。另外,可将竹纤维制成竹浆粕用于制造竹浆纤维,还可用于生产竹炭纤维。

1. 竹纤维的组成与形态结构　竹纤维的主要组成是纤维素、半纤维素和木质素,总量占纤维干质量的90%以上,其次还有蛋白质、脂肪、果胶、色素、灰分等。竹纤维的化学组成随竹的品种和生长地区而异,纤维素含量一般为40%～53%。

竹纤维是一种天然多孔中空纤维。单纤维细长,呈纺锤状,两端尖。纵向有横节,粗细分布很不均匀,纤维表面有无数微细沟槽。截面为不规则椭圆形或腰圆形,有中腔,边缘有裂纹,在其横截面上有许多近似于椭圆形的空洞,其内部存在着许多管状腔隙。

2. 竹纤维的主要性能

(1)长度和细度:竹纤维单纤维长度为1.33～3.04mm,截面直径为10.8～22.1μm。由于单纤维长度较短,采用工艺纤维纺纱。

(2)强伸性:竹纤维断裂比强度约为3.49cN/dtex,断裂伸长率约为5.1%。竹工艺纤维干态初始模量为22.7cN/dtex左右,湿态初始模量为6.3cN/dtex左右。

(3)吸湿性:竹纤维的多孔中空结构,使之具有良好的吸湿性、渗透性、放湿性及透气性能。竹纤维在标准状态下回潮率可达11.64%～12%,纤维保水率为34.93%,径向湿膨胀率为15%～25%。

(4)密度:竹纤维密度为0.679～0.680g/cm³,是天然纤维中较轻的纤维。

(5)抗菌性:竹纤维与苎麻、亚麻等麻类纤维一样,具有天然的抗菌性能,其天然抗菌性不会引起皮肤的过敏反应,对人体是安全的。

第四节　化学纤维

化学纤维的问世使纺织工业出现了突飞猛进的发展,特别是差别化纤维和高性能纤维的出现,为纺织工业的发展开创了广阔的前景。

一、化学纤维的生产形成

化学纤维的品种很多,由于各种化学纤维的原料来源、分子组成、成品要求等不同,所以它们的生产方法也不完全相同,但基本上包括成纤高聚物的提纯或聚合、纺丝流体的制备、纺丝成形以及后加工等四个过程。

化学纤维是由高聚物制造而成的,而高聚物可直接取自自然界,也可由低分子物经化学聚合而得。合成纤维的学名基本上就是根据高聚物的单体,前面加"聚"而命名的。

成纤高聚物在纺丝前必须用一定的方法制成纺丝流体。为了改善纤维的光泽,可在纺丝液中加入消光剂二氧化钛。根据二氧化钛的含量可生产出有光、无光、半无光纤维。也可将颜料或染料掺入纺丝液中,直接制成有色纤维,以提高染色牢度,降低染色成本。

将纺丝流体从喷丝孔中压出,呈细流状,再在适当的介质中固化成为细丝,这一过程称为纺丝成形。刚纺成的细丝称为初生纤维。

纺丝过程中得到的初生纤维强度很低,伸长很大,沸水收缩率很高,不能直接用以纺织加工,所以必须进行一系列后加工,以改善纤维性能。

二、化学纤维的规格

化学纤维的规格包括长丝和短纤维。

(一)长丝

化纤长丝为长度很长的单根或多根连续丝条,包括单丝、复丝和变形丝。单丝是指单根长丝;复丝是指由数根或数十根单丝组成的丝条;变形丝(变形纱)是指经过变形加工的化纤长丝,常见的变形丝有高弹锦纶丝、低弹涤纶丝等。

(二)短纤维

化学纤维的长度和细度可以依据纺纱设备和与之混纺的纤维长度,将其制成棉型、毛型或中长型。棉型化纤长度约为 $30 \sim 40$mm,线密度为 1.67dtex(1.5旦)左右,用棉纺设备纺纱;毛型化纤长度约为 $70 \sim 150$mm,线密度为 $3.3 \sim 5.5$dtex($3 \sim 5$旦),用毛纺设备纺纱;中长型化纤长度约为 $51 \sim 65$mm,线密度为 $2.78 \sim 3.33$dtex($2.5 \sim 3$旦),用毛纺或化纤专纺设备纺纱,生产仿毛织物。

为了缩短纺纱工序和提高成纱强力,也可采用牵切法,即长丝束不进行切断,而是在牵切机上依靠两对速度不同的加压罗拉牵伸拉断纤维,所得纤维长度不等,可直接成条。

三、常见化学纤维的名称和代号

几种常见化学纤维的名称、代号、国内外商品名和单体见表 $1 - 3$。

表 $1 - 3$　几种常见化学纤维的名称、代号、国内外商品名和单体

学　名	代　号	国内商品名	常见国外商品名	单　体
粘胶纤维	CV	粘胶	Bobol, Bodana, Visada, Viscor	葡萄糖剩基

学　名	代　号	国内商品名	常见国外商品名	单　体
聚对苯二甲酸乙二酯纤维	PET	涤纶	Dacron, Telon, Terlon, Teriber, Lavsan, Terital	对苯二甲酸或对苯二甲酸二甲酯,乙二醇
聚酰胺6纤维	PA6	锦纶6	Nylon 6, Capron, Chemlon, Perlon, Chadolan	己内酰胺
聚酰胺66纤维	PA66	锦纶66	Nylon 66, Arid, Wellon, Hilon	己二酸,己二胺
聚丙烯腈纤维	PAN	腈纶	Orlon, Acrilian, Creslan, Chemilon, Krylion, Panakryl, Vonnel, Courtell	丙烯腈及丙烯酸甲酯或醋酸乙烯,苯乙烯磺酸钠,甲基丙烯磺酸钠
聚乙烯醇缩甲醛纤维	PVAL	维纶	Vinylon, Kuralon, Vinal, Vinol	乙二醇,或醋酸乙烯酯
聚丙烯纤维	PP	丙纶	Meraklon, Polycaissis, Prolene, Pylon	丙烯
聚氯乙烯纤维	PVC	氯纶	Leavil, Valren, Voplex, PCU	氯乙烯
聚氨基甲酸酯纤维	PU	氨纶	Lycra, Spandex	异氰酸酯二元醇

四、常见化学纤维的品种

(一)再生纤维和半合成纤维

1. 粘胶纤维　粘胶纤维属再生纤维素纤维,可分为普通粘胶纤维、高湿模量粘胶纤维和高强力粘胶纤维。普通粘胶纤维又分棉型、毛型和长丝型,俗称人造棉、人造毛和人造丝。高湿模量粘胶纤维具有较高的强力和湿模量,主要有富强纤维。另外,粘胶纤维还可制成有光、无光和半无光纤维。

粘胶纤维是最早投入工业化生产的化学纤维之一。由于吸湿性好,穿着舒适,可纺性优良,常与棉、毛或各种合成纤维混纺、交织,用于各类服装及装饰用纺织品。高强力粘胶纤维还可用于轮胎帘子线、运输带等工业用品。

粘胶纤维主要生产国家有美国、日本、英国、法国、德国、意大利、俄罗斯和中国等。

(1)形态结构:普通粘胶纤维的截面呈锯齿形皮芯结构,纵向平直有沟槽。富强纤维无皮芯结构,截面呈圆形。

(2)吸湿性与染色性:粘胶纤维具有良好的吸湿性,在一般大气条件下回潮率可达13%左右。吸湿后显著膨胀,所以织物下水后手感发硬,收缩率大。粘胶纤维的染色性与棉相似,染色色谱全,染色性能良好。

(3)力学性质:普通粘胶纤维的断裂强度比棉小,约为16～27cN/tex,湿强约为干强的50%;断裂伸长率大于棉,约为16%～22%。粘胶纤维容易变形,弹性差,耐磨性也较差,所以织物易伸长,不挺括,抗皱性能差,不耐水洗,但质地柔软。

(4)化学稳定性:粘胶纤维的基本组成是纤维素,与棉相似,所以较耐碱而不耐酸,且耐酸耐碱性均较棉差。

(5)其他性能:粘胶纤维的耐热性和耐光性较好,抗静电性很好。耐蛀性好,但耐霉、耐蚀性差。密度接近棉,为1.50～1.52g/cm³。

2. 铜氨纤维　铜氨纤维也是再生纤维素纤维,分长丝和短纤维两种。短纤维长度与粘胶纤维相同,但线密度较粘胶纤维小,一般在 1.3dtex 以下。特殊情况下,也可制作单丝条,线密度为 0.4dtex 左右。

铜氨纤维柔软纤细,光泽柔和,特别适用于与羊毛或合成纤维混纺制作针织或机织内衣、女用袜子以及绸缎和各种花式线。由于原料的限制,其工艺较为复杂,产量较低。

铜氨纤维的主要生产国家有日本、美国、意大利、德国、英国、法国、俄罗斯和中国等。

(1)形态结构:截面呈圆形,且有皮芯结构,纵向平直光滑。

(2)吸湿性和染色性:铜氨纤维的吸湿性与粘胶纤维相近,一般大气条件下,回潮率可达 12% ~13% 左右。染色性很好,色谱很全,可以染成各种鲜艳的颜色。

(3)力学性质:铜氨纤维的干强与粘胶纤维相近,但湿强高于粘胶纤维,耐磨性也优于粘胶纤维。

(4)化学稳定性:铜氨纤维的化学稳定性与粘胶纤维相同,能溶解于热稀酸或冷浓酸,遇稀碱液则轻微损伤,强碱能使纤维膨化直至溶解,一般不溶解于有机溶剂。

3. 醋酯纤维　醋酯纤维是以纤维素为原料,经乙酰化处理使纤维素分子上的羟基与醋酐作用生成醋酸纤维素酯,再经干法或湿法纺丝制得。根据乙酰化处理的程度不同,醋酯纤维可分为二醋酯纤维和三醋酯纤维。

醋酯纤维不易沾污,洗涤容易,且手感柔软,弹性好,不易起皱,可用于女式服装面料、衬里料、贴身女衣裤等,也可与其他纤维交织,生产各种成品绸。

(1)形态结构:醋酯纤维的截面呈多瓣形,片状和耳状为多,无皮芯结构。

(2)吸湿性和染色性:醋酯纤维的吸湿性和染色性比粘胶纤维差。标准大气条件下,二醋酯纤维回潮率为 6.5% 左右,三醋酯纤维为 4.5% 左右。醋酯纤维通常采用分散染料和特种染料染色。

(3)力学性质:醋酯纤维的断裂强度比粘胶纤维小,约为 10.6 ~15cN/tex,断裂伸长率比粘胶纤维大,约为 25%。醋酯纤维较易变形,弹性较好,耐磨性差。

(4)化学稳定性:醋酯纤维对稀碱和稀酸具有一定的抵抗力,但在浓碱和浓酸中会发生破坏。

(5)其他性能:醋酯纤维是热塑性纤维,具有持久压烫整理功能。密度比粘胶纤维小,二醋酯纤维为 $1.32g/cm^3$,三醋酯纤维为 $1.30g/cm^3$ 左右。

4. 莱赛尔纤维　莱赛尔纤维是以天然纤维素高聚物为原料,采用 $N-$ 甲基吗啉 $-N-$ 氧化物(简称 NMMO)的水溶液溶解纤维素后进行纺丝而成的。1993 年底,莱赛尔纤维由英国化学纤维生产商 Courtaulds 在美国 Mobile 生产,纤维的商品名为天丝(Tencel)。纤维生产过程中使用的有机溶剂 NMMO 在生产过程中回收率可达 99% 以上,对环境没有污染,且莱赛尔纤维易于生物降解,是一种符合环保要求的纤维。

(1)形态结构:莱赛尔纤维截面形状近似圆形,具有皮芯结构,但皮层较薄,纤维纵向光滑。

(2)吸湿性和染色性:莱赛尔纤维吸湿性较好,一般大气条件下,回潮率为 11% 左右。莱赛尔纤维在水中有一个很特殊的现象,就是不仅有膨润现象,而且膨润的异向性特征十分明显,横向膨润率比纵向膨润率大很多,这已成为其加工中的一个难点。染色性能好,色谱齐全,可以染成各种鲜艳的颜色。

(3)力学性质:莱赛尔纤维断裂强度远远大于棉和普通粘胶纤维,可达 40~42cN/tex;湿强下降,但仍在 30cN/tex 以上,不会有普通粘胶纤维湿强低的问题。莱赛尔纤维的断裂伸长率比普通粘胶纤维小,比棉纤维大,约为 14%~16%,具有较高的干湿模量,变形恢复能力好。

(4)化学稳定性:莱赛尔纤维耐碱性较好,但不耐酸,其耐酸碱性均较棉纤维差。

(5)其他性能:莱赛尔纤维耐热性和热稳定性较好,抗静电性能很好,耐光性与棉纤维相近。密度与棉纤维和普通粘胶纤维接近,大于毛纤维,可达 $1.52g/cm^3$。

莱赛尔纤维因其吸湿性好,穿着舒适,可纺性好,可与其他纤维混纺、交织,用于各类服装及装饰用品。由于其既具有天然纤维的舒适性,又有合成纤维的力学性质和尺寸稳定性,而且符合绿色环保要求,因此应用前景非常广阔。

5. 竹浆纤维 竹浆纤维由竹子经粉碎后采用水解、碱处理及多段漂白精制而成浆粕,将不溶性浆粕变性转变为可溶性浆粕,再经过纺丝制成纤维。

竹浆纤维纵向光滑、均匀,有多条浅的沟槽,截面接近圆形,边缘为不规则锯齿形。其化学组成与粘胶纤维、莫代尔和莱赛尔纤维等基本相同,化学性能与棉、麻纤维相近。强力高,韧性和耐磨性较好,可纺性好。标准大气状态下,竹浆纤维的回潮率可达 12%,染色性好,不易褪色,且具有天然抗菌性能。用竹浆纤维制成的织物吸湿性、透气性良好,具有滑爽、抗菌、防臭等特殊功能,各项物化指标优于传统的粘胶纤维。

6. 甲壳素纤维 甲壳素又称几丁质(Chitin),广泛存在于昆虫类、水生甲壳类的外壳和海藻的细胞壁中。甲壳素经浓碱处理脱去其中的乙酰基就变成可溶性甲壳素,称为甲壳胺或壳聚糖。将甲壳素或壳聚糖粉末在适当的溶剂中溶解配置成纺丝液,再经纺丝制成甲壳素纤维。由于制造甲壳素纤维的原料一般为虾、蟹类水产品的废弃物,一方面利用废弃物减少了对环境的污染,另一方面甲壳素纤维的废弃物又可生物降解,不会污染环境。

甲壳素纤维属纯天然纺织材料,具有抑菌、镇痛、吸湿、止痒等功能,可制成各种抑菌防臭纺织品。与棉纤维相比,甲壳素纤维线密度偏大,强度偏低,纯纺有一定困难,通常采用与棉、毛、化纤混纺来改善其可纺性。甲壳素纤维吸湿性良好,染色性优良,可用多种染料染色,且色泽鲜艳。采用甲壳素纤维与其他纤维混纺织成的高级面料,具有坚挺、不皱不缩、吸汗、不透色等特点。在医用方面主要用作缝线、人造皮肤和创可贴等。以甲壳素纤维与超级淀粉吸水剂结合制成的妇女卫生巾、婴儿尿不湿等具有卫生和舒适的特点。甲壳素纤维还可用于功能性保健内衣、裤袜及床上用品等。

7. 大豆蛋白纤维 大豆蛋白纤维是由大豆中提取的蛋白质混合并接枝一定的高聚物(如聚乙烯醇)配成纺丝液,用湿法纺丝而成。大豆蛋白纤维的商业化生产,标志着我国大豆蛋白纤维生产技术达到了国际领先水平。

大豆蛋白纤维截面呈扁平状哑铃形、腰圆形或不规则三角形,纵向呈不明显的凹凸沟槽,纤维具有一定的卷曲。大豆蛋白纤维的干态断裂比强度接近于涤纶,断裂伸长与蚕丝和粘胶纤维接近,但变异系数较大,吸湿后强力下降明显,与粘胶纤维类似。摩擦因数较其他纤维低,且动、静摩擦因数差异小,从而使纺出的纱条抱合力差,松散易断,所以纺纱过程中应加入一定量的油剂,以确保成纱质量;又因其摩擦因数低,皮肤接触滑爽、柔韧,亲肤性良好,但易起球。大豆蛋白纤维标准回潮率在4%左右,具有良好的热湿舒适性。本色为淡黄色,可用酸性染料、活性染料染色。一般与其他纤维混纺、交织,多用于内衣、T恤及其他针织产品等。

8.酪素纤维　酪素纤维俗称牛奶蛋白纤维,将液态牛奶去水、脱脂,利用接枝共聚技术将蛋白质分子与丙烯腈分子制成含牛奶蛋白的浆液,再经湿法纺丝工艺制成纤维。

酪素纤维截面呈腰圆形或近似哑铃形,纵向有沟槽。纤维初始模量、断裂比强度较高,抗变形能力较强,具有良好的吸湿性和透气性。酪素纤维具有天然抗菌功效,不会对皮肤造成过敏反应,亲肤性好。纤维表面光滑柔软,抱合力差,静电现象严重,纺纱比较困难。酪素纤维制成的面料光泽柔和、质地轻柔,具有良好的悬垂性,可以制作多种高档服装面料及床上用品等。酪素纤维耐热性差,化学稳定性较低,抗皱性差,具有淡黄色泽,不宜生产白色产品。

9.聚乳酸纤维　从玉米、木薯等植物中提取的淀粉经酸分解后得到葡萄糖,经乳酸菌发酵生成乳酸,乳酸进一步合成高纯度的聚乳酸,再采用与涤纶相似的熔融纺丝工艺制成纤维。

聚乳酸纤维具有优异的力学性能,其断裂比强度和断裂伸长率与涤纶相近,弹性回复和卷曲保持性较好,抗皱性好。纤维耐热性好,燃烧热低于涤纶和锦纶,燃烧产生的烟雾少,具有一定的自熄灭性,续燃时间短。吸湿性差,其回潮率与涤纶相近,但导湿性能比涤纶好。染色性比一般纤维要差,通常采用分散染料,但不需高温高压。具有良好的抗紫外线功能,还具有较好的抗污性能和抑菌性能。具有良好的生物相容性和生物降解性,对人体无害、无积累。聚乳酸纤维可用于内衣、运动衣、外衣面料,也可用于制作窗帘、室内装饰品、地毯等产品,还可用于工业、林业、渔业等领域以及垃圾袋、尿布、卫生材料和汽车装饰材料等。在医疗器械领域,聚乳酸纤维可用于制作手术缝合线,修复骨缺损的器械,生物工程组织支架材料以及药物缓释材料等。

(二)合成纤维

1.涤纶　涤纶于1953年才开始工业化生产,但由于其具有许多优良性能,所以在服装、装饰和工业领域均应用广泛。涤纶短纤可与棉、毛、丝、麻或其他化纤混纺制造各种衣用和装饰用纺织品。长丝,特别是变形丝,如涤纶低弹丝、涤纶网络丝等,可通过针织或机织制成各种内外衣。另外,涤纶长丝在工业上还用于制造轮胎帘子线、绳索、传送带、滤布、绝缘材料、船帆、篷帐等。为了克服涤纶吸湿性差、染色性差等缺点,通过对涤纶的改性,已生产出高吸湿、抗静电、抗起球、阳离子可染等涤纶。

涤纶的主要生产国家有美国、日本、英国、法国、德国、意大利、俄罗斯、中国等。

(1)形态结构:涤纶纵向平直光滑,截面为圆形。

(2)吸湿性和染色性:涤纶吸湿性差,在一般大气条件下,回潮率只有0.4%左右,因而纯涤纶织物易洗快干,但穿着有闷热感。涤纶染色性也差,现多采用分散性染料高温、高压染色。

(3)力学性质:涤纶的强度高、伸长大、弹性好,且初始模量较高,所以织物挺括,尺寸稳定性好。耐磨性优良,仅次于锦纶,但易起毛起球,毛球不易脱落。

(4)化学稳定性:涤纶较耐酸而不耐碱,常温下与浓碱或高温下与稀碱作用会破坏纤维,但也可利用适当的碱液在一定条件下对涤纶进行仿丝绸化处理。涤纶对一般的有机溶剂、氧化剂、微生物的抵抗能力较强。

（5）其他性能：涤纶的耐热性和热稳定性优良，耐光性仅次于腈纶，导电性差，易产生静电，易吸附灰尘。密度小于棉大于毛，约为 $1.39 g/cm^3$。

除涤纶外，还有一些新型聚酯纤维，常见的有 PBT 纤维（聚对苯二甲酸丁二酯纤维）、PTT 纤维（聚对苯二甲酸丙二酯纤维）、PEN 纤维（聚萘二甲酸乙二醇酯纤维）等。

PBT 纤维与涤纶一样也具有强度好、易洗快干、尺寸稳定、保形性好等特点，尤为突出的是其断裂伸长大、弹性好，受热后弹性变化不大，手感柔软。染色性能比涤纶优良，还有很好的抗老化性、耐化学反应性、耐光性和耐热性。PBT 纤维在工程塑料、家用电器外壳、机器零件上有着广泛的应用。

PTT 纤维兼有涤纶和锦纶的特点，像涤纶一样易洗快干，有较好的弹性恢复性和抗皱性，并有较好的耐污性、抗日光性和手感。比涤纶的染色性能好，可在常压下染色。与锦纶相比，PTT 纤维同样有较好的耐磨性和拉伸恢复性，并有弹性大、蓬松性好的特点，更适合制作仿毛产品、地毯等。

PEN 纤维与常规涤纶相比，具有较好的力学和热学性能，如强度大，模量高，抗拉伸性能好，刚性大；耐热性好，尺寸稳定，不易变形，有较好的阻燃性；耐化学性和抗水解性好；抗紫外线，耐老化。它主要用于产业用纺织品，如骨架材料、安全气囊、增强材料、过滤材料、绳网材料等；也可作为衣着用材料，制作劳保服装、防护用品等。

2. 锦纶　锦纶是最早投入工业化生产的合成纤维品种。近年来，虽然涤纶的发展超过了它，但锦纶仍是合成纤维中的主要品种之一。锦纶生产以长丝为主，用于民用可织制袜子、围巾、衣料及用作牙刷鬃丝和织制地毯等；用于工业可制造轮胎帘子线、绳索、渔网、降落伞等。

（1）形态结构：锦纶纵向平直光滑，截面为圆形，与涤纶相似。

（2）吸湿性和染色性：锦纶的吸湿性是常见合成纤维中较好的，在一般大气条件下，回潮率可达4.5%左右。锦纶的染色性也较好。

（3）力学性质：锦纶的强度高、伸长能力强，且弹性优良，所以锦纶耐磨性优良，在常见纺织纤维中居首位。锦纶在小负荷下容易变形，其初始模量是常见纤维中最低的，因此织物手感柔软，但易变形，不挺括。

（4）化学稳定性：锦纶耐碱不耐酸，尤其是对无机酸的抵抗能力很差。

（5）其他性能：锦纶耐热性和耐光性差，耐腐蚀，不怕霉，不怕虫蛀。密度较小，约为1.14 g/cm^3。

3. 腈纶　腈纶生产以短纤维为主，它可以纯纺，也可以与羊毛或其他纤维混纺，织制毛型织物、绒线、毛毯、人造毛皮或絮制品等。腈纶长丝可用来加工膨体纱。此外，腈纶还是生产碳纤维的主要原料。由于腈纶的许多性能如膨松性、柔软性与羊毛相似，所以又称它为"合成羊毛"。

（1）形态结构：腈纶纵向平直或有 $1\sim2$ 根沟槽，截面随纺丝方法不同而异，干法纺丝的纤维截面呈哑铃形，湿法纺丝的则为圆形，其内部存在空穴结构。

（2）吸湿性和染色性：腈纶的吸湿性优于涤纶但比锦纶差，一般大气条件下，回潮率为2%

左右。腈纶染色性较好。

（3）力学性质：腈纶强度比涤纶、锦纶低，断裂伸长率与涤纶、锦纶相似。多次拉伸后，剩余伸长率较大，弹性低于涤纶、锦纶和羊毛，因此腈纶针织物的领口、袖口等易变形，织物尺寸稳定性较差，耐磨性较差。

（4）光学性质：腈纶耐光性是常见纤维中最好的，经日晒1000h，强度损失不超过20%，所以适合作帐篷、炮衣、窗帘等室外用织物。

（5）化学稳定性：腈纶化学稳定性较好，但在浓硫酸、浓硝酸、浓磷酸中会溶解，在冷浓碱、热稀碱中会变黄，热浓碱会立即导致其破坏。

（6）其他性能：腈纶具有热弹性，可制成膨松性好、毛型感强的膨体纱。腈纶不易发霉，不怕虫蛀。密度较小，约为 $1.14 \sim 1.17 \mathrm{g/cm^3}$。

4. 丙纶　丙纶于1957年正式开始工业化生产，产品主要有短纤维、长丝和膜裂纤维等。丙纶短纤维可以纯纺或与棉、粘胶纤维等混纺，织制服装面料、地毯、土工布、过滤布、人造草坪等；长丝（包括变形丝）可用于针织或机织内衣、运动服等；膜裂纤维则大量用于包装材料和绳索。

（1）形态结构：丙纶纵向平直光滑，截面为圆形，与涤纶、锦纶相似。

（2）吸湿性和染色性：丙纶几乎不吸湿，但有独特的芯吸作用，水蒸气可通过毛细管进行传递，因此可制成运动服或过滤织物。染色性较差，色谱不全。

（3）力学性质：丙纶的强度高，伸长大，弹性好，耐磨性优良，与涤纶相近。

（4）化学稳定性：丙纶化学稳定性优良，并具有良好的耐腐蚀性能，适于用作过滤材料。

（5）密度：丙纶密度仅为 $0.91 \mathrm{g/cm^3}$ 左右，是常见纤维中最低的，其织物质地轻，覆盖性较好。

（6）其他性能：丙纶耐热性能较差，耐光性也较差，易老化，常需在制造时加防老化剂来提高其防老化性能。此外，丙纶的电绝缘性好，加工时易产生静电。

5. 维纶　维纶的性质与棉纤维相似，所以又被称为"合成棉花"。维纶的生产以短纤维为主，常与棉花、粘胶纤维等混纺。由于维纶染色性较差，织物不挺括，一般用来纺制较低档的民用织物。但维纶与橡胶有良好的粘着性能，所以大量用于工业制品，如绳索、水龙带、渔网、帆布、帐篷等。

6. 氯纶　氯纶原料丰富，生产流程短，是合成纤维中成本较低的一种，产品有短纤维、长丝和鬃丝等。氯纶主要用于制作各种针织内衣、绒线、毯子、絮制品等，对患有风湿性关节炎的人有一定的护理作用。氯纶也可以加工各种阻燃纺织品，如沙发布、安全帐幕等，还可用于工业滤布、工作服、绝缘布等。氯纶还可做成鬃丝，用来编织窗纱、筛网、渔网、绳索等。

7. 氨纶　氨纶主要用来纺制有弹性的织物，除了织造针织罗口外，很少直接使用氨纶裸丝，一般将氨纶丝与其他纤维纺成包芯纱后使用。它可用于制造各种内衣、游泳衣、紧身衣、牛仔服、运动服、带类的弹性部分等。氨纶制成的服装能适应身体各部位变形的需要，穿着舒适，没有束缚感。

（三）无机纤维

1. 碳纤维　碳纤维是采用聚丙烯腈、粘胶长丝等原料经过高温处理得到的纤维。碳纤维具有高强度、高模量、耐高温等特性,宜用于飞机、导弹、火箭、宇宙飞船等的骨架材料,现也逐渐用于汽车和运动器材等民用工业。

2. 玻璃纤维 玻璃纤维的主要成分是铝、钙、镁、硼等的硅酸盐混合物。玻璃纤维密度大,强度高,化学稳定性好,电绝缘性优良,耐热性好,抗弯性能差,不吸湿。玻璃纤维在工业中可用作绝缘、耐热及过滤等材料,民用中可用其织制贴墙布、窗纱等,还可以作为复合制品中的骨架材料。

3. 金属纤维 金属纤维密度大,不吸湿,质硬且易生锈,不宜作为衣着材料,仅作为装饰,增加织物光彩。在工业上用作轮胎帘子线、带电工作服和电工材料,不锈钢丝多用作过滤材料。表面镀有金属的化学纤维也称为金属纤维,如金银丝。

五、差别化、功能性和高性能纤维简介

(一)差别化纤维

差别化纤维一词来源于日本,它是泛指对常规化纤有所创新或具有某一特性的化学纤维。差别化纤维以改进织物服用性能为主,主要用于服装和装饰织物。

差别化纤维的品种很多,下面介绍几种常见的差别化纤维。

1. 异形纤维 异形纤维是指用异形喷丝孔纺制的具有特殊横截面形状的化学纤维。异形纤维具有特殊的光泽,优良的蓬松性、抗起球性、弹性等。如三角形截面的纤维有闪光效应;十字形截面的纤维弹性好;扁平截面的纤维能明显改善抗起球性;中空纤维的密度小,保暖性好。异形纤维大量用于各种仿丝、仿毛、仿麻产品中。

2. 复合纤维 复合纤维是将两种或两种以上的聚合物或具有不同性质的同种聚合物通过一个喷丝孔纺成的纤维。通过复合,在纤维同一截面上可以获得并列型、皮芯型、海岛型等不同结构的复合纤维,如图1-9。并列型复合纤维是两种聚合物在纤维截面上沿径向并列分布,可产生螺旋形卷曲,使纤维具有类似羊毛的弹性和蓬松性;皮芯型复合纤维是两种聚合物分别形成皮层和芯层,可使纤维兼有两种组分特性或突出一种组分特性;海岛型复合纤维是由一种组分以微丝状分散在另一种组分的基体中,可用来生产超细纤维、中空纤维等,用于纺制毛型织物、丝绸型织物、人造麂皮、防水透湿织物、无尘服和特种过滤材料等。

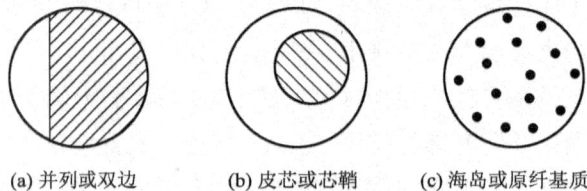

(a) 并列或双边　　　(b) 皮芯或芯鞘　　　(c) 海岛或原纤基质

图1-9　典型复合纤维的结构示意图

3. 超细纤维 超细纤维是指纤维直径在 $5\mu m$ 或线密度在 $0.44dtex$ 以下的纤维。超细纤维具有吸湿性好、柔软、光泽柔和等特点,制得的织物细腻、柔软、悬垂性好,有独特的色泽,常用于

仿麂皮、仿真丝织物、过滤材料及羽绒型制品等。

通过静电纺丝等方法还可生产纳米纤维。纳米纤维是指直径小于 100 nm 的超微细纤维。这样的纤维直径为纳米级,而长度可达千米,因而在有些性能方面会产生突变。利用纳米纤维的低密度、高孔隙度和大的比表面积可做成多功能防护服。这种微细纤维铺成的网带有很多微孔,能允许蒸汽扩散,即具有所谓的"可呼吸性",又能挡风和过滤微细粒子;对气溶胶的阻挡性提供了对生物或化学武器以及生物化学有毒物的防护性;而可呼吸性又保证了穿着者的舒适性。

4. 易染纤维　易染纤维是指可以用不同类型的染料染色,且在采用染料染色时,染色条件温和,色谱齐全,染出的颜色色泽均匀且色牢度好。合成纤维染色一般较为困难,涤纶染色尤其困难。常见易染纤维品种有阳离子可染改性涤纶、常温常压阳离子可染涤纶、酸性染料可染涤纶、酸性染料可染腈纶、深色酸性可染锦纶、易染丙纶等。

5. 亲水性合成纤维　亲水性合成纤维是指能吸收水分并将水分向临近纤维输送的纤维。与天然纤维相比,多数合成纤维吸湿性较差,尤其是涤纶和丙纶,因而严重影响了这些纤维服装的穿着舒适性和卫生性,同时吸湿性差也带来了诸如静电、易沾污等问题。亲水性合成纤维主要用于功能性内衣、运动服、训练服、运动袜和卫生用品等。

6. 高收缩纤维　高收缩纤维是指在热或热湿作用下,长度有规律差异收缩弯曲或复合收缩的纤维。一般高收缩纤维在热处理时的收缩率为 20% ~ 50%,而一般纤维的沸水收缩率小于5%(长丝小于9%)。高收缩纤维常见品种有高收缩腈纶、高收缩涤纶等,广泛应用于仿毛产品、泡绉织物、提花织物、高密织物、膨体织物、人造麂皮等。

另外,还有抗起球纤维、着色纤维、阻燃纤维、抗静电纤维等差别化纤维。随着功能性纤维的发展,差别化纤维和功能性纤维的界限已日渐模糊。

(二)功能性纤维

功能性纤维一般是指在纤维现有的性能之外,再同时附加某些特殊功能的纤维。如导电纤维、光导纤维、远红外纤维、防辐射纤维、阻燃纤维、抗菌除臭纤维、弹性纤维、离子交换纤维、生物活性纤维、生物降解性纤维、负离子纤维、香味纤维、变色纤维及相变纤维等。功能纤维不仅可以被动响应和作用,甚至可以主动响应和记忆,后者更多时候被称为智能纤维。下面仅介绍几种常见的功能性纤维。

1. 导电纤维　导电纤维是指在标准大气状态下,质量比电阻小于 $10^8 \Omega \cdot g/cm^2$ 的纤维。导电纤维具有很好的消除和防止静电的性能,远高于抗静电纤维。导电的原理在于纤维内部含有自由电子,因此无湿度依赖性,即使在低湿度条件下也不会改变导电的性能。导电纤维主要种类有金属纤维、含碳纤维、金属镀层纤维、导电高聚物纤维、纳米掺杂或纳米结构纤维等,通常用于防爆工作服和防尘工作服等制品。

2. 光导纤维　光导纤维简称光纤,是将各种信号转变成光信号进行传递的载体,是当今信息通信中最具发展前景的材料,具有传输信息量大、抗电磁干扰、保密性强、质量轻等特性。目前应用的光导纤维主要有三大类:高纯石英掺杂 P、Ge 等元素组成的石英光纤,氟化物玻璃光纤,高聚物光纤。

3. 蓄热纤维和远红外纤维 陶瓷粉末应用于纤维,最初是为了获得蓄热保温效果。根据所用陶瓷粉末的种类,其蓄热保温机理有两种:一种是将阳光转换为远红外线,相应的纤维称为蓄热纤维;另一种是辐射远红外线,相应的纤维称为远红外纤维。远红外纤维可将保健作用结合在使用中,但目前其评价标准不一。

4. 防辐射纤维 各种辐射已对人们构成威胁,防辐射问题日显重要,因而防辐射纤维应运而生。目前的防辐射纤维主要有:防紫外线纤维、防X射线纤维、防微波辐射纤维和防中子辐射纤维等。

5. 阻燃纤维 阻燃是指降低纤维材料在火焰中的可燃性,减缓火焰的蔓延速度,使它在离开火焰后能很快自熄,不再阴燃。生产阻燃纤维的方法是将阻燃剂与成纤高聚物共混、共聚、嵌段生产阻燃纤维或对纤维进行后处理改性。现已开发的阻燃纤维有:阻燃粘胶纤维、阻燃聚丙烯腈纤维、阻燃聚酯纤维、阻燃聚丙烯纤维、阻燃聚乙烯醇纤维等。

6. 相变纤维 相变纤维是指含有相变材料(PCM),能起到蓄热保温、放热降温调节作用的纤维,也称空调纤维。纤维中的相变材料在一定温度范围内能从液态转变为固态或由固态转变为液态,在此相变过程中,起到缓冲温度变化的作用。相变纤维的制作方法是将相变材料加入中空纤维中,或制成微胶囊混入纺丝液中纺丝,也可直接涂覆于织物上。

(三)高性能纤维

高性能纤维主要指高强、高模、耐高温和耐化学作用的纤维,是特种功能纤维。高性能纤维属于特殊用途的纤维,生产量虽不大,但在国民经济中占有重要的地位。高性能纤维包括无机和有机两大类:无机类主要有碳纤维、高性能玻璃纤维、高性能金属纤维、陶瓷纤维(碳化硅、氧化铝等纤维)等;有机类主要有对位、间位芳族聚酰胺纤维,聚苯并咪唑(PBI)纤维,聚四氟乙烯纤维,超高分子量聚乙烯纤维,超高分子量PVA、PAN纤维,聚苯硫醚纤维等。

1. 芳纶1414 芳纶1414是对位芳族聚酰胺纤维的中国学名。1965年发明,是问世最早的高性能纤维,1971年美国杜邦公司的商品化命名为Kevler。芳纶1414纤维强度高、模量高、密度小,而且化学性能也很稳定,除无机强酸、强碱外,能耐多种酸、碱及有机溶剂的侵蚀,故可以作为各种复合材料的增强纤维,用于航空航天和国防军工领域。

2. 芳纶1313 芳纶1313是间位芳族聚酰胺纤维的中国学名。1967年美国杜邦公司制造,商品名为Nomex,是一种耐高温纤维。芳纶1313纤维耐热性能好,可在260℃高温下持续使用1000h,强度仍保持为原来的60%~70%。它还有很好的阻燃性,能耐大多数酸的作用,除不能与强碱长期接触外,对碱的稳定性也很好,对漂白剂、还原剂、有机溶剂等非常稳定,还具有良好的抗辐射性能。它的强度和伸长与普通涤纶相似,便于加工与织造,特别适用于防火服、消防服、阻燃服等特种防护服装,客机的装饰织物,以及高温和耐腐蚀气体的过滤介质层,运送高温和腐蚀性物质的输送带和电气绝缘材料等。

3. 聚苯并咪唑(PBI)纤维 PBI纤维是一种不燃的有机纤维,其耐高温性能比芳纶更优越。它有很好的绝缘性、阻燃性、化学稳定性和热稳定性,同时PBI纤维的吸湿性好,能满足人体生理舒适要求,可作为航天服、消防队员工作服的优良材料。

4. 聚四氟乙烯纤维 聚四氟乙烯纤维在我国称为氟纶,它是迄今为止最耐腐蚀的纤维,具有非常优异的化学稳定性,良好的耐气候性、难燃性、电绝缘性和抗辐射性,且摩擦因数小。氟纶长丝可用于低摩擦因数、耐高温和化学作用的材料,短纤维可制作各种防热和化学作用的毡片,或热气体、液体过滤介质。

☞ 思考题

1. 试述纤维商品的分类及主要品种。分别有哪些性能指标?

2. 简述棉纤维的种类和主要性能。

3. 麻纤维有哪些品种? 各自有何特点与应用?

4. 天然动物毛有哪些品种? 简述羊毛纤维的种类、形态结构和主要性能。

5. 生丝、绢丝、䌷丝各有何特点? 柞蚕丝的性能与桑蚕丝相比有哪些主要不同?

6. 除传统的棉、麻、毛、丝外,目前还有哪些新型的天然纤维? 它们有何特点?

7. 简述化学纤维的生产形成与规格。

8. 简述常见化学纤维的品种、特点与应用。

9. 何为差别化纤维、功能性纤维和高性能纤维? 各自有何特点与应用?

10. 名词解释:纤维、纺织纤维、天然纤维、植物纤维、天然纤维素纤维、种子纤维、韧皮纤维、叶纤维、果实纤维、动物纤维、天然蛋白质纤维、矿物纤维、化学纤维、再生纤维、醋酯纤维、合成纤维、无机纤维。

第二章 纤维商品的质量检验与包装标志

● 本章知识点 ●

1. 棉花的品质评定与检验。
2. 麻纤维的品质检验。
3. 羊毛的品质评定与检验。
4. 化学短纤维的品质评定与检验。
5. 主要天然纤维的包装与标志。

第一节 棉花的品质评定与检验

一、棉花的品质评定

按现行国家标准 GB 1103—2007（适用于细绒棉）的规定,成包皮棉按批检验项目包括:品级、长度、马克隆值、异性纤维、回潮率、含杂率、公定重量,如采用棉纤维大容量测试系统(英文缩写 HVI)检验,则增加长度整齐度指数和断裂比强度检验项目,逐包检验还需增加反射率、黄色深度和色特征级检验。

(一)棉花品级

棉花品级是棉花品质优劣的一个综合性指标,它反映了棉纤维的内在质量,与纺纱价值密切相关。我国棉花品级根据棉花的成熟程度、色泽特征和轧工质量分成七级,一级最好,三级为品级标准级。

品级标准分文字标准和实物标准。文字标准即各品级棉花所应达到的条件,皮辊棉、锯齿棉各有规定。根据品级条件和品级条件参考指标,产生实物标准。实物标准是装入棉花品级标准盒中的各品级最差的棉花实物,各级实物标准都为底线,即最低标准,低于此标准的即为下一级。

棉花评级时,规定在室内北窗射入的正常光线下或符合规定的人工光线下,手持棉样在实物标准前与之对照,以实物标准结合品级条件确定棉样品级。凡在本级标准及以上和在上一级标准以下的棉样,均应评为本级。

(二)手扯长度

细绒棉长度以 1mm 为级距,从 25 ~ 32mm 分为八个长度级,其中 28mm 为长度标准级。

25mm 包括 25.9mm 及以下,26mm 包括 26.0 ~ 26.9mm,32mm 包括 32.0mm 及以上,其余类推。六级、七级棉花的长度均按 25mm 计,记为 25.0mm。棉花长度检验分手扯尺量法检验和 HVI 检验,以 HVI 检验为准。

(三)马克隆值

马克隆值是棉花细度和成熟度的综合反映,分为 A、B、C 三级,其中 B 级为马克隆值标准级。A 级马克隆值范围为 3.7 ~ 4.2;B 级分为 B1(3.5 ~ 3.6)和 B2(4.3 ~ 4.9)两档;C 级分为 C1(≤3.4)和 C2(≥5.0)两档。

按批检验时,马克隆值可以用常规气流仪检验,也可以用 HVI 气流仪检验。用常规气流仪检验时,按批样数量的 30% 随机抽取试验样品,逐样测试马克隆值;用 HVI 气流仪检验时,逐样测试马克隆值。各个试验样品,根据马克隆值分别确定其马克隆值级及档次。

(四)异性纤维含量检验

成包皮棉异性纤维含量是指从样品中挑拣出的异性纤维的重量与被挑拣样品重量之比,用克/吨(g/t)表示。成包皮棉异性纤维含量按数值大小分为四档:无(<0.10g/t)、低(0.10 ~ 0.39g/t)、中(0.40 ~ 0.80g/t)、高(>0.80g/t),代号分别为 N、L、M、H。

异性纤维含量检验仅适用于成包皮棉,采用手工挑拣方法。棉花加工单位对从皮棉滑道上抽取的异性纤维检验批样进行检验,其结果作为该批样所对应棉包的异性纤维含量检验结果。

(五)回潮率

棉花公定回潮率为 8.5%,回潮率最高限度为 10.5%。棉花回潮率检验使用烘箱法或电测器法,以烘箱法为准。

烘箱法是将一定重量的纤维(一般为 50g)直接用恒温烘箱在一定温度下除去纤维中的水分并称得干重,计算得到纤维的回潮率。烘箱温度目前规定为(105 ±3)℃。

电测器法是利用纤维在不同的回潮率下具有不同的电阻值来进行测定。测头有极板式、插针式和罗拉式等。电测器法是一种快速测量法,目前在原棉回潮率检验中广泛采用。

(六)含杂率

我国规定原棉标准含杂率皮辊棉为 3%,锯齿棉为 2.5%。含杂率检验采用原棉杂质分析机使杂质和纤维分离,称取杂质重量,计算得到原棉含杂率。根据测量得到的实际回潮率和实际含杂率,结合公定回潮率和标准含杂率,可计算棉花的公定质量。

(七)断裂比强度检验

断裂比强度是束纤维拉伸至最大断裂负荷时所对应的强度,按数值大小分为五档:很差(<24.0cN/tex)、差(24.0 ~ 25.9cN/tex)、中等(26.0 ~ 28.9cN/tex)、强(29.0 ~ 30.9cN/tex)、很强(≥31.0cN/tex)。

断裂比强度采用 HVI 逐样进行检验,3.2mm 隔距,HVICC 校准水平。按批检验时,计算批样中各档百分比及各档平均值,检验结果按各档所占百分比和各档的平均值出证。

(八)长度整齐度指数检验

长度整齐度指数是指棉花平均长度和上半部平均长度的比值,以百分数来表示。棉花长度整齐度指数按数值大小分为五档:很低(<77.0%)、低(77.0% ~ 79.9%)、中等(80.0% ~

82.9%)、高(83.0%~85.9%)、很高(≥86.0%)。

长度整齐度指数采用 HVI 逐样进行检验。按批检验时,计算批样中各档百分比及各档平均值,检验结果按各档所占百分比和各档的平均值出证。

(九)色特征级检验

棉花的色特征采用反射率和黄色深度来反映。反射率表示棉花样品反射光的明暗程度,以 Rd 表示;黄色深度表示棉花黄色色调的深浅程度,以 +b 表示。色特征级是依据棉花色特征划分的级别。

棉花样品表面反射率和黄色深度的测试结果在棉花色特征图上的位置所对应的色特征级,即为该棉花样品的色特征级。反射率、黄色深度和色特征级检验仅适用于逐包检验,检验时采用 HVI 逐样进行并给出检验结果。

二、棉纤维的检验

(一)长度检验

目前生产实际中常用的棉纤维长度测试方法是罗拉法。采用 Y111 型罗拉式长度分析仪,将棉纤维由短到长按 2mm 组距分组称重,得到纤维的长度重量分布。长度指标有主体长度、品质长度、平均长度、长度标准差和变异系数、短绒率等。

还可采用光电法进行测量,用跨距长度来表示纤维长度。跨距长度(S.L.)是假设开始光电扫描处(即离握持线 3.81mm 处)纤维的相对根数为 100%,相对根数为某一定值时,光电扫描线到纤维握持线的距离。例如 2.5% S.L. 和 50% S.L. 分别为相对根数是 2.5% 和 50% 处离纤维握持线的距离。2.5% S.L. 与纤维手扯长度相关;50% S.L. 与 2.5% S.L. 的百分比用来表示纤维长度的整齐度。

(二)细度检验

棉纤维细度检验的基本方法是中段称重法。用纤维切断器在一束棉纤维中部切取定长(10mm)的一段,称其重量并计数根数,然后根据定义计算得到细度指标。

同品种的棉纤维细度也可采用气流仪法检验。

(三)成熟度检验

测定棉纤维成熟度的方法很多,目前实际生产中常用的主要有腔壁对比法和偏光仪法。

腔壁对比法是通过显微镜目测棉纤维的中腔宽度与胞壁厚度的比值,查表得到纤维的成熟系数。

偏光仪法是采用棉纤维偏光成熟度仪,根据棉纤维的双折射性质,应用光电法测量偏振光透过棉纤维和检偏器后的光强度来间接得到棉纤维的成熟系数。

(四)强力检验

棉纤维强力可以采用单纤维检验,也可采用束纤维检验,但都应在标准温湿度条件下进行。由于单纤维检验试验次数多,费时费力,因此多采用束纤维检验。

(五)疵点检验

原棉疵点检验一般采用手拣法,称取一定量试样,拣出各类疵点,然后折算成每 100g 原棉中所含疵点的粒数及重量百分率。

第二节　麻纤维的品质评定与检验

麻纤维是天然纤维素纤维,纺织工业中应用较多的是苎麻和亚麻。

一、苎麻精干麻的品质检验

按照国家标准 GB/T 20793—2006 的规定,苎麻精干麻按单纤维线密度分为一等、二等、三等。单纤维线密度 ≤5.56dtex(公制支数 ≥1800)为一等;单纤维线密度 ≤6.67dtex(公制支数 ≥1500)为二等;单纤维线密度 ≤8.33dtex(公制支数 ≥1200)为三等。

苎麻精干麻按外观品质条件和技术指标分为一级、二级、三级,凡是不符合分等、分级规定的为等外麻或级外麻。外观品质条件包括脱胶、疵点、分级符合率;技术指标包括束纤维断裂强度、残胶率、含油率、白度、pH 值。

成包精干麻的最高回潮率不得超过 13%,各等级苎麻精干麻不允许掺夹杂物。标准样品根据分级规定的外观品质条件中的外观特征制作,每套标准样品分为一级、二级、三级。标准样品均为各级的底线,与文字标准具有同等效力,是苎麻精干麻定级的依据。

二、亚麻工艺纤维的品质检验

亚麻纤维单纤维长度较短,不利于单纤维纺纱。因此,纺纱用的亚麻纤维为脱胶后的打成麻,即采用工艺纤维纺纱。通常打成麻工艺纤维截面含 10~20 根单纤维。

亚麻打成麻的长度在 300~900mm,采用排图法或分组称重法测定;线密度在 12tex 左右,采用中段称重法测定;束纤维断裂强度约为 127.4~343N。

亚麻纤维的色泽是决定纤维用途的重要标志,一般以银白色、淡黄色或灰色为最佳。根据我国亚麻品质情况,将打成麻色泽分成四种:浅灰色、烟草色、深灰色、杂色。

打成麻的号标志着打成麻各项质量的综合水平,新标准将打成麻分为 6 个等级:8tex、10tex、12tex、14tex、16tex、18tex。打成麻号的确定,主要依据为:束纤维的断裂强力,打成麻经栉梳后得到的梳成纤维长度,工艺纤维的细度(即分裂度),含杂率和纤维颜色。在实际检验中,是将实物样品与打成麻号的标准样品进行对照。

第三节　羊毛的品质评定与检验

羊毛的特点是品种多,品质差异大。在羊毛的生产、流通和使用过程中,把羊毛按品质分成不同型号,以合理利用原毛,做到优毛优用,优毛优价,毛尽其用。

一、洗净绵羊毛的品质评定

按照国家标准 GB/T 19722—2005 的规定,洗净绵羊毛分为三类:支数洗净毛、级数洗净毛和土种洗净毛,分别用字母 Z、J、T 表示。支数洗净毛根据直径离散、粗腔毛率分为 A、B、C、D、E 五个型号;级数洗净毛根据平均直径和粗腔毛率分为 A、B、C、D 四个型号;土种洗净毛根据平均直径和粗腔毛率分为 A、B、C 三个型号。

支数洗净毛以 7 位字母数字依次分别表示类别、支数、长度、直径离散、粗腔毛率。例如:Z6460AA 表示支数毛,品质支数为 64,长度为 60mm,直径离散度≤23.0%,粗腔毛率≤0.05%。

级数洗净毛和土种洗净毛分别以 3 位字母依次分别表示类别、平均直径、粗腔毛率。例如:JAB 表示级数毛,平均直径≤24.0um,粗腔毛率≤3.5%;TAB 表示土种洗净毛,平均直径 24.0~29.0um,粗腔毛率≤10.0%。

二、羊毛纤维的检验

(一)细度检验

1. 投影显微镜法　从原毛或毛条中抽出具有代表性的试样,制成切片后放在载玻片上,用投影显微镜逐根测量羊毛直径。仲裁检验时采用投影显微镜法。

2. 气流仪法　气流仪测定羊毛细度快速、准确,目前国际羊毛贸易对羊毛细度的测定均采用气流仪法。该法目前只能测得平均直径,还不能反映细度不匀。

(二)长度检验

1. 直接测量法　从原毛试样中随机抽取规定数量的毛丛,用尺测量毛丛的自然长度,然后求得毛丛平均长度。

2. 梳片法　利用梳片式长度分析机将纤维由长到短按一定组距(10mm)分组称重,得到纤维的长度重量分布。长度指标有平均长度、长度标准差和变异系数、短毛率等。

3. 排图法　用人工或借助于梳片式长度分析机,将羊毛纤维由长到短、一端平齐、密度均匀地排列在黑绒板上,得到纤维长度排列图。粗纺厂、地毯厂经常用排图法来测量羊毛长度的各项指标。我国山羊绒、兔毛、苎麻等目前也采用此法。

(三)回潮率检验

采用烘箱法进行检验,烘箱温度为 105~110℃。

(四)强伸度检验

我国目前大多采用单纤维强力机逐根测量羊毛纤维的强力与伸长,计算得到平均单纤维强度和平均断裂伸长率。

(五)粗腔毛率检验

粗腔毛含量的检验与羊毛细度检验方法一样,在投影显微镜中观察,计数粗腔毛的根数,然后计算得到粗腔毛率。

(六)净毛率检验

原毛的净毛率是指洗净毛在公定回潮率下的重量占原毛重量的百分率。净毛率是一项评定羊毛经济价值的重要指标,与工厂成本核算和纺织品的用毛量关系极为密切。原毛中的杂质成分主要是指脂汗、砂土和植物性杂质三部分。

原毛净毛率检验可采用烘箱法。取重量为 G 的原毛,按规定洗毛工艺条件洗净。洗净后的羊毛洁净松散,残余油脂含量不超过 1.0%,杂质含量不超过 2.0%,将洗净毛放入烘箱内烘至重量不变后,称取干量 G_0,然后按下式计算净毛率。

$$净重率 = \frac{G_0 \times (100 + W_k)}{100G} \times 100\%$$

式中:W_k——洗净毛公定回潮率,%,同质细羊毛及半细羊毛为 16%,异质毛为 15%。

羊毛卷曲检验和油脂含量检验见本章第四节。

第四节　化学短纤维的品质评定与检验

一、化学短纤维的品质评定

化学纤维产品出厂前必须根据不同品种对化学纤维进行品质检验,然后根据检验结果对照标准规定进行品质评定。不同品种的化学纤维分等考核项目和质量指标有所不同,在有关标准中均有具体的规定。

化学短纤维根据内在质量与外观疵点分为一等、二等、三等,低于三等品的为等外品,有些品种在一等品前还加优等品。

化学纤维的质量指标一般包括纤维的断裂强度、断裂伸长率、长度偏差率、线密度偏差率以及超长、倍长纤维及疵点含量等。粘胶纤维还要包括湿断裂强度、残硫量、白度等指标;维纶要包括缩醛度与水中软化点、色相、异性纤维含量;腈纶要包括上色率;涤纶要包括 180℃ 干热收缩率、断裂强度变异系数、比电阻等。另外,卷曲数、回潮率等也列为化学纤维的质量指标。这些质量指标与纺织工艺和纱线、织物的质量关系都很密切。

化学纤维的外观疵点包括粗丝、并丝、异状丝以及油污纤维等,粘胶纤维还包括粘胶块。外观疵点影响化学纤维的可纺性和成品质量。

二、化学短纤维的检验

(一)长度检验

化学短纤维的长度检验一般采用中段称重法。它是将纤维整理成一端平齐、伸直平行的纤维束,切取一定长度的中段纤维,将中段纤维、两端纤维和过短纤维分别称重,求得纤维的平均长度、长度偏差、超长纤维率、倍长纤维含量。倍长纤维是指长度超过名义长度两倍及以上的纤维。

(二)细度检验

化学短纤维的细度检验采用中段称重法。从伸直的纤维束上切取一定长度的中段纤维,称取重量并计数中段纤维根数,求得线密度和线密度偏差。线密度偏差是指实测线密度与纤维名义线密度之差占名义线密度的百分率。

化学短纤维的线密度也可用气流仪法、振动仪法来测量。

(三)卷曲性能检验

卷曲性能检验是根据纤维线密度大小,在规定的张力条件下来测定纤维的卷曲数、卷曲率、卷曲恢复率和卷曲弹性率等卷曲性能指标。羊毛和化纤短纤维都要进行卷曲检验。卷曲数是指单位长度(1cm)内纤维的卷曲个数,表示卷曲的多少;卷曲率表示卷曲程度,卷曲率越大,表示卷曲波纹越深;卷曲恢复率表示卷曲的牢度;卷曲弹性率表示卷曲弹性的好坏。

(四)强伸度检验

逐根测量纤维的强力和断裂伸长率,计算得到平均断裂强力、平均断裂比强度、断裂伸长率、断裂强力和断裂伸长的标准差与变异系数。某些化学纤维如粘胶纤维,还需要测试湿态断裂强力和湿态断裂伸长。

为了测定纤维的耐弯曲性、脆性,有时还需在单纤维强力机上测定纤维的勾接强度和打结强度。

(五)含油率检验

含油率是指纤维上的油脂干重占纤维干重的百分率。羊毛和化学纤维都要进行含油率检验。含油率检验方法目前主要采用萃取法和振荡法,选择适当的有机溶剂溶解纤维上的油剂,称得试样去油干重和油脂干重,求得含油率。常用的有机溶剂有乙醇、乙醚等。

(六)回潮率检验

化学纤维含水的多少用回潮率表示。将一定重量的纤维在恒温(105~110℃)烘箱中烘干,称得不变重量后计算得到回潮率。

(七)疵点检验

化纤疵点是指生产过程中形成的不正常异状纤维,包括僵丝、并丝、硬丝、胶块、未牵伸丝、粗纤维等。疵点的存在会影响化纤的可纺性和成品质量。

化纤疵点检验可利用原棉杂质分析机,也可采用手拣法。原棉分析机法适用于棉型和中长型涤纶、腈纶、锦纶等短纤维,不适用于丙纶短纤维。手拣法适用于毛型短纤维、中长型短纤维及丙纶短纤维等的检验。称得疵点重量后再折算成每100g纤维中含疵点的毫克数(mg/100g)。

第五节　主要天然纤维的包装与标志

一、棉花的包装与标志

棉花包装是轧花的最后一道工序,是保证棉花流通安全、减少损耗、降低费用的必要措施。国家标准对棉花的包装及标志都有具体规定。

棉花成包时,包装必须完整,包型相同的各包重量相当。不得将棉短绒、不孕籽、回收棉、油花、脚花及危害性杂物等混入包内。对用棉布包装的棉包,在棉包两头用黑色刷明标志,内容包括:棉花产地(省、自治区、直辖市和县)、棉花加工单位、棉花质量标志、批号、包号、毛重、异性纤维含量代号、生产日期。对用塑料包装的棉包,在棉包两头采取不干胶粘贴或其他方式固定标签,标签载明内容与用棉布包装的棉包相同。

根据 GB 1103—2007 规定,棉花质量标志按棉花类型、主体品级、长度级、主体马克隆值级顺序标示。

类型代号:黄棉以字母"Y"标示,灰棉以字母"G"标示,白棉不作标示。

品级代号:一级至七级,用"1"~"7"标示。

长度级代号:25~32mm,用"25"~"32"标示。

马克隆值级代号:A、B、C 级分别用 A、B、C 标示。

皮辊棉、锯齿棉代号:皮辊棉在质量标识符号下方加横线"＿＿"标示,锯齿棉不作标示。

例如,二级锯齿白棉,长度 29mm,主体马克隆值级 A 级,质量标志为:229A。

四级锯齿黄棉,长度 27mm,主体马克隆值级 B 级,质量标志为:Y427B。

五级皮辊灰棉,长度 28mm,主体马克隆值级 C 级,质量标志为:G528C。

六级锯齿灰棉,长度 27mm,主体马克隆值级 C 级,质量标志为:G627C。

二、生麻的包装与标志

麻纤维种类较多,其中苎麻、亚麻品质较优,是纺织用的主要麻纤维。

生苎麻成包前需分清季别、等级。离根端 20cm 处扎成 1kg 左右的小把,由 5~7 个小把根部朝同一方向扎成简易小捆,由若干同等级的小捆梢部朝内折叠,用同质量的原麻作捆索。打包成件,每件捆索 4~5 道。机械打包,每件重量 75kg,体积 0.18m³(长 100cm,宽 45cm,高 40cm)。麻捆两端悬吊标准硬纸板(或麻布)标签,分红、黄、蓝三色,分别代表一等、二等、三等。标签上印有产地、季别、等级、批次、重量等。

出口苎麻球,每个球应有重量标志,外套圆底塑料袋,袋口用麻线或棉线扎紧。每两个球沿轴线方向重叠用 80g 牛皮纸包紧,外用麻线十字形捆扎,再沿轴线方向重叠 4 个球(两个牛皮纸包)组成一包,外套麻布袋。每包 4 个球重量应搭配正确,净重不少于 30kg,每 40 包为一批。

亚麻包装的目的主要是使纤维保持自然状态而不混乱,压缩体积以节约运费和便于堆放。出口亚麻一般刷有卖方标志、样品编号、目的港、生产批号、包号等。

三、羊毛和毛条的包装与标志

羊毛毛条是重要的毛纺原料,我国也是羊毛进口大户。因此,国家主管部门制定的有关条款上,对其包装和标志也作了明确规定。

羊毛一般按层次装入包内,外用铁腰或铁丝捆扎,机压成包。对原毛、洗净散毛、洗净马海毛、精梳短毛、洗净正身毛、废毛等,应以适合于远洋运输的高密度聚乙烯袋包装或压缩厚麻布包装。毛条应以新的厚麻布、双层薄麻布或高密度聚乙烯袋包装。每个毛球用塑料袋包装。

标志由卖方按买方订货合同规定在每件货物上用不褪色的涂料清楚标明:买方合约号、商品型号、目的港(站)、包件顺序号,每包上所刷的顺序必须与重量码单一致。如货物到达目的地后,发现标志未按上述规定办理或错刷、漏刷而引起买方理货所产生费用,由卖方负责赔偿。

四、生丝的包装与标志

生丝即桑蚕丝,是家蚕吐丝而得到的天然蛋白质纤维,也是高级的纺织原料。缫丝厂出品生丝通常有绞装丝和筒装丝两种包装形式。

绞装丝要求在生产过程中将丝片按工艺要求分车号逐片打成绞,各绞合并成把,然后包装成件出厂。按 GB/T 1797—2008 规定,绞装丝的绞装形式为长绞丝,每绞重约 180g,28 绞合成一把,每把重约 5kg。每把生丝外层用 50 根 58tex 或 100 根 28tex 棉纱捆扎 5 道,并包以韧性好的白衬纸、牛皮纸,再用 9 根 3 股 28tex 纱绳捆扎 3 道。袋装生丝每件 11~12 把,重约 60kg,先用布袋包装,用棉纱绳扎口、专用铅封封识,悬挂票签,注明商品名、检验编号、包件号,再外套防潮纸、蒲包,用麻绳捆紧,防止受潮和破损。箱装生丝每箱 5~6 把,重约 30kg,采用双瓦楞纸箱,箱内四周六面衬防潮纸,每箱两层,每层三把。装箱后纸箱上应标示商品名、检验编号、包件号,箱底箱面用胶带封口,贴上封条,外用塑料带捆扎成廿字形。

筒装丝的筒装形式有小菠萝形、大菠萝形和圆柱形三种,每筒重 460~540g,绪头贴在筒管大头内,外包纱套或衬纸,穿入纸盒孔内,盒内四周六面衬防潮纸。筒装丝采用双瓦楞纸箱包装,小菠萝形筒装每箱四层,每层三盒,每盒五筒;大菠萝形和圆柱形筒装每箱三层,每层四盒,每盒五筒。装箱后纸箱上应标示商品名、检验编号、包件号,箱底箱面用胶带封口,贴上封条,外用塑料带捆扎成廿字形。

生丝每批净重为 570~630kg,箱与箱(或件与件)之间重量差异不超过 6kg。包装用的布袋、纸箱、纸、绳等必须清洁、坚韧、整齐一致,以确保储运中不遭损伤或受潮。每批生丝应附有品质和重量检验报告。

五、柞蚕丝的包装与标志

柞蚕丝也是一种天然蛋白质纤维,其加工后分大绞、小绞,而后拼成包、件、批出厂。每批丝的包装纸、绳的规格和颜色必须一致。其出厂包装有两种:一种用布袋,一种用坚牢的纸袋内衬防潮纸,再用蒲包、麻绳扎紧。包皮外面包装绳的两端合拢接结处,悬挂有注明批号、包号、规格和品级标签的铅封。唛头刷有国别、产地、毛重、净重、品级等。

☞ 思考题

1. 简述棉花品质评定与品质检验的内容及方法。

2. 简述苎麻精干麻和亚麻工艺纤维品质检验的内容。

3. 洗净绵羊毛如何进行品质评定?羊毛检验的内容有哪些?

4. 简述化学短纤维品质评定与品质检验的内容及方法。

5. 主要天然纤维的包装与标志有何要求?

第三章　纤维纺织品的鉴别方法

● 本章知识点 ●

1. 纤维鉴别的依据与一般性程序。
2. 纤维常用鉴别方法的原理与适用范围。
3. 织物的经纬向鉴别方法与正反面判别。

第一节　纤维的鉴别方法

纤维是组成织物的最基本的物质,织物的各项性能与组成该织物的纤维性能密切相关。因此,在纺织生产管理和产品分析、商品质量检验中,对纤维进行鉴别是十分重要的。

纤维鉴别是根据各种纤维特有的物理、化学等性能,采用不同的分析方法对样品进行测试,通过对照标准照片、标准谱图及标准资料来鉴别未知纤维的类别,这是个定性分析的过程。对于混纺产品,还需进一步作定量分析,了解纤维的混纺比。

常用的纤维鉴别方法有手感目测法、燃烧法、显微镜法、溶解法、含氯含氮呈色反应法、熔点法、密度梯度法、红外光谱法及双折射率法。另外,还可采用 X 射线衍射法、热分析、电子显微镜、荧光法等进行纤维鉴别。其中有些方法要求有一定的仪器设备和分析技术,在一般生产实际中使用较为不便,除非是在重要的研究工作以及商业纠纷的仲裁中,可以请有关部门代行鉴别。纺织厂中可用荧光法快速鉴别同一车间生产的各种混纺纱,以免混错。

纤维鉴别试验的一般性程序为:先采用显微镜法将待测纤维进行大致分类,其中天然纤维素纤维(如棉、麻等),部分再生纤维素纤维(如粘胶纤维等),动物纤维(如羊毛、羊绒、兔毛、驼绒、羊驼毛、马海毛、牦牛绒、蚕丝等),因其独特的形态特征用显微镜法即可鉴别。合成纤维、部分再生纤维(如天丝、莫代尔等)及其他纤维在经显微镜初步鉴别后,再采用燃烧法、溶解法等一种或几种方法进行进一步确认后,最终确定待测纤维的种类。

一、手感目测法

手感目测法是根据纤维的外观形态、色泽、手感及拉伸等特征来鉴别纤维,它可区分出天然纤维和化学纤维。例如,天然纤维长度整齐度较差,化学纤维长度一般较整齐。在天然纤维中,棉纤维短而细,常附有各种杂质和疵点;麻纤维手感较粗硬;羊毛纤维卷曲而富有弹性;蚕丝是长丝,长而纤细,具有特殊光泽。在化学纤维中,普通粘胶纤维的干、湿强度差异大;氨纶丝具有高伸长、高弹性。利用这些特征,可将它们区别开来。其他化学纤维由于外观特征较相似,且在一定程度上难以人为确定,所以很难用手感目测法加以鉴别。

手感目测法简便、快速、节省费用,特别适用于散纤维状纺织原料的鉴别。但此法需要丰富的实践经验,且准确性有限,常用作初步鉴别。

二、燃烧法

燃烧法是根据纤维靠近火焰、接触火焰和离开火焰时的状态及燃烧时产生的气味和燃烧后残留物特征来辨别纤维类别。这种方法是鉴别纺织纤维大类的一种快速而简便的方法,只适用于单一成分的纤维、纱线和织物,而对于混合成分的纺织材料以及经过阻燃或其他整理的纤维和纺织商品,因其燃烧特征发生变化,往往难以用燃烧法进行鉴别。各种纤维的燃烧特征见表3-1。

表3-1 纤维的燃烧特征

纤维种类	燃烧状态			燃烧时的气味	残留物特征
	靠近火焰时	接触火焰时	离开火焰时		
棉	不熔不缩	立即燃烧	迅速燃烧	燃纸味	呈细而软的灰黑絮状
麻	不熔不缩	立即燃烧	迅速燃烧	燃纸味	呈细而软的灰白絮状
蚕丝	熔融卷曲	卷曲、熔融、燃烧	略带闪光燃烧,有时自灭	烧毛发味	呈松而脆的黑色颗粒
动物毛绒	熔融卷曲	卷曲、熔融、燃烧	燃烧缓慢,有时自灭	烧毛发味	呈松而脆的黑色焦炭状
竹纤维	不熔不缩	立即燃烧	迅速燃烧	燃纸味	呈细而软的灰黑絮状
粘胶纤维、铜氨纤维	不熔不缩	立即燃烧	迅速燃烧	燃纸味	呈少许灰白色灰烬
莱赛尔纤维、莫代尔纤维	不熔不缩	立即燃烧	迅速燃烧	燃纸味	呈细而软的灰黑絮状
醋酯纤维	熔缩	熔融燃烧	熔融燃烧	醋味	呈硬而脆不规则黑块
大豆蛋白纤维	熔缩	缓慢燃烧	继续燃烧	特异气味	呈黑色焦炭状硬块
牛奶蛋白改性聚丙烯腈纤维	熔缩	缓慢燃烧	继续燃烧,有时自灭	烧毛发味	呈黑色焦炭状,易碎
聚乳酸纤维	熔缩	熔融缓慢燃烧	继续燃烧	特异气味	呈硬而黑的圆珠状
涤纶	熔缩	熔融燃烧冒黑烟	继续燃烧有时自灭	有甜味	呈硬而黑的圆珠状
腈纶	熔缩	熔融燃烧	继续燃烧冒黑烟	辛辣味	呈黑色不规则小珠,易碎
锦纶	熔缩	熔融燃烧	自灭	氨基味	呈硬淡棕色透明圆珠状
维纶	熔缩	收缩燃烧	继续燃烧冒黑烟	特有香味	呈不规则焦茶色硬块
氯纶	熔缩	熔融燃烧冒黑烟	自灭	刺鼻气味	呈深棕色硬块
偏氯纶	熔缩	熔融燃烧冒烟	自灭	刺鼻药味	呈松而脆的黑色焦炭状
氨纶	熔缩	熔融燃烧	开始燃烧后自灭	特异气味	呈白色胶状
芳纶1414	不熔不缩	燃烧冒黑烟	自灭	特异气味	呈黑色絮状

续表

纤维种类	燃烧状态			燃烧时的气味	残留物特征
	靠近火焰时	接触火焰时	离开火焰时		
乙纶	熔缩	熔融燃烧	熔融燃烧液态下落	石蜡味	呈灰白色蜡片状
丙纶	熔缩	熔融燃烧	熔融燃烧液态下落	石蜡味	呈灰白色蜡片状
聚苯乙烯纤维	熔缩	收缩燃烧	继续燃烧冒黑烟	略有芳香味	呈黑而硬的小球状
碳纤维	不熔不缩	像烧铁丝一样发红	不燃烧	略有辛辣味	呈原有状态
金属纤维	不熔不缩	在火焰中燃烧并发光	自灭	无味	呈硬块状
石棉	不熔不缩	在火焰中发光,不燃烧	不燃烧,不变形	无味	不变形,纤维略变深
玻璃纤维	不熔不缩	变软,发红光	变硬,不燃烧	无味	变形,呈硬珠状
酚醛纤维	不熔不缩	像烧铁丝一样发红	不燃烧	稍有刺激性焦味	呈黑色絮状
聚砜酰胺纤维	不熔不缩	卷曲燃烧	自灭	带有浆料味	呈不规则硬而脆的粒状

三、显微镜法

显微镜法是用显微镜观察未知纤维的纵向和横截面形态,对照纤维的标准照片和形态描述来鉴别未知纤维的类别。该方法适用于单一成分的纤维,也适用于混纺产品的鉴别。各种纤维的横、纵面形态特征见表 3 - 2。

天然纤维的形态特征较为独特,如羊毛表面具有鳞片,棉纤维具有天然转曲,麻纤维具有横节竖纹,蚕丝截面为三角形等,因此用显微镜观察纤维的横、纵面形态可把它们鉴别出来。而化学纤维的截面大多为近似圆形,纵向为光滑棒状,除了粘胶纤维、腈纶、维纶等具有非圆形截面的少数纤维外,大多数化学纤维很难仅凭显微镜观察结果来鉴别,必须适当运用其他方法加以验证。目前化纤工业发展迅速,特别是异形纤维、复合纤维的发展,使显微镜法鉴别纤维受到越来越多的限制。

表 3 - 2　纤维的横、纵面形态特征

纤维名称	横截面形态	纵面形态
棉	有中腔,呈不规则的腰圆形	扁平带状,稍有天然转曲
丝光棉	有中腔,近似圆形或不规则腰圆型	近似圆柱状,有光泽和缝隙
苎麻	腰圆型,有中腔	纤维较粗,有长形条纹及竹状横节
亚麻	多边形,有中腔	纤维较细,有竹状横节
大麻	多边形、扁圆形、腰圆形等,有中腔	纤维直径及形态差异很大,横节不明显
罗布麻	多边形、腰圆形等	有光泽,横节不明显
黄麻	多边形,有中腔	有长形条纹,横节不明显
竹纤维	腰圆型,有空腔	纤维粗细不匀,有长形条纹及竹状横节
桑蚕丝	三角形或多边形,角是圆的	有光泽,纤维直径及形态有差异
柞蚕丝	细长三角形	扁平带状,有微细条纹

纤维名称	横截面形态	纵面形态
羊毛	圆形或近似圆形(或椭圆形)	表面粗糙,有鳞片
白羊绒	圆形或近似圆形	表面光滑,鳞片较薄且包覆较完整,鳞片间距较大
紫羊绒	圆形或近似圆形,有色斑	除具有白羊绒形态特征外,有色斑
兔毛	圆形、近似圆形或不规则四边形,有髓腔	鳞片较小与纤维纵向呈倾斜状,髓腔有单列、双列、多列
羊驼毛	圆形或近似圆形,有髓腔	鳞片有光泽,有的有通体或间断髓腔
马海毛	圆形或近似圆形,有的有髓腔	鳞片较大有光泽,直径较粗,有的有斑痕
驼绒	圆形或近似圆形,有色斑	鳞片与纤维纵向呈倾斜状,有色斑
牦毛绒	椭圆形或近似圆形,有色斑	表面光滑,鳞片较薄,有条状褐色色斑
粘胶纤维	锯齿形	表面平滑,有清晰条纹
莫代尔纤维	哑铃形	表面平滑,有沟槽
莱赛尔纤维	圆形或近似圆形	表面平滑,有光泽
铜氨纤维	圆形或近似圆形	表面平滑,有光泽
醋酯纤维	三叶形或不规则锯齿形	表面光滑,有沟槽
牛奶蛋白改性聚丙烯腈纤维	圆形	表面光滑,有沟槽和(或)微细条纹
大豆蛋白纤维	腰子形(或哑铃形)	扁平带状,有沟槽和疤痕
聚乳酸纤维	圆形或近似圆形	表面平滑,有的有小黑点
涤纶	圆形或近似圆形及各种异形截面	表面平滑,有的有小黑点
腈纶	圆形,哑铃状或叶状	表面光滑,有沟槽和(或)条纹
变性腈纶	不规则哑铃形、蚕茧形、土豆形等	表面有条纹
锦纶	圆形或近似圆形及各种异形截面	表面光滑,有小黑点
维纶	腰子形(或哑铃形)	扁平带状,有沟槽
氯纶	圆形、蚕茧形	表面平滑
偏氯纶	圆形或近似圆形及各种异形截面	表面平滑
氨纶	圆形或近似圆形	表面平滑,有些呈骨形条纹
芳纶1414	圆形或近似圆形	表面平滑,有的带有疤痕
乙纶	圆形或近似圆形	表面平滑,有的带有疤痕
丙纶	圆形或近似圆形	表面平滑,有的带有疤痕
聚四氟乙烯纤维	长方形	表面平滑
碳纤维	不规则的碳末状	黑而匀的长杆状
金属纤维	不规则的长方形或圆形	边线不直,黑色长杆状
石棉	不均匀的灰黑糊状	粗细不匀
玻璃纤维	透明圆珠形	表面平滑、透明
酚醛纤维	马蹄形	表面有条纹,类似中腔
聚砜酰胺纤维	似土豆形	表面似树叶状

四、溶解法

溶解法是利用纤维在不同温度下的不同化学试剂中的溶解特性来鉴别纤维。此法比较准确、可靠,常在其他方法作初步鉴别后,再用溶解法加以证实。但在实验中,必须严格控制化学试剂的浓度、处理温度和时间,以获得较准确的试验结果。常见纺织纤维的溶解性能见表3-3。

表3-3　纤维的溶解性能

纤维	70%硫酸		36%~38%盐酸		5%氢氧化钠		88%甲酸		99%冰乙酸		铜氨		苯酚		N,N-二甲基甲酰胺	
	室温	煮沸	室温	煮沸	室温	煮沸	室温	煮沸	室温	煮沸	室温	煮沸	50℃	煮沸	室温	煮沸
棉	S	S_0	I	P	I	I	I	I	I	I	S	—	I	I	I	I
麻	S	S_0	I	P	I	I	I	I	I	I	S	—	I	I	I	I
蚕丝	S_0	S_0	P	S	I	S_0	I	I	I	I	S	—	I	I	I	I
动物毛绒	I	S_0	I	P	I	S_0	I	I	I	I	I	—	I	I	I	I
粘胶纤维	S	S_0	S	S_0	I	I	I	I	I	I	S_0	—	I	I	I	I
莱赛尔纤维	S	S_0	S	S_0	I	I	I	I	I	I	P	—	I	I	I	I
莫代尔纤维	S	S_0	S	S_0	I	I	I	I	I	I		—	I	I	I	I
铜氨纤维	S_0	S_0	I	S_0	I	I	I	I	I	I	S	—	I	I	I	I
醋酯纤维	S_0	S_0	S	S_0	I	P	S_0	S_0	S	S_0	I	—	S	S_0	S	S_0
三醋酯纤维	S_0	S_0	S	S_0	I	P	S	S_0	S	S_0	I	—	I	S	I	S_0
大豆蛋白纤维	P	S_0	P	S_0	I	I	I	I	S	I	I	—	I	I	I	I
牛奶蛋白改性聚丙烯腈纤维	I	S_0	I	I	I	I	I	S	I	I	I	—	I	I	I	P
聚乳酸纤维	I	S	I	I	I	I	I	□	I	P	I	—		S_0	I	S/P
涤纶	I	P	I	I	I	I	I	I	I	I	I	—		S_0	I	S/P
腈纶	S	S_0	I	I	I	I	I	I	I	I	I	—	I	I	S/P	S_0
锦纶6	S	S_0	S_0	S_0	I	I	S_0	S_0	I	S_0	I	—	S_0	S_0	I	S/P
锦纶66	S	S_0	S_0	—	I	I	S_0	S_0	I	S_0	I	—	S_0	S_0	I	I
氨纶	S	S	I	I	I	I	I	S	I	S	I	—	I	I	I	S_0
维纶	S	S_0	S_0		I	I	S	S_0	I	I	I	—	P_{ss}	I	I	I
氯纶	I	I	I	I	I	I	I	I	I	I	I	—	I	□	S_0	S_0
偏氯纶	I	I	I	I	I	I	I	I	I	I	I	—	I	S_0	I	S_0
乙纶	I	□	I	I	I	I	I	I	I	I	I	—	I	□	I	I
丙纶	I	□	I	I	I	I	I	I	I	I	I	—	I	I	I	I
芳纶	I	I	I	I	I	I	I	I	I	I	I	—	I	I	I	I
聚苯乙烯纤维	I	□	I	I	I	I	I	□	I	□	I	—	P	S	I	I
碳纤维	I	I	I	I	I	I	I	I	I	I	I	—	I	I	I	I

纤维	溶液(溶剂)															
	70%硫酸		36%~38%盐酸		5%氢氧化钠		88%甲酸		99%冰乙酸		铜氨		苯酚		N,N-二甲基甲酰胺	
	室温	煮沸	室温	煮沸	室温	煮沸	室温	煮沸	室温	煮沸	室温	煮沸	50℃	煮沸	室温	煮沸
酚醛纤维	I	I	I	I	I	I	I	I	I	I	I	—	I	I	I	I
聚砜酰胺纤维	I	S	I	I	I	I	I	I	I	I	I	—	I	I	S_0	S_0
噁二唑纤维	I	I	I	I	I	I	I	I	I	I	I	—	I	I	I	I
聚四氟乙烯纤维	I	I	I	I	I	I	I	I	I	I	I	—	I	I	I	I
石棉	I	I	I	I	I	I	I	I	I	I	I	—	I	I	I	I
玻璃纤维	I	I	I	I	I	I	I	I	I	I	I	—	I	I	I	I

注　1. 室温为24~30℃。

　　2. S_0—立即溶解,S—溶解,P—部分溶解,P_{ss}—微溶,□—块状,I—不溶解。

五、含氯含氮呈色反应法

含有氯、氮元素的纤维用火焰、酸碱法检测,会呈现特定的呈色反应。含氯含氮呈色反应法适用于鉴别纤维中是否含有氯、氮元素,以便将纤维粗分类。含氯试验:取干净的铜丝,用细砂纸将表面的氧化层除去,将铜丝在火焰中烧红立即与试样接触,然后将铜丝移至火焰中,观察火焰颜色,如含氯就会呈现绿色的火焰;含氮试验:在试管中放入少量切碎的纤维,并用适量碳酸钠覆盖,加热产生气体,试管口放上红色石蕊试纸,若试纸变为蓝色,则说明有氮存在。部分含氯含氮纤维的呈色反应见表3-4。

表3-4　部分含氯含氮纤维的呈色反应

纤维名称	Cl(氯)	N(氮)
蚕丝	×	√
动物毛绒	×	√
大豆蛋白纤维	×	√
牛奶蛋白改性聚丙烯腈纤维	×	√
聚乳酸纤维	×	√
腈纶	×	√
锦纶	×	√
氯纶	√	×
偏氯纶	√	×
腈氯纶	√	×
氨纶	×	√

注　√—有,×—无。

六、其他鉴别方法

纤维鉴别的方法很多,还有熔点法(合成纤维的熔点见表 3 - 5)、密度梯度法(密度见表 3 - 6)、红外光谱法(各种纤维红外光谱的主要吸收谱带及其特性频率见表 3 - 7)、双折射率法(各种纺织纤维的折射率见表 3 - 8)等,在实际工作中往往不能仅用一种方法,必须合理地综合运用几种方法,系统地加以分析,才能有效准确地鉴别纤维。

表 3 - 5　合成纤维的熔点

纤维名称	熔点范围(℃)	纤维名称	熔点范围(℃)
醋酯纤维	255 ~ 260	三醋酯纤维	280 ~ 300
涤纶	255 ~ 260	氨纶	228 ~ 234
腈纶	不明显	乙纶	130 ~ 132
锦纶 6	215 ~ 224	丙纶	160 ~ 175
锦纶 66	250 ~ 258	聚四氟乙烯纤维	329 ~ 333
维纶	224 ~ 239	腈氯纶	188
氯纶	202 ~ 210	维氯纶	200 ~ 231
聚乳酸纤维	175 ~ 178	聚对苯二甲酸丙二醇酯纤维(PTT)	228
聚对苯二甲酸丁二酯纤维(PBT)	226		

表 3 - 6　纤维的密度

纤维名称	密度(g/cm³)	纤维名称	密度(g/cm³)
棉	1.54	锦纶	1.14
苎麻	1.51	维纶	1.24
亚麻	1.5	偏氯纶	1.70
蚕丝	1.36	氨纶	1.23
羊毛	1.32	乙纶	0.96
粘胶纤维	1.51	丙纶	0.91
铜氨纤维	1.52	石棉	2.10
醋酯纤维	1.32	玻璃纤维	2.46
涤纶	1.38	酚醛纤维	1.31
腈纶	1.18	聚砜酰胺纤维	1.37
变性腈纶	1.28	氯纶	1.38
芳纶 1414	1.46	牛奶蛋白改性聚丙烯腈纤维	1.26
莫代尔纤维	1.52	大豆蛋白纤维	1.29
莱赛尔纤维	1.52	聚乳酸纤维	1.27

表 3-7 纤维红外光谱的主要吸收谱带及其特性频率

编号	纤维种类	制作方法	主要吸收谱带及其特性频率（cm^{-1}）
1	纤维素纤维	K	3450~3200,1640,1160,1064~980,893,671~667,610
2	动物纤维	K	3450~3300,1658,1534,1163,1124,926
3	丝	K	3450~3300,1650,1520,1220,1163~1149,1064,993,970,550
4	粘胶纤维	K	3450~3250,1650,1430~1370,1060~970,890
5	醋酯纤维	F	1745,1376,1237,1075~1042,900,602
6	聚酯纤维	F（热压成膜）	3040,2358,2208,2079,1957,1724,1242,1124,1090,870,715
7	聚丙烯腈纤维	K	2242,1449,1250,1075
8	锦纶 6	F（甲酸成膜）	3300,3050,1639,1540,1475,1263,1200,687
9	锦纶 66	F（甲酸成膜）	3300,1634,1527,1473,1276,1198,933,689
10	锦纶 610	F（热压成膜）	3300,1634,1527,1475,1239,1190,936,689
11	锦纶 1010	F（热压成膜）	3300,1635,1535,1467,1237,1190,941,722,686
12	聚乙烯醇缩甲醛纤维	K	3300,1449,1242,1149,1099,1020,848
13	聚氯乙烯纤维	F（二氯甲烷成膜）	1333,1250,1099,971~962,690,614~606
14	聚偏氯乙烯纤维	F（热压成膜）	1408,1075~1064,1042,885,752,599
15	聚氨基甲酸乙酯纤维	F（DMF 成膜）	3300,1730,1590,1538,1410,1300,1220,769,510
16	聚乙烯纤维	F（热压成膜）	2925,2868,1471,1460,730,719
17	聚丙烯纤维	F（热压成膜）	1451,1475,1357,1166,997,972
18	聚四氟乙烯纤维	K	1250,1149,637,625,555
19	芳纶 1313	K	3072,1642,1602,1528,1482,1239,856,818,779,718,684
20	芳纶 1414	K	3057,1647,1602,1545,1516,1399,1308,1111,893,865,824,786,726,664
21	聚芳砜纤维	K	1587,1242,1316,1147,1104,876,835,783,722
22	聚砜酰胺	K	1658,1589,1522,1494,1313,1245,1147,1104,783,722
23	酚醛纤维	K	3340~3200,1613~1587,1235,826,758
24	聚碳酸酯纤维	F（热压成膜）	1770,1230,1190,1163,833
25	维氯纶	K	3300,1430,1329,1241,1177,1143,1092,1020,690,614
26	腈氯纶	K	2324,1255,690,624
27	聚乙烯-醋酸乙烯共聚物	K	1737,1460,1369,1241,1020,730,719,608
28	碳素纤维	K	无吸收
29	不锈钢金属纤维	K	无吸收
30	玻璃纤维	K	1413,1043,704,451

注 1. 羊毛在 1800~100cm^{-1} 之间皆为宽谱带。

2. 生丝在 1710~1370cm^{-1} 之间皆为宽谱带。

3. 各种纤维的吸收频率，按使用红外光谱仪的不同，差异约有 ±20cm^{-1}。

4. 改性纤维的红外光谱，除对原纤维的吸收外，同时叠加了改性物质的吸收光谱带。

5. 制作方法一栏中的 K 是溴化钾压片法，F 是薄膜法。

表 3 - 8　纤维的折射率(温度 20℃ ±2℃,相对湿度 65% ±2%)

纤维名称	平行折射率($n_{/\!/}$)	垂直折射率($n_\perp$)	双折射率($\Delta n = n_{/\!/} - n_\perp$)
棉	1.576	1.526	0.050
麻	1.568 ~ 1.588	1.526	0.042 ~ 0.062
桑蚕丝	1.591	1.538	0.053
柞蚕丝	1.572	1.528	0.044
羊毛	1.549	1.541	0.008
普通粘胶纤维	1.540	1.510	0.030
富强纤维	1.551	1.510	0.041
铜氨纤维	1.552	1.521	0.031
醋酯纤维	1.478	1.473	0.005
聚酯纤维	1.725	1.537	0.188
聚丙烯腈纤维	1.510 ~ 1.516	1.510 ~ 1.516	0
变性聚丙烯腈纤维	1.535	1.532	0.003
聚酰胺纤维	1.573	1.521	0.052
聚乙烯醇缩甲醛纤维	1.547	1.522	0.025
聚氯乙烯纤维	1.548	1.527	0.021
聚乙烯纤维	1.570	1.522	0.048
聚丙烯纤维	1.523	1.491	0.032
酚醛纤维	1.643	1.630	0.013
玻璃纤维	1.547	1.547	0
木棉纤维	1.528	1.528	0

第二节　纺织品的鉴别方法

一、织物经纬向的鉴别方法

判断织物中哪个方向是经纱(经向),哪个方向是纬纱(纬向),这对分析织物密度、经纬纱线密度、织物组织和测试织物力学性能等来说是先决条件。

如被分析织物的样品是有布边的,则与布边平行的纱线便是经纱(经向),与布边垂直的则是纬纱(纬向)。

如被分析织物的样品无布边时,则遵循以下鉴别规则:

(1)在不同原料交织时,棉/毛或棉/麻交织物中,一般棉为经纱;毛/丝或棉/丝交织物中,丝为经纱;毛/丝/棉交织物中,丝、棉为经纱;天然丝/绢丝或天然丝/人造丝交织物中,天然丝为经纱。

(2)一般织物密度大的一方为经纱,密度小的一方为纬纱。

(3)织物中纱线较细的一方为经纱。织物中若有一组纱线是股线,另一组是单纱时,则通常股线为经纱,单纱为纬纱。花式线多为纬纱。

(4)织物成纱捻度不同时,则捻度大的多数为经纱,捻度小的为纬纱。若单纱织物成纱捻向不同时,则Z捻纱多为经向,S捻纱多为纬向。

(5)若织物有一个系统的纱线具有多种不同线密度时,这个方向则为经向。

(6)若织物的经纬纱线密度、捻向、捻度都差异不大,则纱线条干均匀、光泽较好的为经纱。

(7)箝痕明显的织物,则箝痕方向为织物的经向。

(8)毛巾类织物,其起毛圈的纱线为经纱,不起圈者为纬纱。

(9)纱罗织物,有扭绞的纱线为经纱,无扭绞的纱线为纬纱。

(10)条子织物,一般以条子的方向为经向,格子织物格型略长的为经向。

(11)起绒织物,若为经起绒,则绒经的方向为经向。

(12)坯布中,上浆的是经纱,不上浆的是纬纱。

针织物中,线圈沿纵向方向串套起来的纵行方向为纵向,线圈沿横向方向连接起来的横列方向为横向。

由于织物用途极广,对织物原料和组织结构的要求也多种多样,因此在判断经纬向时,还要根据织物的具体情况进行确定。

二、织物正反面的判别

目测织物外观判别其正反面,常用的判别方法有以下几种:

(1)一般花纹、色泽较清晰悦目且毛羽较少而短的一面为织物正面。

(2)一般织物布边光洁、整齐平整的一面为正面;反面则向里,稍有卷曲状又不很平整。针眼清楚下凹的一面为正面。

(3)整匹织物,如贴有商标纸或盖有梢印的为反面,另一面为正面。

(4)平纹织物,正面比较平整光洁,色泽匀净鲜明。

(5)斜纹织物,单面斜纹织物正面纹路明显、清晰,反面则模糊不清;双面斜纹织物正反面纹路都比较明显、饱满、清晰。线斜纹织物的斜纹由左下斜向右上者为正面,斜纹的倾斜角为45°~65°;纱斜纹织物的斜纹由右下斜向左上者为正面,纹路的倾斜角为65°~73°。

(6)缎纹织物,正面平整光洁而反面较暗淡。经密大时,经组织点多的一面为正面;纬密大时,纬组织点多的一面为正面。

(7)条格织物和配色模纹织物,其格子或条纹正面比反面明显、均匀、整齐。

(8)凸条和凹凸织物,正面紧密而细腻,具有凸出的条纹或图案,立体感强;反面较粗糙,有较长的浮长线。

(9)纱罗织物,纹路较清晰,绞经清晰突出的一面为正面。

(10)毛巾织物,毛圈密度较大的一面为正面。

(11)提花织物,提出纱线长度较短、较紧,且花纹又较清晰的一面,为正面。

（12）双层、多层及多重织物，如正反面的经纬密度不同时，则一般结构较紧密或纱线品质较好的一面为正面。

（13）单面起毛织物，有毛绒的一面为正面；双面起毛织物，绒毛光洁、整齐的一面为正面。

（14）针织物，线圈圈柱覆盖圈弧的一面是正面，圈弧覆盖圈柱的一面是反面，双面针织物不分正反面。

多数织物其正反面有明显的区别，但也有不少织物的正反面极为相似，两面均可应用。因此对这类织物可不强求区别其正反面。

思考题

1. 纤维鉴别的依据是什么？试述纤维鉴别试验的一般性程序。

2. 常用的纺织纤维鉴别方法有哪些？各自有何特点？

3. 如何用简易、可靠的方法鉴别棉与粘胶纤维、毛与丝、粘胶纤维与维纶、涤纶与锦纶？

4. 如何鉴别纺织品的经纬向、正反面？

第二篇 纱线商品

第四章 纱线的种类和主要品种

● 本章知识点 ●

1. 纱线的分类。
2. 纱线的细度、细度不匀、捻度和毛羽特征。
3. 纱线的主要品种。

由纺织纤维构成的细而柔软并具有一定力学性质的连续长条统称为纱线。它们可以由单根或多根连续长丝组成，或由许多根不连续的短纤维组成。纱线实际是纱与线的总称。多数纱线用于制造织物、绳、带等商品；另外一些纱线，如缝纫线、绣花线、装饰用纱线等，则用于加工服装等。

纱线的结构、性能将直接影响所制造的织物的性质，例如，织物的轻重，织物的坚牢度、耐磨性、织物的质地（丰满、柔软、身骨、挺括或弹性等）、导热性与保暖性以及织物表面的光滑粗糙程度。直接用于加工服装的纱线（缝纫线等）不仅影响服装的平整美观等外观特性，而且会影响缝纫加工的难易和缝纫的生产效率。

第一节 纱线的分类

纱线的种类繁多，一般按原料、纺纱方法以及用途的不同进行分类。

一、按纱线的组成原料分类

纱线按组成原料可分为纯纺纱线与混纺纱线。纯纺纱线是由一种纤维材料组成的纱线，如棉纱线、毛纱线、涤纶纱线等。混纺纱线是由两种以上的纤维组成的纱线，如涤/棉纱线、腈/粘纱线等。混纺纱线的命名依据混纺比的大小而定，比例大的纤维排在前，比例小的纤维排在后；如果比例相同，则按天然纤维、合成纤维、再生纤维的顺序由前到后依次排列。

纱线按组成原料也可分为长丝纱线和短纤纱线。长丝纱线是由天然丝或化纤长丝组成的纱线,又分单丝(一根长丝)和复丝(两根或多根长丝并合);加有捻回的称有捻丝,没有捻回的称无捻丝。长丝一般具有良好的强度和均匀度,可制成细度较细的纱线,表面光滑。短纤纱线是由短纤维加捻而制成的纱线,其中用棉型化纤、毛型化纤和中长型化纤制成的纱线分别称为棉型纱线、毛型纱线和中长型纱线。短纤纱线一般结构较疏松,具有良好的手感。用它织成的衣料具有较好的舒适感及外观特征(如光泽柔和、手感丰满等),同时具有一定的强力与均匀度。

二、按纺纱工艺与纱线结构组成分类

按纺纱工艺条件的不同,棉纱线分精梳纱、普梳纱和废纺纱;毛纱线分精梳纱与粗梳纱。凡工艺流程中有精梳机的称精梳纱,否则称普梳纱或粗梳纱。由于精梳棉纱品质好,线密度小(纱支高),高级府绸、高档缝纫线、汗衫用高支纱均采用精梳纱。精梳毛纱采用的纤维长度较长、均匀度较好、细度较细,其特点是纱中纤维平行伸直度高,条干均匀、光洁,线密度小,是精纺毛织物的原料。而粗梳毛纱中的纤维通常是长短不齐,排列不够平行,结构松散,毛茸多。

按纱线的结构组成不同,纱线分为单纱、股线与缆线。单纱是单根无捻的纱或只经一次加捻的纱。短纤维纱是由短纤维经过加捻而成,通常其截面含有 15~100 根短纤维。股线是由两根或多根单纱并合再经一次加捻而制得的线。其中长丝股线又称为复合捻丝。缆线是两根或多根纱线(其中至少有一根是股线)并合再经一次加捻制得的线。

另外,用特殊纺纱加工方法制成的有变形纱、膨体纱、包芯纱、花式纱等特殊结构纱线。

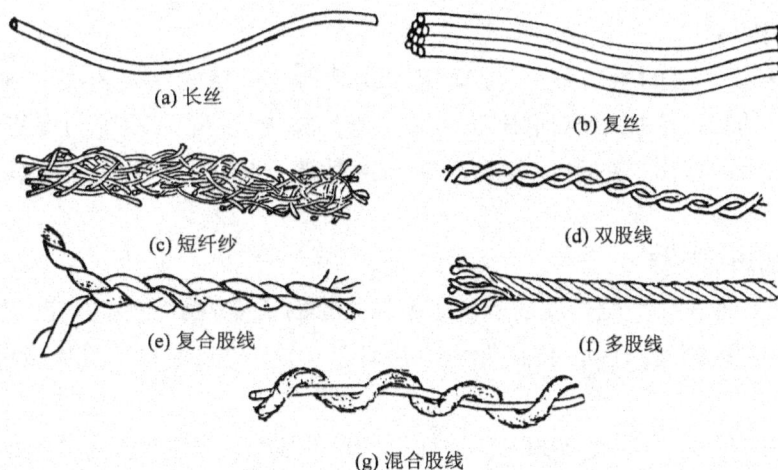

各种纱线如图 4-1 所示。

(a) 长丝

(b) 复丝

(c) 短纤纱

(d) 双股线

(e) 复合股线

(f) 多股线

(g) 混合股线

图 4-1　各种纱线示意图

三、按纱线用途分类

纱线按用途分为机织用纱线、针织用纱线和其他用纱线三类。机织用纱线是供织制机织物

用的纱线,又分为经纱(沿机织物长度方向排列的纱线)和纬纱(沿机织物宽度方向排列的纱线)。由于织造过程中经纱承受着很大的张力和摩擦,所以经纱应具有较大的强力和捻度。经纱也称织布用纱。纬纱强力要求比经纱低,捻度不宜过大,应保持一定的柔软性。针织用纱线是供织制针织物用的纱线,要求其均匀、洁净、柔软、捻度小,以防针织时纱线扭结,造成断头。为此,从配棉开始到一些质量指标均要与机织用纱有所区别。其他用途纱线,指缝纫线、轮胎帘子线、手术缝合线、装饰用纱线和绣花刺绣用纱线等。

四、按纱线后加工处理分类

纱线按后加工处理分为原色纱、漂白纱、染色纱、色纺纱、烧毛纱和丝光纱六类。原色纱又称本色纱,是未经漂白保持纤维本色的纱经。漂白纱是把原色纱经煮练、漂白制成的纱。染色纱是把原色纱经煮练、染色制成的纱,供色织布用。色纺纱(包括混色纱)是先将纤维染色,然后纺制而成的纱,可织成外观呈现不规则星点和花纹的织物。烧毛纱是用气体或电热烧掉表面茸毛的纱。丝光纱是经氢氧化钠丝光处理而制成的光泽较好的纱,有丝光漂白纱和丝光染色纱,用于织造高档色织品。

五、按纱线最后的卷装成形分类

纱线按最后的卷装成形分为筒子纱和绞纱。筒子纱是从络筒机上下来出厂的筒子,供织造用。绞纱是经摇纱工序成绞出厂的纱线,又可分为直绞和花绞,加工以后供色织用。

第二节　纱线的特征指标

一、纱线的细度

纱线细度表征纱线的粗细程度,是确定纱线品种与规格的主要依据。细度不同的纱线选用原料有所不同,产品成本有所不同,纺织工艺也有所不同。纱线细度影响织物的结构和外观,包括织物的厚度、硬挺度、覆盖性和耐磨性等。因此,纱线细度是纱线的最重要特征之一。

(一)纱线的细度指标

纱线的细度广泛采用单位长度的质量或单位质量的长度表示,前者是定长制(直接制),具体指标有特克斯制线密度和旦尼尔制线密度;后者是定重制(间接制),具体指标有公制支数和英制支数等。

1. 特克斯制线密度　是指1000m长的纤维材料的质量克数,单位为特克斯(简称特,符号为 tex),为我国法定计量单位。其计算式如下:

$$Tt = \frac{1000 \times G}{L} \tag{4-1}$$

式中:Tt——纤维材料的线密度,tex;

L——纤维材料的长度,m;

G——纤维材料的质量,g。

实际应用时,因纤维材料的质量会受回潮率变化的影响,故往往使用在公定回潮率时的质量,即纤维材料的线密度常常是指公定回潮率时的线密度(下同)。

由于纤维较细,所以常采用分特(dtex)或毫特(mtex)表示,1dtex = 0.1tex。

2. 旦尼尔制线密度 是指9000m长的纤维材料的质量克数,单位为旦。在我国为非法定单位,但目前尚用于化纤和蚕丝,又称纤度或条份。其计算式为:

$$N_d = \frac{9000 \times G_k}{L} \tag{4-2}$$

式中:N_d——纤维材料的旦数,旦;

L——纤维材料的长度,m;

G_k——纤维材料在公定回潮率时的质量,g。

3. 公制支数 公制支数是指在公定回潮率时每克重的纤维所具有的长度米数,单位为公支。在我国为非法定单位,但在企业和对外贸易中仍有使用。其计算式为:

$$N_m = \frac{L}{G_k} \tag{4-3}$$

式中:N_m——纤维材料的公制支数,公支;

L——纤维材料的长度,m;

G_k——纤维材料在公定回潮率时的质量,g。

4. 英制支数 有棉纱线英制支数、精梳毛纱线英制支数和粗梳毛纱线英制支数之分,这里介绍的是棉纱线英制支数。棉纱线的英制支数等于在英制公定回潮率时1磅纱线长度所具有的840码的倍数。计算公式为:

$$N_e = \frac{L_e}{840 \times G_{ek}} \tag{4-4}$$

式中:L_e——纱线的长度,码,1码 = 0.9144m;

G_{ek}——纱线在英制公定回潮率时的质量,磅,1磅 = 453.6g。

5. 细度指标及单位间的换算

$$Tt \times N_m = 1000$$

$$1tex = 9 旦$$

$$N_e = \frac{590.5}{Tt} \times \frac{1 + W_k}{1 + W_{ek}} = \frac{C_1}{Tt} \tag{4-5}$$

$$N_e = 0.5905 N_m \times \frac{1 + W_k}{1 + W_{ek}} = C_2 N_m \tag{4-6}$$

对纯棉纱线,因为公制、英制公定回潮率分别为 $W_k = 8.5\%$,$W_{ek} = 9.89\%$,所以换算系数为 $C_1 = 583.1$,$C_2 = 583.1$。而纯化纤纱线和化纤与化纤混纺纱线,因其公制、英制公定回潮率相同,所以 $C_1 = 0.5905$,$C_2 = 0.5905$。几种常见的棉混纺纱线的 C_1 和 C_2 值见表 4-1。

表4-1　几种常见棉混纺纱线的 C_1 和 C_2 值

纱线种类	干重混纺比	$W_k(\%)$	$W_{ek}(\%)$	C_1	C_2
涤/棉	65/35	3.2	3.72	587.5	0.5875
棉/维	50/50	6.8	7.45	586.9	0.5869
棉/丙	50/50	4.3	4.95	586.8	0.5868
棉/粘	75/25	9.6	10.67	584.8	0.5848
棉/腈	50/50	5.3	5.95	586.9	0.5869
涤/棉/锦	50/33/17	3.8	4.23	588.1	0.5881

6. 纱线细度的测定　纱线的细度采用"绞纱法"测定,即用缕纱测长机绕取纱线若干圈(每圈纱线长 1m),使之成为缕纱(绞纱),每个试样取 30 缕,用烘箱法求得缕纱的平均干重,并计算公定回潮率时的平均质量代入式(4-1),即可得到纱线的实际线密度。由于缕纱圈数长度固定(棉型纱 100 圈总长 100m,精梳毛纱 50 圈总长 50m,粗梳毛纱 20 圈总长 20m),纱线的公定回潮率也固定,所以式(4-1)可以简化为下式:

$$\text{Tt} = kG_0 \tag{4-7}$$

式中: G_0——缕纱平均干重,g。

k——系数, $k = \dfrac{1000}{L} \times (1 + 公定回潮率)$。

例如棉型纱线,缕纱长 $L = 100\text{m}$,纯棉纱线公定回潮率为 8.5% ,则 $k = 10.85$。所以 $\text{Tt} = 10.85G_0$。几种常见纱线的 k 值见表 4-2。

表4-2　几种常见纱线的 k 值

纱线种类	粘胶纤维	涤　纶	涤/棉 65/35	维/棉 50/50
公定回潮率(%)	13.0	0.4	3.2	6.8
k 值	11.30	10.04	10.32	10.68

测定纱线英制支数的缕纱测长机,纱框周长为 1.5 码,每缕 80 圈,因此英制缕纱长 120 码。纯棉纱线的英制公定回潮率是 9.89%。用烘箱法求得缕纱平均干重后,利用式(4-4)即可求得实际英制支数。

(二)细度不匀

由于工艺、设备、操作等因素的影响,纱线沿长度方向存在着粗细不匀现象。考核细度不匀是评定纱线品质的重要方面。细度不匀率大的纱线强力低,在织造过程中断头率高,甚至会因不能正常通过综、筘或针眼而使生产无法进行。纱线细度不匀也使织物形成了许多疵点。

纱线细度不匀分为重量不匀和条干不匀。重量不匀(线密度不匀或支数不匀)是通过一定片段长度(如 100m)的试样(缕纱)之间的重量变异系数反映出来的细度不匀,它通过缕纱称重法测定。片段长度因纱而不同,棉型纱线规定为 100 m,精梳毛纱规定为 50 m,粗梳毛纱规定为

20 m,苎麻纱 49 tex 及以上为 50m,49tex 以下为 100m,亚麻纱和绢纺纱都是 100 m,生丝为 450m。纱线条干不匀是较短片段间的不匀,可用电子均匀度仪测定变异系数 CV 值表示,也可用目测法测定其黑板条干均匀度表示。

1. 电子均匀度仪法 这是目前最先进的检测纱条细度不匀率的电子仪器,它除了可以准确测得各种纱线的不匀率以外,还具有检测平均线密度、纱疵、毛羽和绘制不匀曲线图、波谱图等多种功能。这种仪器很多国家都能生产,但最具代表性的是瑞士蔡尔维格·乌斯特(Zellweger Uster)公司生产的乌斯特条干均匀度仪,乌斯特 3 型(UT3)为其较为先进的型号。国内陕西长岭纺织机电科技有限公司、苏州长风纺织机电科技有限公司均有生产,型号有 YG131 型、YG133A 型、YG135 型等。

2. 目测法 用摇黑板机,按规定的绕纱密度将纱均匀地绕在一定尺寸的小黑板上,然后在暗室内,在规定的光照和距离下,对比标准样照评定黑板上的纱的等级。这种方法能直观地反映纱线短片段的表观粗细不匀,但得不到不匀率的定量数据,而且和检验人员的技术水平关系密切,容易出现人为的偏差。图 4-2 为目测法示意图。

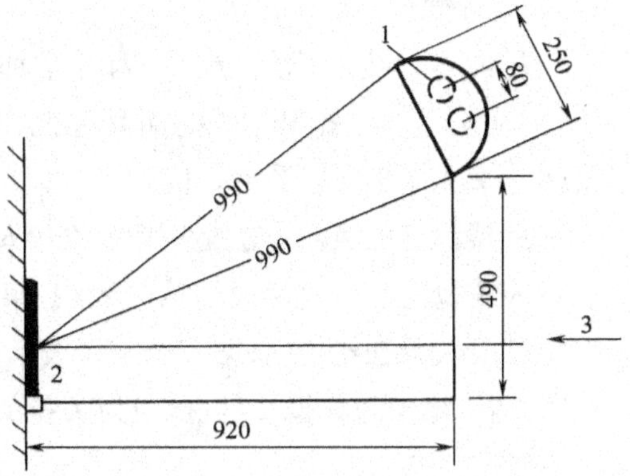

图 4-2 目测法示意图
1—光源 2—黑板和样照 3—视线

(三)股线的细度

股线的线密度大于组成股线单纱的线密度,股线的支数低于组成股线单纱的支数。使用不同细度指标时,股线的细度表示方法不同。

若不计加捻后纱线长度的缩短(捻缩),则单纱组分相同的股线线密度表示为 $Tt_{线} = Tt_{纱} \times$ 股数,如两根 14tex 单纱组成的股线线密度为 28tex,记作 14tex×2;单纱组分不同的股线线密度表示为 $Tt_{线} = Tt_{纱} + Tt_{纱} + \cdots + Tt_{纱}$,如一根 16tex 单纱和一根 18 tex 单纱组成的股线线密度为 34tex,记作 16tex+18tex。

单纱组分相同的股线支数则表示为 $N_{线} = N_{线}/$股线,如两根公制支数为 42 的单纱组成的股线的公制支数为 21,记作 42 公支/2;单纱组分不同的股线支数是单纱支数的倒数之和的倒数,如公制支数为 60 和 40 的两根单纱组成的股线的公制支数为:

$$N_{\mathrm{m}} = \frac{1}{\frac{1}{60} + \frac{1}{40}} = 24$$

二、纱线的捻度、捻向

（一）捻度

纱线加捻时，两个截面间的相对回转数，称为捻回数。纱线单位长度内的捻回数称为捻度（符号 t）。我国棉型纱线采用特克斯制捻度（t_{t}），它以纱线 10cm 长度内的捻回数表示；英制支数制捻度（t_{e}），是以纱线 1 英寸长度内的捻回数表示；精梳毛纱、绢纺纱、化纤长丝采用公制支数捻度（t_{m}），是以纱线每米长度内的捻回数表示；粗梳毛纱的捻度可用 10cm 长度内的捻回数表示，也可用每米长度内的捻回数表示。

捻度影响纱线的强力、延伸性、刚柔性、捻缩率、光泽、手感等指标，从而影响织物性能。随着捻度的增加，纱线的紧密度增大，直径变小，在一定范围内强度增高，纱线及由其组成的织物的手感往往变得硬挺，而捻度低的纱线及其织物的手感却比较柔软蓬松。

（二）捻向

捻向是纱线加捻的方向。因纤维加捻后在纱条中的倾斜方向不同，可分为"Z"捻和"S"捻两种捻向，如图 4－3 所示。一般单纱常采用 Z 捻，股线常采用 S 捻。

股线捻向的表示方法是用第一个字母表示单纱捻向，第二个字母表示股线捻向。经过两次加捻的股线，第一个字母表示单纱捻向，第二个字母表示初捻捻向，第三个字母表示复捻捻向。例如单纱捻向为 Z 捻，初捻捻向为 S 捻，复捻捻向为 Z 捻的股线，捻向以 ZSZ 表示。

图 4－3　捻向

三、纱线的毛羽

在加捻过程中，纤维两端因不受张力作用而被挤至纱的外层，形成了纱线表面的毛羽。毛羽不仅影响纱线和织物的外观，而且会增加后续工序的断头率，必要时可经烧毛工序除去毛羽。表征毛羽的多少用毛羽指数，它是指在单位纱线长度的单边上超过某一定投影长度（垂直距离）的毛羽累计根数，单位为根/10m。

第三节　纱线的主要品种

一、普通纱线

（一）棉纱线

棉纱线种类繁多，在我国的生产历史悠久，在对外贸易中占有一定的地位，目前各省、市都具备棉纱生产和出口能力。棉纱的用途很广泛，可用于机织，也可用于针织，精梳纱可用于生产质量要求较高的纺织品,如高档汗衫、府绸、涤/棉织物等,还可用于生产工业用的电工黄蜡布、轮胎帘子布、高速缝纫线和刺绣线等。按商业习惯,棉纱线分成粗特纱、中特纱和细特纱。

1. 粗特纱　32tex 及以上(18 英支及以下)的棉纱均属粗特纱(粗支纱)。规格有 32、34、36、38、40、42、44、46、48、50、52、54、56、58、60、64、68、72、76、80、88、96、120、144、192(tex)。主要用于制织粗厚织物和起绒起圈织物,如粗布、绒布、棉毯、卫生衫裤用布等。用于织绒布的纬纱与经纱捻向不同,则容易起绒。

2. 中特纱　21 ~ 30tex(18 ~ 27 英支)的棉纱称为中特纱(中支纱)。规格有 21、22、23、24、25、26、27、28、29、30(tex)。主要用于制织平布、斜纹布、被单布、贡缎等织物。

3. 细特纱　20tex 及其以下(28 英支及以上)的棉纱称为细特纱(细支纱)。规格有 4、4.5、5、5.5、6、6.5、7、7.5、8、8.5、9、9.5、10、11、12、13、14(14.5)、15、16、17、18、19(19.5)、20(tex)。主要用于制织高档府绸、高档背心、汗衫用布等。

(二)毛纱和绒线

1. 毛纱　分为精梳毛纱、半精梳毛纱和粗梳毛纱三种。精梳毛纱的特点是,线密度小而条干均匀,强力大,弹性好,抱合紧密,多用来织造精纺毛织品。粗梳毛纱内纤维排列不甚整齐,茸毛较多,条干粗而不太光滑,一般用于织造较厚的粗纺毛织品及驼绒。而半精梳毛纱则介于两者之间。

2. 绒线　绒线是用绵羊毛纺制成的股线,捻度较小,形态蓬松,手感柔软而富有弹性,又称毛线。绒线品种很多,可按其用途、使用原料和生产工艺进行分类。

绒线按照用途分为手工编结绒线和针织绒线,另外还有花式绒线。手工编结绒线一般为 4 股加捻而成,又分为粗绒线和细绒线。粗绒线合股特数为 400tex 以上(2.5 公支以下),细绒线合股特数为 142.9 ~ 333.3tex(3 ~ 7 公支)。针织绒线多为双股,也有单股及多股的。

绒线按照使用原料可分为纯毛绒线、混纺绒线和纯化纤绒线。通常纯毛手编绒线使用较为粗长的羊毛,多为二级、三级改良毛,其品质支数在 46 ~ 60。纯毛针织绒线通常用品质支数为 56 ~ 64 的羊毛,使用一级、二级改良毛,也会使用羊绒、兔毛、驼绒和马海毛等。混纺绒线通常以羊毛和腈纶混纺,腈纶占 30% ~ 70%。纯化纤绒线以腈纶为主,也有氯纶线,多为膨体纱腈纶手编绒线和针织绒线。

(1)全毛粗绒线:有全毛高级粗绒线和全毛中级粗绒线两种,是全毛绒线中的主要品种。条干粗胖圆整,色泽鲜艳滋润,有膘光,手感丰满柔软,柔中带刚。

(2)全毛细绒线:是全毛绒线中的高档品种。条干细圆均匀,手感柔软,光泽柔和,颜色艳美。用全毛细绒线编织的纺织品,厚薄适中,细洁平服,穿着舒适。

(3)全毛针织绒线:是全毛绒线中条干最细的,纱线细匀,手感柔软,色泽鲜艳,主要用于针织编织,也可用两根以上绒线合并手工编结各种服饰用品。用全毛针织绒线编织的织品,轻薄柔软,舒适美观。

绒线按照生产工艺可分为精梳绒线、粗梳绒线和半精梳绒线。精梳绒线条干均匀度和强度较高,其产品外观较为光洁。粗梳绒线条干均匀度和强度较差,外观多绒毛。半精梳绒线介于粗梳和精梳之间,多用作手编绒线。

绒线的规格较多,常用品号和色号来区别绒线的具体品种。品号由四位阿拉伯数字组成,第一位数字代表绒线的类别(表4-3),第二位数字表示绒线的原料类别(表4-4),第三、第四位数字表示绒线单纱的公制支数。例如,品号0272表示用同质毛纺的7.2公支单纱的纯毛精梳编结绒线。此外,可用数字表示合股数,如品号1860/3表示用纯化纤纺制的6公支单纱的3股粗绒线。

表4-3 绒线类别代号

代 号	绒线类别	备 注
0	精梳编结绒线	通常可以省略
1	粗梳编结绒线	—
2	精梳针织绒线	—
3	粗梳针织绒线	—

绒线除品号外,还常用色号来表示绒线的颜色。色号采用四位数字表示,第一位数字表示原料,由0~9表示,与品号的原料代号相同;第二位表示绒线的色谱(表4-5);第三、第四位表示颜色由浅入深的顺序号。如色号2001表示同质毛绒线漂白色;色号5129表示异质毛与粘胶纤维混纺绒线姜黄色;色号7922表示异质毛与合成纤维混纺红色夹花色。

表4-4 原料类别代号

代 号	精梳绒线	粗梳绒线
0	山羊绒及其混纺	山羊绒及其混纺
1	异质毛纯纺	羊崽毛及其混纺
2	同质毛纯纺	兔毛及其混纺
3	同质毛与粘胶纤维混纺	雪羊毛及其混纺
4	同质毛与异质毛混纺	牦牛绒及其混纺
5	异质毛与粘胶纤维混纺	骆驼绒及其混纺
6	同质毛与合成纤维混纺	—
7	异质毛与合成纤维混纺	—
8	化纤纯纺	—
9	其他动物纤维的纯纺或混纺	其他

表4-5 绒线色谱代号

代 号	色 谱	代 号	色 谱
0	白色类	4	绿色类
1	黄、橙色类	5	棕色类
2	红、青莲色类	6	灰、黑色类
3	蓝、藏青色类	9	夹花色类

(三)麻纱

麻纱按纺纱方法可分湿纺麻纱和干纺麻纱两种。湿纺麻纱采用品质较好的麻纤维,先行纺成粗纱再经热水浸湿后精纺而成。纱的条干均匀,强力较高,平滑,可用来织造夏布、蚊帐布、台布等衣着和装饰织物。

干纺麻纱采用品质较次的麻纤维,不经过浸湿而纺成。纱的强力、光泽、条干、光滑程度等均较差,一般用于纺制粗麻布,如防水麻布、水龙带等。

根据麻的种类,麻纱可分为苎麻纱、亚麻纱、大麻纱、黄麻纱等。

1. 苎麻纱　主要品种有 7.5 公支、9.5 公支、15 公支、24 公支、36 公支、48 公支、54 公支、60 公支。

2. 亚麻纱　主要产地为我国的东北地区,以黑龙江省为最多,约占全国总产量的 80% 左右,其次为吉林、甘肃、内蒙古等地。出口主要国家有日本、美国、新加坡及中国香港和澳门地区。亚麻纱的生产有干法,也有湿法,其种类主要有湿纺长麻纱、湿纺精梳短麻纱、湿纺短麻纱和干纺短麻纱。亚麻纱主要用于生产纯麻或交织的服装布料,家庭装饰品,针织衫、裤,抽绣工艺品,防水帆布,消防水龙带等,深受国内外广大用户的欢迎。

（四）化纤纱线

根据生产需要,化学纤维可纺成长丝纱、棉型纱、毛型纱,既可以与棉、毛、丝、麻或其他化纤混纺,也可以单独纺纱,还可应用特殊纺纱工艺纺制包芯纱、膨体纱、弹力纱、花式纱等。化纤纱的种类大致有腈纶纱、腈纶膨体纱、涤纶纱、锦纶纱、维纶纱、氯纶纱、化纤混纺纱等。

涤/棉纱是涤纶与棉纤维在棉纺设备上纺制而成的纱,是纱线中的大宗产品。涤/棉纱（T/C）的组成有:67/33、65/35、50/50、80/20、70/30 及 55/45,多数用 65/35 的比例。由于涤纶在强度、快干性、尺寸稳定性、抗化学性等方面强,在吸湿性、抗静电性方面弱,而棉纤维的服用性能与之正好相反,因此,采用这两种纤维混纺可取长补短,织成滑、挺、爽的织物。

涤/棉纱的用途很广,可作机织用纱和针织用纱,制织的织物主要品种有:细布、府绸、包芯布、巴里纱、领衬布、床单布等,还可制织涤/棉缝纫线。

二、花式纱线

花式纱线是指通过特殊工艺制造,使之具有不规则的结构、特殊外观与色彩的纱线,其主要特征是纱的截面粗细不匀或捻度不匀,色彩富于变化,或有花圈、结子等新颖的外观,如图 4-4 所示。花式纱线通常都有芯纱和饰纱两种组分。

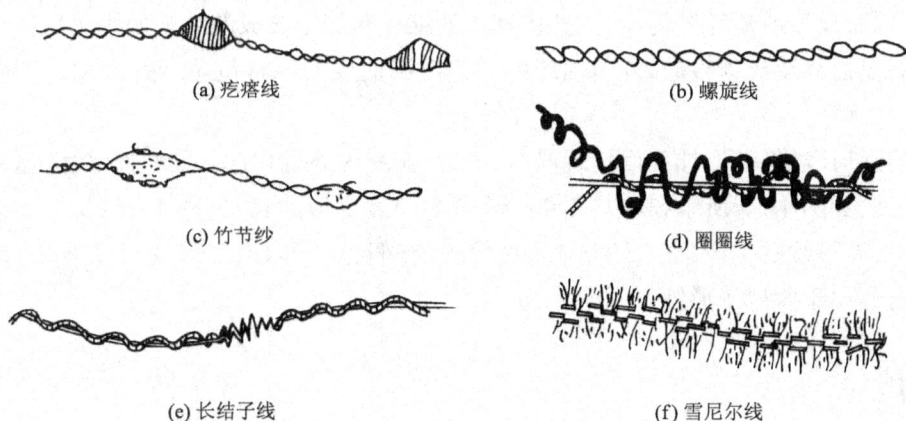

(a) 疙瘩线　　　　　　　　　　　(b) 螺旋线

(c) 竹节纱　　　　　　　　　　　(d) 圈圈线

(e) 长结子线　　　　　　　　　　(f) 雪尼尔线

图 4-4　各式花式纱线

1. 结子线 特征是饰纱围绕芯纱形成结子。结子有各种长度,其色泽和间距可以变化,有长结子和短结子、单色结子和多色结子线。短结子线也称疙瘩线。

2. 螺旋线 由色彩、光泽不同的纤维或纱捻合而成。一般饰纱的捻度较少,线密度较大,芯纱的线密度较小,捻度较大,加捻后,纱的松弛能加强螺旋效果,使纱线外观好似旋塞。这种纱弹性好,织成的织物比较蓬松。

3. 竹节纱 特征是具有粗细分布不均匀的外观,是花式纱中种类最多的一种,有粗细节状竹节纱、疙瘩状竹节纱、短纤维竹节纱、长丝竹节纱之分。竹节纱可用于轻薄的夏季织物和厚重的冬季织物,既可用于衣着织物,也可用于装饰织物,其织物花型突出,风格别致,立体感强。

4. 圈圈线 特征是饰纱围绕芯纱形成花圈。花圈由纱线形成则称为纱线型圈圈线;花圈由纤维形成则称为纤维型圈圈线。纤维型圈圈线比纱线型更为丰富、柔软、轻松和保暖,织物具有毛感,但花圈易于擦毛和拉出,穿着和洗涤时需倍加小心。花圈的大小、距离和色泽变化可形成波浪形线、小圈线、大圈线和珠绒线等,主要用于色织女线呢、花呢、大衣呢和手编毛线等,织成的针织汗衫,吸汗凉爽,花型新颖,大量用于运动衣和毛衣。当饰纱为强捻时,将自然成辫,形成辫子线。

5. 彩点纱 特征为纱上有短而小的单色或多色彩点,主要用于传统的粗纺花呢——钢花呢,可制作女装和男夹克。其加工方法是先把彩色纤维(细羊毛或棉花)搓成用来点缀的结子,再按一定比例混入基纱的原料中,结子和基纱有对比鲜明的色泽,形成醒目的彩点纱。

6. 雪尼尔线 特征是纤维被握持在合股的芯纱上,形状如瓶刷。它手感柔软,广泛用于绒类织物和装饰织物,华丽而具有丝绒感。还可直接作为编结线用,具有丰满、保暖、装饰效果好的特点。

7. AB 线 采用具有不同色泽的两股细纱合捻,称其为花股线或 AB 线。若 A、B 色互为补色,则合股后具有闪色效应。

三、特殊加工纱线

膨体纱是通过化学方法或热处理方法增加了蓬松度的短纤纱。例如,腈纶膨体纱就是将低收缩纤维和高收缩纤维按一定比例混纺成纱,在松弛状态下进行热定形处理,高收缩纤维遇热收缩多而成为纱芯,低收缩纤维收缩少而卷曲成圈形而处于纱表,从而得到膨体纱。

包芯纱是以长丝纱或短纤纱为纱芯,外包其他纤维一起加捻纺成的纱。如织制烂花织物的涤/棉包芯纱就是以涤纶丝为纱芯,外包棉纤维加捻纺制而成的。将包芯纱并合加捻还可以制得包芯线。

变形纱是化纤长丝经变形加工而呈现卷曲、螺旋、弧圈等外观特性并具有伸缩性、蓬松性的单丝纱或复丝纱,如图 4-5 所示,其中,图 4-5(a)为未经变形的长丝;图 4-5(b)~(g)为已经变形的长丝。变形纱的生产加工方法与品种较多,有假捻变形纱、刀口变形纱等,锦纶弹力丝、涤纶低弹丝等属于假捻变形纱。

四、缝纫线

缝纫线是日常生活和工业生产上广泛使用的一种线。它与普通织造用纱线的性能要求不

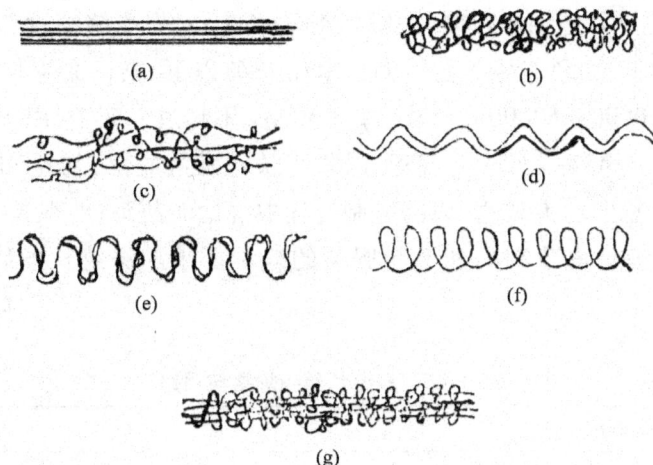

图 4 - 5　变形纱

同,它要求粗细要均匀,强度一般要在 30cN/tex 以上,捻度要适中。捻度太小,强度不够;捻度太大,则在缝制时容易产生扭曲、跳针现象等。

(一)缝纫线的分类

缝纫线的种类繁多,按缝纫方式可分为手缝用线和机缝用线;按用途可分为缝衣用线、绣花刺绣用线和工业用线;按绕制方式可分为塔线、轴线、球线和绞线;按所用原料可分为棉缝纫线、丝线、化纤线、涤棉混纺线、特种线和其他纤维线(麻线)。

(二)缝纫线的主要品种及特点

1. 棉缝纫线

(1)轴线:又名木芯线、木纱团,是采用单股棉纱经过合股加练染、上浆和打蜡工艺过程制成的股线,具有光滑、柔韧的特点。经过上蜡(用白蜡浸过)的线称为蜡光线,强力较高,适于粗硬织物用。有的品种不仅上蜡,还经丝光处理以增加光泽,称为丝光线,适于细软高级织物、针织物用。

(2)塔线:又称宝塔线、塔筒线,呈宝塔状,便于缝纫和快速回转中解脱。塔线的特点是经过练漂、丝光和烧毛后,线上无细毛绒,质地柔软光滑。宝塔线的线条很长,使用中不需要经常换线,可减少接头,适宜缝纫机使用。

2. 真丝线　真丝线由蚕丝纺制而成,一般是 3 股捻线,也有 2 股线。其特点是耐高温,表面光滑,光泽好,强度高,弹性好,因此价格比化纤丝贵,用于缝制高档服装。

真丝线规格有粗细之分,粗线用于缝制呢绒服装,锁眼、钉扣等,细线用于缝制绸缎薄料。如规格有:20/22dtex × 11 × 3 表示 11 根 20～22dtex 厂丝 3 股合捻的丝线;20/22dtex × 7 × 2 表示 7 根 20～22dtex 厂丝的 2 股丝线。

3. 化纤线

(1)涤纶线:涤纶线主要品种有涤纶长丝线、涤纶长丝弹力线和涤纶短纤线 3 种,其中涤纶短纤线居多。

涤纶长丝线的特点是含油率较高,一般为4%~6%,对提高缝纫性有利;强力高,比短纤维线高50%;伸长率低,白色涤纶长丝线伸长率在13%以下,染色涤纶长丝线伸长率在21%以下;包装大,多用10000~50000m包装,每万米结头不超过1.2个,由于结头少、包装大,可提高缝制效率;常采用梯形一面坡宝塔管,以防止长丝发滑脱落;初捻和复捻的捻系数比一般为1.2~1.6,最终捻向均为Z捻,以防缝制过程中解捻而断头;外观光泽与色泽度均较好,与桑蚕丝线相似,可满足皮革制品和毛料服装的缝制要求。涤纶长丝线应用广泛,规格较多,见表4-6。

表4-6　涤纶长丝线规格与用途

涤长丝线规格	用　　途
9.26dtex×2 9.26dtex×3	衬衣、内衣、雨衣、夹克
8.64dtex×2 高强有光 8.64dtex×3	绗缝
15.44dtex×3 高强有光 30.8dtex×3 高强有光	夹克、皮鞋、皮革制品 运动鞋、帐篷、皮带

涤纶长丝弹力线具有90%以上的弹性恢复率,伸长率为15%~35%以上,可满足针织服装、运动服、健美裤、女内衣、紧身衣等弹力服装所用缝纫线必须具有与之相匹配的弹性伸长的需要。

涤纶短纤线目前零售的有两种:一种是以涤纶长丝切断后纺制而成的,另一种是由涤纶短纤维纺制而成的。在使用性能上前者优于后者。常见规格有10tex×3(60英支/3)。

涤纶短纤线的主要特点有:强力高,经测10tex×3涤纶线的强力为700N,10tex×3的棉线强力为440N,涤纶线的强力是棉线的1.59倍;耐磨性能好,10tex×3的涤纶线和棉线的耐磨次数分别为6879次和2760次,涤纶线是棉线的2.5倍;吸水性低,缩水率小,涤纶线的回潮率为0.4%~0.5%,棉线的缩水率为2%左右,而涤纶线的缩水率为0.4%左右;耐热性能好,涤纶线的软化点为240℃,熔点在255~260℃,适宜车速为3600r/min的缝纫机使用,缝制服装的针脚平整,能耐150℃左右的温度熨烫,烫后缝线平挺美观;耐腐蚀性能好,不易霉烂虫蛀;色泽齐全、色牢度好、能耐日晒、不褪色,有黑线不发脆、白线不变黄的优点。

涤纶短纤线应用范围广泛。由于涤纶具有耐磨性好、强度高、缩水率低、抗潮湿、抗腐蚀、抗虫蛀等优点,所以涤纶短纤缝纫线不但是目前缝制业的主要用线,而且是特殊功能用线(如阻燃、防水等)的常用材料。10tex×3的涤纶线,适宜缝纫涤/棉细布、涤/棉府绸等薄型织物;12tex×3(50英支/3)可缝纫涤/棉卡其等较厚的织物。另外,用来装饰点缀的金银线,亦可用涤纶经特殊加工而成。

(2)锦纶线:主要特点是断裂强度高,是同类棉线的4倍;耐磨性能好,比棉线高10倍;吸湿性小;弹性较高;具有良好的耐酸、耐腐蚀性能;但耐热性能较差,熨烫温度应控制在130℃左右。主要用于缝制化纤、呢绒、羊毛衫等服装,也可用于缝制各种皮革或人造革制品、帆布用品等,应用较广泛。与涤纶线相比,锦纶线强伸度大,弹性好,而且更轻,但它的耐光性不及涤纶,较理想的是用它纺制透明缝纫线。

（3）腈纶线:腈纶有较好的耐光性,且染色鲜艳,适于纺制装饰缝纫线和绣花线(绣花线比缝纫线捻度约低 20%)。

（4）维纶线:强度好、化学稳定性好,一般用于缝制厚实的帆布、家具布等,但由于其热缩率大,缝制品一般不喷水熨烫。

4. 涤棉混纺线　涤棉混纺线是采用 65% 涤纶和 35% 棉混纺而成的。主要品种有涤/棉轴线、涤/棉宝塔线。

涤棉混纺线的主要特点是:断裂强度高,一般比同规格的棉线高 40% 以上;耐磨性能好,一般比同规格的棉线高 1 倍;缩水率小,缩水率只有 0.5% 左右,适宜缝纫化纤织物和高档防皱棉织物,针脚平挺;耐热性能好,能适应 3000~4000r/min 的高速缝纫机使用,熨烫温度在 160℃ 左右;柔软性和弹性好,适宜缝制高档化纤织品。

各类规格涤/棉线的用途与涤纶线基本相同。

5. 特种线　金银线是人们镶缝在服装上的一种装饰性丝线,又称金银丝。这种线具有珠光特色,使衣着生辉,犹如涂了一层绚丽的色彩,主要用于织制商标、花边、绣品等。

绣花线是缝制服装等制品的装饰线,花色品种繁多,色彩鲜艳,可分为两类:一类是精制特纺绣花线,用的是精梳 19.5tex（30 英支）S 捻纱;另一类是粗纺花线,用的是普通 18.2tex×2（32 英支/2）双股线。

透明线是用锦纶丝或涤纶丝制成的,经过润滑、柔软和加白处理,具有一定的透明度。强力高,耐磨性好,并能耐一定温度的熨烫。由于这种线有透明度,用它缝纫深色和中色服装,不必染色。

包芯线是一种新型的缝纫线。例如,用 77dtex 涤纶丝做芯子,外包精梳棉纱而制成的宝塔线,成品粗细相当于 13tex×2（45 英支/2）,强度较高,能适应 4000r/min 高速缝纫机使用,在 3000r/min 的车速下缝纫质地较厚的服装,不会发生断线的情况。

（三）缝纫线的选用

1. 要考虑面料种类与性能　缝纫线与面料的原料相同或相近时,才能保证两者的缩率、耐化学品性、耐热性及使用寿命、颜色、回潮率等相匹配,才能避免由于缝纫线与面料性能差异而引起外观皱缩的弊病。缝纫线的粗细取决于织物的厚度和质量。在接缝强度足够的情况下,缝纫线不宜粗。因粗线要使用大号针,易造成织物损伤。高强度的缝纫线对强度低的面料是没有意义的。

2. 要考虑服装种类和用途　选择缝纫线时应考虑服装的用途、穿着环境和保养方式。如弹力服装需用弹性的缝纫线。特别是对特殊功能服装来说(如消防服),更需要经特殊处理的缝纫线,以使其耐高温、阻燃和防水。

3. 要考虑接缝和线迹的种类　多根线的包缝,需用蓬松的线或变形线,而对于双线线迹,则应选择延伸性较大的线。特别是现代工业生产中设计的各种专用设备可以达到不同的服装部位用不同的设备的要求,这为合理用线创造了有利条件。如撬边机,应选用细支线或透明线;裆缝、肩缝应考虑线的坚牢度,而扣眼线则需考虑其耐磨。

4. 要考虑缝纫线的价格与质量 尽管缝纫线在服装成本中所占比例较低,其价格高低对服装成本影响不大,但其质量、价格问题也是不容忽视的。质量高则价格高,价格低则质量也低。若只顾价格低廉而忽视质量,会造成停车,既影响缝纫产量又影响缝纫质量。

☞ 思考题

1. 什么叫纱线? 其组成、用途如何? 如何分类?

2. 混纺纱线如何命名?

3. 名词解释:细度、线密度、特克斯、旦尼尔、纤度或条份、公制支数、英制支数、纯纺纱线、混纺纱线、长丝纱线、单丝纱、复丝纱、短纤纱线、棉型纱线、毛型纱线、中长型纱线、精梳纱、普梳纱、废纺纱、单纱、股线、缆线、变形纱、膨体纱、包芯纱线、花式纱线、机织纱线、针织纱线、经纱线、纬纱线、原色纱、本色纱、漂白纱、染色纱、色纺纱、混色纱、烧毛纱、丝光纱、筒子纱、绞纱。

4. 按商业习惯,棉纱线分成哪几种? 各有何规格和用途?

5. 毛纱分为哪几种? 各有何特点?

6. 绒线如何分类? 简述其特点、用途、原料、生产工艺。

7. 如何区分绒线的品号、色号?

8. 麻纱与化纤纱线各怎样分类? 各有何品种、用途?

9. 花式纱线有什么品种?

10. 变形纱、膨体纱、包芯纱各有何特征?

11. 缝纫线有何性能要求? 如何分类?

12. 缝纫线的主要品种有哪些? 各有什么特点、规格、用途?

13. 选用缝纫线要考虑的因素有哪些?

第五章 纱线品质的形成与包装标志、标示

纱线品质是在纺纱过程中形成的。经过长期实践,纱线的生产形成了各具特色、互不相同的棉纺、毛纺、制丝及绢纺、麻纺和化纤纺等专门的纺纱工程。各种纺纱工程和不同的纺纱系统,虽然选用的机械设备和工艺流程有很大差异,具有自己独有的特点,但其纺纱的基本原理是一致的,一般都需经过开清、梳理、牵伸、加捻、卷绕等几个工序。

本章主要介绍棉纺、毛纺、制丝和绢纺工艺及新型纺纱方法与技术。

第一节 棉纺纱线品质的形成

棉纺原料主要是原棉和棉型化纤。大多数棉纱采用粗梳纺纱系统,其工艺包括开清棉、梳棉、并条、粗纱、细纱、后加工等生产过程。若要生产很细的或强力、光洁度、均匀度要求较高的纱线,则要采用精梳纺纱系统,要在梳棉和并条之间插入精梳工序。

一、前纺工程

由于原料品种、产地、批号、加工等情况的不同,原棉的主要性质如长度、细度、强力、成熟度和含杂率都有较大的差异。这些性质同纺纱工艺和成纱质量有密切的关系,而成纱则要求外观及内在质量长期保持均匀一致,因此要从原料上进行合理的选配和混合。这种多种原棉搭配使用的方法称为配棉。配棉的目的是:保持生产和成纱质量的相对稳定;合理使用原棉;节约原棉和降低成本。纺纱品种不同,质量要求不同,配棉也不一样。

棉型化纤可在棉纺设备上进行化纤与棉、化纤与化纤的混纺,利用不同纤维的特性,相互取

长补短。化纤原料的选配要达到几个目的:提高产品质量,增加产品品种,降低产品成本,提高织物的服用性能,改善纤维的可纺性能。

(一)开清棉

开清棉是纺纱工艺流程中的第一道工序,加工的对象是轧棉厂来的棉包或化纤制造厂来的化纤包。在棉包中含有较多的杂质,在化纤包中也含有疵点。为了纺制出清洁的纱,就需要清除杂质或疵点,另外还要将各种原棉或化纤按要求进行较充分的均匀混合。为了去除杂质及充分混合,须将密度较大的棉块进行松解,因为原料愈松散,杂质愈易被清除掉,混合也易均匀和充分。因此,开棉、清棉是不可分割的两道工序。经过开清棉工序,清除了原料中的杂质和疵点以及原棉中的部分短绒,不同的原料充分混合,最后制成一定重量和长度的棉卷或化纤卷,进行下道工序的加工,也可以将经过开清棉加工后的原棉或化纤用气流均匀地输送给下工序机台使用。

(二)梳棉

梳棉是棉纺的重要过程之一,对棉纱的品质和产量有直接影响。经过开清工序制成的棉卷或棉层中,纤维多呈束状或块状,部分小杂质或黏附性较强的杂质尚未去除。梳棉的任务是:予以细致梳理,使纤维伸直平行,分离为单纤维状态;进一步清除黏附较牢的杂质和较小的带纤维的杂质;使纤维充分混合,增进生条均匀度;使纤维集束而呈条状,便于下道工序继续加工。上述任务是在梳棉机上完成的,制成的棉条,称为生条。

(三)精梳

质量要求较高的纺织品,如细特府绸、高档汗衫等所用的纱,都是经过精梳工序纺成的。一些特种工业用的轮胎帘子布、高速缝纫线等亦大多是精梳纱、线。这是因为精梳纱在物理力学性质和外观光泽等方面都比同细度梳棉纱优越。由于梳棉生条中尚含短纤维、杂质,疵点较多,纤维伸直平行不够,纤维的分离不够,妨碍提高成纱质量,所以精梳工序的主要任务是:排除一定长度以下的短纤维(短绒);清除纤维间包含的棉结、杂质;使纤维进一步伸直、平行、分离;制成条干均匀的精梳棉条。纺制粗梳纱不经过精梳工序。

(四)并条

生条已经成为连续的条状半制品,但粗细不很均匀,纤维也未能充分平行、伸直。并条就是将若干根生条并合牵伸制成熟条。其任务是:进一步改进棉条的均匀程度;使棉条纤维伸直平行;用反复并合的方法使纤维进一步混合均匀;将多根生条并条成为熟条,便于后道工序加工。通常采用6~8根生条在并条机上加以并合,并条的次数因纱的粗细不同而异,一般粗特纱多采用二道并条,细特纱多采用三道并条。采用棉条混合的混纺纱多采用三道并条。

(五)粗纱

由粗纱直接纺成细纱一般需要进行150倍以上的牵伸,普通细纱机没有这个能力。须经粗纱工序在粗纱机上将熟条牵伸5~10倍,以适应细纱机的需要。在将熟条逐渐抽长拉细的同时加上适当的捻度,使粗纱具有一定的强力,在细纱时不致断条,最后将粗纱绕在筒管上,制成一定形状的卷装,便于搬运、储藏和进一步加工。熟条经过粗纱机的牵伸和加捻,可以进一步提高纤维的分离度、伸直度、清洁度,由于粗纱加了适当的捻度,增加了纤维间的紧密度,有利于细纱机的牵伸并可提高成纱质量。

二、后纺工程

（一）细纱

细纱工序是成纱的最后一道工序。它是将粗纱抽长拉细到所需细度,同时加上适当的捻度,使成纱具有一定的强力、弹性、光泽等,并将纺成的细纱卷在筒管上,便于运输、储藏和后加工。传统纺纱均采用环锭细纱机纺纱。细纱工序产量高低、质量好坏反映了棉纺厂生产技术管理水平的优劣。

（二）后加工

细纱工序以后的各种加工统称为后加工。细纱通过后加工可进一步改善其外观质量、内在性能,稳定产品的结构状态,制成适当的卷装形式,使其适合于各种不同用途,便于计量和运输。后加工一般有络筒、并纱、捻线、摇纱、成包等。络筒与并纱是将纱线卷绕成筒子,增加筒子容量,改变卷装形式,适应后工序高速退绕。捻线是将单纱并合加捻后得到股线。摇纱是将筒子纱络成绞纱,以便成包。成包是将绞纱按规定的重量包装起来,便于运输和储藏。根据产品的用途和要求不同,有不同的后加工工序。

单纱的工艺流程为:

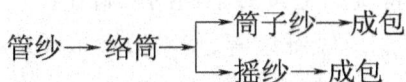

$$\text{管纱} \longrightarrow \text{络筒} \longrightarrow \begin{cases} \text{筒子纱} \longrightarrow \text{成包} \\ \text{摇纱} \longrightarrow \text{成包} \end{cases}$$

股线的工艺流程为:

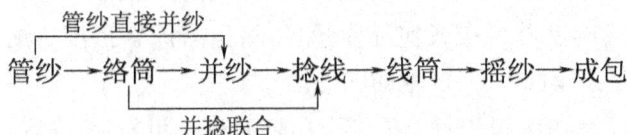

$$\text{管纱} \xrightarrow{\quad} \text{络筒} \longrightarrow \text{并纱} \longrightarrow \text{捻线} \longrightarrow \text{线筒} \longrightarrow \text{摇纱} \longrightarrow \text{成包}$$

管纱直接并纱 / 并捻联合

如需烧毛,在线筒后经烧毛工序,即烧掉纱线表面毛羽,使纱线表面光滑。

如需定形,则单纱经络筒后进行,股线经线筒后进行。

第二节　毛纺纱线品质的形成

毛纺纱线品质取决于毛纺工程。毛纺工程分为精梳毛纺和粗梳毛纺两大系统。

一、精梳毛纺工程

精梳毛纺产品,对纱的条干要求较高,因此对原料的要求也较高,所经过的工序也较多。其工艺流程为:

初步加工→毛条制造→前纺工程→后纺工程

对精纺毛织品用的细特纱,尤其是混色纱,在毛条制造和前纺工程之间还要增加条染及复精梳工序。

（一）初步加工

从绵羊身上剪下的羊毛（套毛或散毛）夹带有各种杂质，不能直接投入毛纺生产，通常称为原毛。羊毛初步加工的任务，就是对不同质量的原毛先进行区分，再采用一系列机械与化学的方法，除去原毛中的各种杂质，使其成为符合毛纺生产要求的比较纯净的洗净毛。

羊毛初步加工包括选毛、开毛、洗毛、烘毛和炭化等工序。选毛是根据产品质量的要求，对不同质量的原毛进行分选，做到经济合理地使用原料。开毛是利用机械方法将羊毛松解，除去其中大量的砂土杂质，给洗毛创造有利条件。洗毛是利用机械与化学相结合的方法，去除羊毛脂汗及黏附的杂质。烘毛是用热空气烘燥羊毛，除去洗净毛中过多的水分，使其达到规定的回潮要求。粗梳毛纺用的含草杂较多的原料以及精梳短毛等，尚需经过炭化工序。炭化是利用化学及机械的方法，除去洗净毛中包含的植物性杂质，使梳理和纺纱过程得以顺利进行，并确保产品质量。

（二）毛条制造

在精梳毛纺工程中，常常把洗净毛加工成为精梳毛条，用作精梳毛纺的原料。这种把洗净毛加工成为精梳毛条的工程，称为毛条制造工程，又叫制条。

毛条制造工程的任务，是根据精梳毛纱的品质要求，将洗净毛按照不同的原料比例进行搭配，混合加油，然后进行梳理，除去纤维中的细小杂质、草刺及短纤维等，使其分离成单纤维状态，并使纤维排列平顺紧密，最后制成具有一定重量的均匀的精梳毛条。

在精梳毛条制造工程中，针对不同的羊毛品质，需采用不同的加工系统。其生产过程为：

洗净毛→配毛及和毛加油→梳毛→针梳（2～3道）→精梳→针梳→复洗→针梳

1. 配毛及和毛加油　根据精梳毛条的品质标准或实际质量要求，进行原料搭配。配毛后的原料经过和毛设备进行初步开松混合，同时加入一定量的和毛油。

2. 梳毛　制条混料经和毛加油后送入梳毛机进行开松、梳理，同时进一步除杂、混合，最后形成一根粗细结构均匀、有一定单位重量的连续的条子，并制成一定的卷装（入筒或成球）。

3. 针梳　针梳的作用在于将毛条内的纤维理直，使之平行排列，改善与提高毛条的均匀度。毛条制造中，在精梳工序之前，一般经2～3道针梳，实现精梳前的准备，亦称理条针梳。在精梳工序之后，再经过2～3道针梳，实现对精梳毛条的均匀化，亦称整条针梳。排列在粗纱工序前的针梳工序，称为练条针梳。

4. 精梳　精梳工序与精梳毛纱的质量和成本均有密切的关系。其基本任务是：除去毛条中不适应纺纱要求的短纤维；较好地清除毛粒和细小草屑杂质，以减少细纱断头和成纱疵点；使纤维在梳理中进一步顺直平行；使混料得到进一步混合。

5. 复洗　复洗的目的在于使纤维充分浸湿，变得柔软，然后在适当的拉伸张力下烘燥，通过热定形获得消除卷曲、稳定平伸度的效果，为纺纱过程的顺利进行奠定良好基础。

有些精梳毛条还要经过染色工序，而染过色的毛条又需经过复洗、复精梳及混条等工序。这些工序统称为条染复精梳。

（三）前纺工程

毛条制造部门所生产的精梳毛条，其单位重量一般为17～20g/m，而供细纱机使用的粗纱重量一般在 0.3～0.6g/m。因此需要先经过几道前纺机器将毛条纺成符合要求的粗纱。前纺工程的任务就是将精梳毛条牵伸和并合,使纤维进一步平行顺直,使不同品质、不同颜色的纤维充分地均匀混合,制成一定重量、一定强力和均匀度的符合细纱生产要求的粗纱。其生产过程一般为:

混条→3～4 道针梳→粗纱

1. 混条　将不同颜色、不同性质、不同纤维的毛条经过并合、牵伸制造出下道工序所需要的毛条。同时在混条机上根据毛条含油情况再加以适量的油剂,以保持纤维的各种性能,防止产生静电。

2. 针梳　使精梳毛条在充分混合的基础上,经过牵伸、并合和梳理,制成条干均匀的条子,而且随着加工道数的增加,出条单位重量逐渐减轻,最后经过粗纱机达到符合细纱机喂入需要的粗纱;进一步使毛条纤维平行顺直,相互排列紧密,且使条子具有一定强力,便于以后的加工;除去部分细小杂质及短毛。

3. 粗纱　针梳机出来的毛条不能直接纺成细纱,必须经过粗纱机的牵伸,拉细到一定程度,同时经过加捻使其具有一定的强力,并卷绕在筒管上形成一定的卷装,以利于以后的搬运和加工。

(四)后纺工程

后纺工程是将粗纱纺制成细纱,并将细纱进行合股加捻,制成适于织造用的一定形状的筒子纱。其生产过程一般是:

细纱→并线→捻线→络纱→蒸纱

1. 细纱　将粗纱进一步抽长拉细到需要的线密度,并加以适当的捻度,使它具有一定的强力与弹性,最后将纺成的细纱绕在纱管上,以利于搬运和后加工。

2. 并线　把若干根单纱并合,同时除去单纱中的杂质、飞毛等外观疵点,并将管纱卷绕成容量较大的筒子,以保证捻合后的股线捻度均匀、条干光洁,提高捻线机效率。

3. 捻线　将并线机上并好的毛纱加以捻合,以提高纱线强力、均匀度、光滑度、弹性和手感。

4. 络纱　将捻线机的管纱重新卷绕成一定形状、容量较大的筒子,同时消除纱线上的杂质和疵点,从而提高以后各工序的劳动生产率和设备生产率。

5. 蒸纱　通过蒸纱工序消除羊毛内部的应力不平衡状态和静电现象,稳定捻度并防止纱线在以后工序中扭结。

二、粗梳毛纺工程

粗梳毛纱的要求没有精梳毛纱那样么高,所以粗梳毛纺的工序少,工艺流程短。其工艺过程为:

初步加工→和毛加油→梳毛→细纱

(一)初步加工与和毛加油

粗梳毛织物品种繁多,用途各异,所用原料比较复杂,原料在长度、细度、均匀度等方面要求较低,可以使用较低级及较短的纤维。纤维的性质不完全一样,有的甚至差异很大,这就需要根据生产的实际情况以及毛纱用途、产品风格等方面的要求,仔细选用原料,互相搭配,取长补短,充分混合,很好地发挥混料中各种纤维的性能,提高产品质量,扩大原料资源,降低生产成本。

梳毛机使用的原料统称为混料。在制成混料前,对组成混料的各种纤维需进行一定的初步加工(如开松、除杂,有的还需染色等),并将加工好的纤维按配毛比例均匀地加以混合,在混合过程中按工艺要求均匀地加入和毛油。和毛油是一种润滑剂,它能使纤维具有较好的柔软性及韧性,使羊毛在受力时不易被拉断。同时由于和毛油内加有一定的水分,加大了羊毛纤维的回潮率,从而降低了羊毛因摩擦而产生的静电现象。

(二)梳毛

在粗梳毛纺中,梳毛是最重要的工序,它的任务是把和毛机输出的混料直接加工成粗纱(也叫小毛条),供细纱机使用。制成粗纱的质量对细纱的质量有决定性的影响。梳毛机的任务有五项:开松,把块状或束状混料,进行反复多次梳理,使之全部呈单根纤维状;混合,使混料中的各种纤维进一步混合起来;除杂,尽可能除去羊毛中的草杂、死毛及粗硬纤维;伸直,使梳松的纤维逐步伸直平行,具有一定的方向性;成条,把毛网制成粗纱。

(三)细纱

由梳毛机生产出来的粗纱(小毛条),直接送到细纱机上纺成毛纱。细纱的主要任务有三项:牵伸,将喂入的粗纱,按规定的纺纱线密度均匀地抽长拉细,但在纺粗特纱时,有时也可不进行牵伸;加捻,对牵伸后的须条加上一定的捻度,使纤维间相互紧密抱合,以提高细纱的强力,捻度的多少,应根据织物的要求而定;卷绕,将经过牵伸、加捻的细纱,卷绕成一定形状的纱穗,便于搬运和后道工序的加工。

第三节 生丝及绢纺纱线品质的形成

远在三千多年前,我们的祖先已经掌握了缫丝工艺。蚕茧通过缫丝等制丝工艺被加工成生丝。制丝不同于棉纺、毛纺和绢纺等短纤维纺纱,属长丝纺。绢纺是将养蚕、制丝和丝织过程产生的疵茧、废丝,经过精细加工后纺成绢丝和紬丝的过程。

一、制丝工程

桑蚕丝生产工艺流程如下:

混茧→剥茧→选茧→煮茧→缫丝→复摇→整理

(一)混茧

将茧质接近的原料茧按比例充分混合。

(二)剥茧

剥掉蚕茧外层松软零乱的茧衣,使后道工序能顺利地进行。

(三)选茧

将蚕茧按工艺要求进行分选,剔除不能缫丝的下脚茧。

(四)煮茧

利用水、热或一些化学助剂等的作用,把茧丝外围的丝胶适当膨润和溶解,减小茧丝间的胶着力,使缫丝时茧丝能连续不断地依次离解。

(五)缫丝

根据生丝规格要求,将煮熟茧的茧丝离解后并接起来,制成生丝。根据现行工艺,缫丝一般经过如下工序:

索绪→理绪→添绪→集绪→捻鞘→卷绕→干燥

上述工序并非一成不变,例如,筒子缫丝也有采用先干燥后卷绕的。索绪是从煮熟茧和落绪茧茧层表面引出绪丝;理绪是将索绪得到的有绪茧,除去杂乱的绪丝,加工成一茧一丝的正绪茧;添绪是在缫丝中,由于中途落绪或自然落绪,使生丝纤度变细,必须用正绪茧补充上去;集绪是集合绪丝,防止颣节,减少丝条水分;捻鞘是丝条前后段相互捻绞,形成丝鞘,进一步增加丝条强力、抱合力,减少各种颣节;卷绕是将丝条在缫丝机上有条不紊、合理地卷绕成一定形式,一般卷为小籰丝片;干燥是除去丝条水分,使丝条得到干燥,防止丝条胶着,减少退绕时的切断,使其抱合良好。

(六)复摇

用复摇机把小籰丝片卷绕成大籰丝片。由此可恢复生丝的力学性能,进一步增加生丝光泽,有助于提高生丝的质量。

(七)整理

将复摇后的丝片按一定编检规格,整理打包,使丝片外形保持一定的形状。便于运输、储藏和织绸厂使用。

二、绢纺工程

我国传统绢纺工艺包括两大部分:绢丝纺系统和䌷丝纺系统。绢丝纺系统的产品是绢丝,䌷丝纺系统的产品是䌷丝。

(一)绢丝纺系统

绢纺原料的蚕丝品种,主要有桑蚕茧丝、柞蚕茧丝和蓖麻茧丝三大类。其中桑蚕茧丝占80%以上,桑蚕绢纺原料一般为丝吐(长吐、短吐和毛丝)、滞头、干下脚茧类(双宫茧、黄斑茧、口类茧、汤茧、薄皮茧、血茧)和茧衣类。柞蚕绢纺原料一般为挽手类(大挽手、二挽手、扯挽手)、蛾口茧类和疵茧类。由于绢纺原料的性质差异大、种类多,因此绢纺工艺流程和其他纺纱工艺相比,显得更为繁复和冗长。绢丝纺系统整个工艺流程大致分精练、制绵和纺丝三个阶段。

1. 精练　精练阶段的主要任务是除去原料上的大部分丝胶、油脂及其他污染物,使纤维易于松解,以便于后阶段的机械加工。精练是绢纺工艺中的重要环节,精练的好坏,对绢丝质量和原料的制成率都有极大影响。不同种类、不同级别的原料,由于其含胶、含油程度不一,在精练处理时采用的工艺参数有所不同,工艺流程也不尽一样。

2. 制绵　制绵阶段的任务是对精练后的原料,进行开松、混合、除杂,并加以细致的梳理,制成精梳绵。精梳绵中,纤维被分离成单纤维状态,平行伸直,而且具有一定的长度范围。制绵工程目前有两种工艺路线:圆型制绵工艺路线和直型精梳制绵工艺路线。圆型制绵工艺流程长,手工操作多,工人劳动强度大。直型精梳制绵借鉴和利用了毛纺精梳工艺及设备,机械化程度高,劳动强度低,作业环境也有所改善。但在制成率、质量等方面尚不够理想,机物料消耗比较大。

3. 纺丝　纺丝阶段可分为前纺和后纺两部分:前纺的任务是将精梳绵加以并合牵伸,梳理制成连续、具有一定粗细规格、条干均匀、纤维伸直平行的粗纱;后纺则是将粗纱在精纺机上进一步抽长拉细并加捻纺成细纱,再将双股细纱合并加捻,经烧毛后即成绢丝。

(二)紬丝纺系统

紬丝的原料是制绵过程中形成的落绵,其纤维长度短,整齐度差,含有较多的杂质。此外,紬丝纺本身各工序生产的落绵及回绵也可回用为紬丝纺的原料。

紬丝工艺流程相当短,效益也比较高,适宜于加工粗特纱。其生产过程是:

开清绵→混合给湿→梳绵→精纺

1. 开清绵　通过开清绵机械将落绵扯松,清除落绵中含有的杂质和绵结。

2. 混合给湿　将不同种类、不同性质的原料进行混合。经过给湿处理,帮助消除静电,增加纤维的湿润度。

3. 梳绵　通过反复梳理进一步开松、除杂,使纤维分解为单纤维状态,制成条干均匀、具有一定强力的粗纱。

4. 精纺　将粗纱加以牵伸、加捻,制成具有一定强力和规定线密度的细纱——紬丝。

第四节　新型纺纱方法与技术

现代纺纱普遍采用的是环锭纺纱方法。环锭纺纱自1828年问世以来,至今已约有180年的历史,其原料适应性强,适纺品种广泛,成纱结构紧密,强力较高。但是传统环锭纺纱属于卷绕端回转加捻,加捻与卷绕同时进行的方式限制了细纱机产量和卷装容量的大幅度提高。而新型纺纱方法具有产量高、卷装大、工序短的共同特点,这是由其纺纱原理所决定的。因为新型纺纱的加捻与卷绕分开进行,其加捻速度与卷绕速度互不牵制,所以,卷绕速度可以大大提高,产量能成倍增加;卷装尺寸可以加大;可以省去粗纱(或络筒)工序,简化工艺流程。近年来,在新型纺纱技术得到大力推广应用的同时,环锭纺纱也加快了技术创新与新技术的应用步伐。

新型纺纱的种类繁多,它们既有共同的特点,也有各自的特性。根据纺纱原理的不同,新型纺纱可以分为自由端纺纱和非自由端纺纱两大类。自由端纺纱指喂入点至加捻点之间的须条是断开的纺纱方法,如图5-1所示,纺出的纱是真捻结构,如转杯纺纱、摩擦纺纱、涡流纺纱、静电纺纱等。自由端纺纱在喂入点和加捻点的须条并不是绝对断开、前后须条没有任何联系,只是不形成连续的纱条,而以纤维流的形式存在。

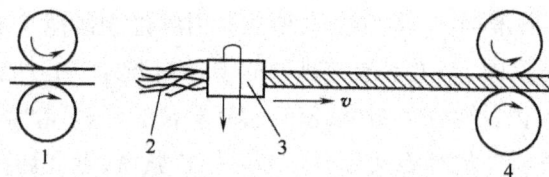

图 5-1　自由端纺纱原理

1—喂入端　2—须条(自由端)　3—加捻器　4—输出端

非自由端纺纱指在喂入点至加捻点之间的须条是连续的纺纱方法。由于整个须条是连续的,在须条的两端分别被给棉罗拉和引纱罗拉所握持,而在中间加捻,形成了假捻形式,纺出的纱不是真捻结构。喷气纺纱、自捻纺纱、平行纺纱等属于非自由端纺纱。

用各种新型纺纱机(转杯纺纱机、自捻纺纱机、喷气纺纱机等)纺制的纱分别称为转杯纱、自捻纱、喷气纱等,其结构、外观和品质与传统的纱线有所不同,也常用于各类衣着织物。图5-2是环锭纱、转杯纱、包缠纱的外观。

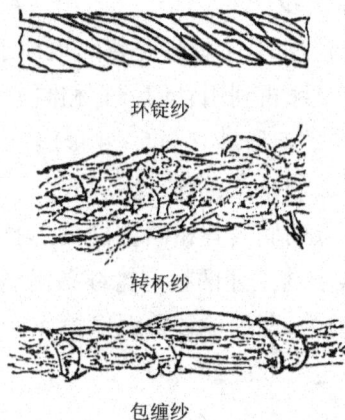

环锭纱

转杯纱

包缠纱

图 5-2　环锭纱、转杯纱、包缠纱的外观

一、转杯纱

转杯纺纱机俗称气流纺纱机,一般包括喂给、开松、凝聚、剥取、加捻和卷绕等机构,其工艺过程如图5-3所示。喂入棉条1经喇叭口进入给棉罗拉2和给棉板3,被握持输送给分梳辊4,表面包有锯条的分梳辊将其分解成单纤维。单纤维随气流经输送管5进入高速回转的转杯

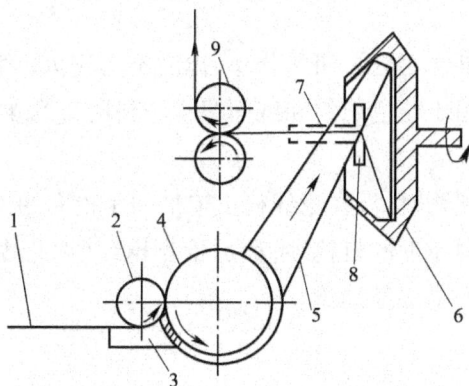

图 5-3　转杯纺纱机的工艺过程

1—喂入棉条　2—给棉罗拉　3—给棉板　4—分梳辊　5—输送管
6—转杯　7—引纱管　8—假捻盘　9—引纱罗拉

79

6 内。纤维沿转杯壁滑入凝聚槽内,形成凝聚须条。引纱经引纱管 7 被吸入转杯,纱尾在离心力的作用下紧贴附于凝聚槽内,与凝聚槽内排列的须条相遇并一起回转加捻成纱。引纱罗拉 9 将纱从转杯内经假捻盘 8 和引纱管 7 引出,依靠卷绕罗拉的回转,卷绕成筒子。

转杯纱的结构分纱芯与外包纤维两部分。纱芯结构紧密,近似环锭纱,外包纤维结构松散,无规则地缠绕在纱芯外面,外观上与环锭纱不同。转杯纱比环锭纱条干均匀,伸长大、纱条结构蓬松、吸色性好,但强度不及环锭纱,而耐磨性却比环锭纱高 20% ~30%。

二、自捻纱

自捻纺纱的基本原理是将两根须条同时施加假捻(两端握持、中间加捻),形成两根 Z 捻、S 捻交替的单纱,再利用它们具有相同方向退捻的力矩,而产生自捻作用,使两根单纱条捻合成一根具有真捻的双股纱。图 5 - 4(a)表示两根平行排列的须条两端被握持,中间按相同方向用力搓捻后,形成假捻点,则假捻点两侧的须条上获得捻向相反的捻回,左侧为 Z 捻,右侧为 S 捻。此时,假捻点两侧具有相同方向的退捻力矩,但因假捻点受到握持约束,而不能释放退捻。图 5 - 4(b)表示将上述两根有捻纱条沿全长紧贴,当手松开时,假捻点两侧纱条上的退捻力矩所受的约束消失,两根单纱条因退捻而产生自捻作用,互相捻合,形成一根具有 S 捻、Z 捻捻向交替、捻度稳定的双股纱。

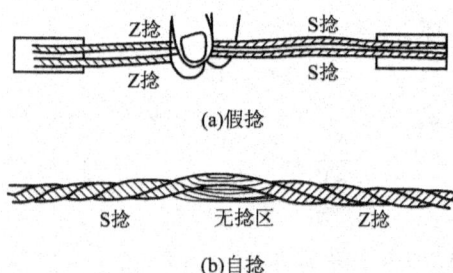

图 5 - 4　自捻纱的形成原理

自捻纱的特点是捻向和捻度呈周期性分布,捻度不匀率大,因此反光不一,纱线的强度和条干均匀度也较差,主要用于花色织物和绒面织物。利用自捻纱捻度分布不匀的结构特征可织制具有特殊外观效应的产品。

自捻纱(ST 纱)用于机织物时,需在捻线机上追加一个捻向的捻度,以消除自捻纱交替出现的无捻区,使其最后形成单向捻度的自捻纱,称加捻自捻纱(STT 纱),从而提高强力,消除织物表面的条痕。用于针织物时,不必复加捻。

三、涡流纱

涡流纱是利用固定不动的涡流纺纱管代替高速回转的纺纱杯所纺制的纱。涡流纺纱机主要由喂入开松、凝聚加捻和卷绕成形三部分机构组成,其工艺过程如图 5 - 5 所示。棉条由给棉罗拉 3 喂入,经过刺辊 4 分梳成单纤维。涡流管 18 的另一端装有风机 6,受风机回转产生气流作用,纤维从输棉管 5 高速进入涡流管内。涡流管是涡流纺的纺纱器,在管壁上开有三个切向进风口,沿进风口高速补入的空气在管内形成涡流。涡流推动纱尾在顶塞中心孔的下端产生一个高速回转的纱尾环,该纱尾环所在的位置称为纺纱位置。经刺辊分梳后的纤维从管壁的开孔处不断喂入,靠气流送往纺纱位置,在纱尾环高速回转时,纤维不断凝聚,并被加捻成纱。纺成的纱从中心孔中连续地由引纱罗拉 13 引出,卷绕成筒子纱。

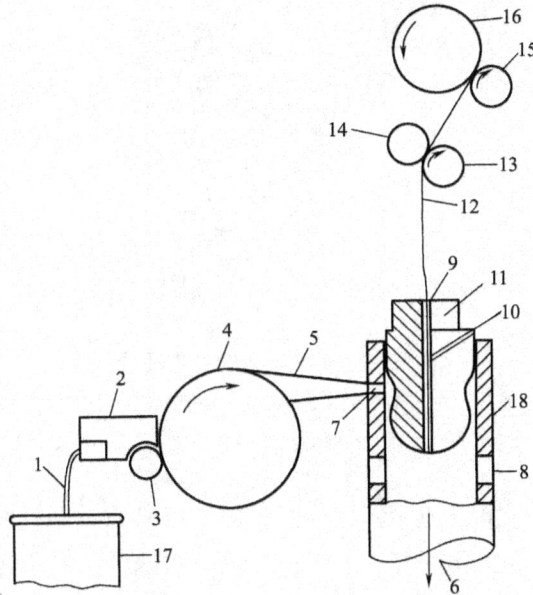

图 5 - 5　涡流纺工艺过程

1—棉条　2—给棉板　3—给棉罗拉　4—刺辊　5—输棉管　6—风机　7—输棉孔
8—进风孔　9—引纱孔　10—补气槽　11—纺纱器堵头　12—纱　13—引纱罗拉
14—胶辊　15—槽筒　16—筒子　17—棉条筒　18—涡流管

涡流纱上弯曲纤维较多,染色性、透气性和耐磨性较好,但强度较弱,条干均匀度较差。多用于起绒织物,如绒衣和运动衣等。

四、喷气纱

喷气纱是利用喷气嘴的高压喷气给纱条施加假捻所纺制的纱,属于非自由端纺纱。喷气纺纱机由喂入牵伸、加捻和卷绕三部分组成。它是利用压缩空气在喷嘴内产生的旋转气流对牵伸后的纱条进行假捻并包缠成纱的,工艺流程如图 5 - 6 所示。棉条 1 从棉条筒中引出后,进入牵伸装置 2 进行牵伸。由于喷气纺纱由棉条直接牵伸成细纱,而且所纺纱线密度小,所以牵伸倍数很大,一般在 150 倍左右。喂入熟条经一定牵伸,达到纱线所要求的细度后,被吸入喷嘴 3。在喷嘴上通有压缩空气,由空气压缩机供给的压缩空气喷入喷嘴内。在喷入的旋转气流作用下,自须条中分离出来的头端自由纤维,紧紧包缠在芯纤维的外层,因而获得捻度。成纱后由引纱罗拉 5 引出,经电子清纱器 6 后卷绕到纱筒 7 上,直接绕成筒子纱。

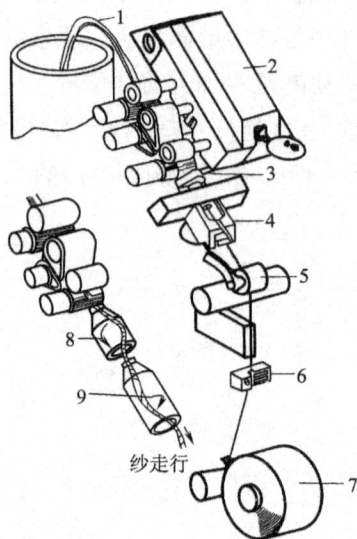

图 5 - 6 喷气纺的工艺过程

1—棉条 2—牵伸装置 3—喷嘴 4—喷嘴盒 5—引纱罗拉
6—电子清纱器 7—纱筒 8—第一喷嘴 9—第二喷嘴

喷气纱强力较低,手感粗糙,但比较疏松,可加工成机织物和针织物。喷气纱织物可用来做男女上衣、衬衣、运动服和工作服等。喷气包芯纱,手感柔软,弹性良好,耐磨性高,服用性好,可织制卡其、府绸和烂花布等。

五、尘笼纱

尘笼纱又称摩擦纺纱,是利用尘笼对纤维进行凝聚和加捻纺制而成的。摩擦纺又称德雷夫(DREF)纺。摩擦纺纱机主要由开松、牵伸、加捻、卷绕等部分组成。如图 5 - 7 所示,经过开松的纤维 1 由气流输送到一个带孔而有吸气的运动件(尘笼)表面 2,运动件表面的运动方向与成纱输出方向垂直。在运动件表面上,纤维被吸附凝聚成带状的纤维须条,由于须条与运动件表面接触且相互间有吸力,所以须条与运动件表面间产生摩擦,并随运动件表面绕自身轴线滚动而被加捻。被加捻的纱条 3 以一定的速度输出,纤维流在输送过程中并不连续,凝聚在运动件表面的须条就形成自由端纱尾,保证成纱上获得真捻,因而尘笼纱属于自由端纺纱。

尘笼纺纱时,当纱条从尘笼一端向另一端输出时,纤维就逐渐添加到纱条上,形成纱芯和外层纤维的分层结构,纱芯比较硬实,外层纤维比较松软。由于尘笼纺纱机构的不断完善,现已可以纺制出各种花式纱线和多组分纱线等,这些纱线特数较大,除用于工业纺织品及装饰织物外,还用于外衣(工作服、工作防护服)等。

六、包缠纱

包缠纱又称平行纺纱或包覆纺纱,是利用空心锭子所纺制的纱,是将一根或两根长丝包绕在短纤维束外表面形成的一种复合结构纱线。作为纱芯的短纤维,呈平行排列,不施加捻度;长丝则以螺旋状包绕在短纤维束的外表面,将短纤维束捆扎在一起,由于长丝对短纤维施加的径向压力,使短纤维之间产生必要的摩擦抱合力,从而使平行纱(简称 PL 纱)具有相应的强力。

平行纺纱采用条子或粗纱喂入,与传统环锭纺纱工艺相比,可以省去粗纱、络筒、并捻三道工序。平行纺纱的工艺过程如图 5-8 所示。首先从条筒中引出的纤维条经过导条架及导条喇叭口,进入垂直放置的高速牵伸系统(牵伸装置可根据短纤维的不同,配置三罗拉、四罗拉或五罗拉)。由前罗拉 3 吐出的须条以垂直方向直接引入位于下方的空心锭子 4 中。长丝筒管套在一只空心锭子上。当长丝从与空心锭子一起回转的纡管上退绕时,形成一个气圈,随着锭子的回转,在空心锭顶端将长丝包绕在平行排列的短纤维束外面。然后由装在前罗拉与锭端之间或空心锭下端积极回转的假捻器 5 进行加捻,假捻器每回转一周,就对假捻器的上下段须条施加捻度,以使短纤维束不离散。当短纤维束离开假捻器后,假捻退释,这个退捻点即为长丝的包绕点。在包绕时,短纤维恢复平行排列,这样就形成了长丝螺旋状包缠的平行纱。纺成的平行纱,从中空锭子的下端输出,由一对输出罗拉 6 将成纱送往槽筒 7,以交叉卷绕的方式卷绕成平行筒子或锥形筒子。

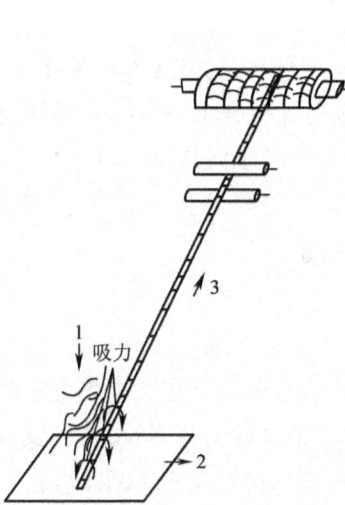

图 5-7　摩擦纺基本原理

1—纤维　2—运动件(尘笼)表面　3—纱条

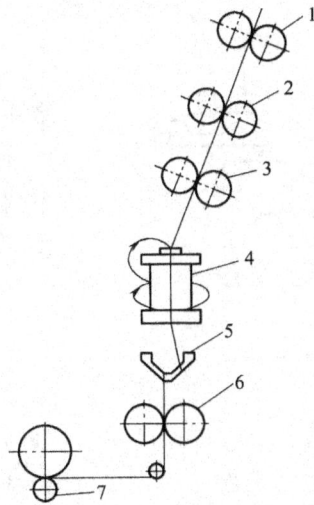

图 5-8　平行纺纱的工艺过程

1—后罗拉　2—中罗拉　3—前罗拉　4—空心锭子

5—假捻器　6—输出罗拉　7—槽筒

包缠纱属于双组分纱线,由短纤维束组成纱芯,外缠单股或多股长丝,强力、耐磨等品质均比环锭纱好。某些包缠纱新产品,如特别蓬松柔软的全棉毛巾、灯芯绒、天鹅绒、针织物等,是由可溶性聚乙烯醇作缠绕丝,以毛、棉或其他纤维为纱芯,所织成的织物经整理后将外包长丝溶解,则可使剩下的无捻纱芯织物格外柔软。

七、紧密纺

在传统环锭纺纱牵伸系统中，纤维须条在主牵伸区经罗拉牵伸形成扁平的带状纤维束，纤维束离开前钳口后，开始获得捻度并逐渐形成圆形的细纱，此时在圆形截面的细纱与前钳口握持点之间就形成一个俯视为三角形的加捻三角区，如图5－9(a)所示。处于加捻三角区中的纤维之间联系力很小，几乎处于完全失控状态，给成纱质量带来了一系列问题。

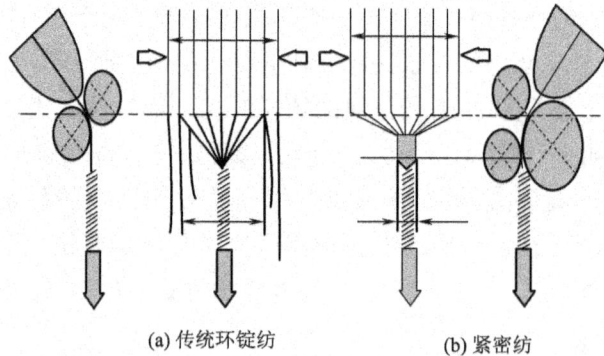

(a) 传统环锭纺　　　　　　(b) 紧密纺

图5－9　传统环锭纺与紧密纺纱线的形成

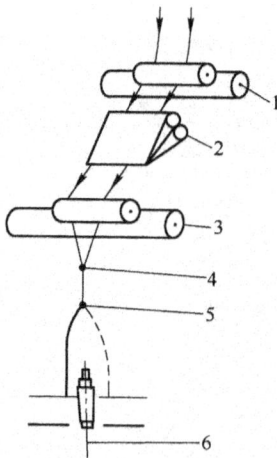

图5－10　赛络纺纱原理
1—后导纱器　2—中导纱器　3—前罗拉
4—汇聚点　5—导纱钩　6—锭子

紧密纺是一种新型环锭纺纱技术。在环锭细纱机上，纤维须条经过主牵伸区后进入加捻区时，利用气流或机械的作用，使输出比较松散的须条中的纤维向纱干中心集聚，减小甚至消除加捻三角区，从而使纤维进一步平行、毛羽减少、纱条紧密，如图5－9(b)所示。

八、赛络纺

赛络纺是在环锭细纱机上直接纺出类似股线结构纱的一种新型纺纱技术，其商品名称为Sirospun。赛络纺的原理如图5－10所示，采用两根粗纱经后导纱器1喂入，在后牵伸区仍由中导纱器2保持两根须条的分离状态，由前罗拉3输出一定长度后并合，再经同一锭子6加捻，便形成有双股纱结构特征的赛络纱。赛络纱纱条光洁、毛羽少，耐磨性也好。

九、紧密赛络纺

紧密赛络纺是在环锭纺纱机上将紧密纺与赛络纺相结合的一种新型纺纱技术，它结合了紧密纺与赛络纺的技术优势，相继完成集聚和单纱合股的过程，可直接纺制出毛羽极少、性能优良的纱线，其纱线结构和性能与普通赛络纱及传统环锭纱有显著的不同。

紧密赛络纺纱原理如图5－11所示，两根粗纱以一定的间距经过双喇叭口1平行喂入环锭细纱机的同一牵伸机构,以平行状态同时被牵伸,从前罗拉6夹持点出来后进入气动集聚区。在每个纺纱部位开有双槽,且内部处于负压状态的异型吸风管7表面套有集聚圈,集聚圈受输出上罗拉8摩擦传动。由前罗拉输出的两根须条受负压作用吸附在集聚圈表面对应双槽的位置,须条在受集聚控制的同时随集聚圈向前运动,由输出钳口输出。集聚后的两束纤维获得较为紧密的结构,分别经轻度初次加捻后,在结合点处结合,然后再被加强捻,卷绕到纱管上,成为具有类似股线结构的紧密赛络纱。

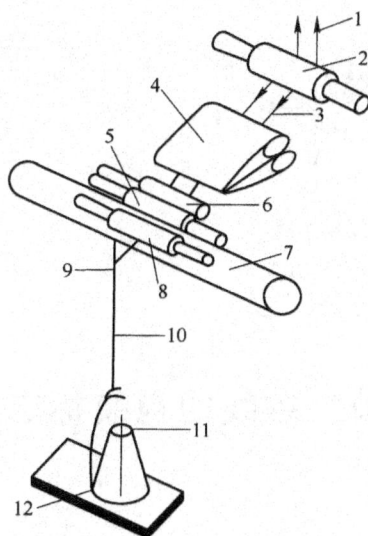

图 5 – 11 紧密赛络纺纱原理
1—双喇叭口 2—后罗拉 3—粗纱须条 4—牵伸胶圈 5—过桥齿轮 6—前罗拉 7—异形吸风管
8—输出上罗拉 9—汇集点 10—紧密赛络纱 11—锭子 12—钢丝圈

十、赛络菲尔纺

赛络菲尔纺纱技术(Sirofil)是在赛络纺的基础上发展起来的。如图5 – 12所示,一根化纤长丝不经过牵伸从前罗拉喂入,在前罗拉输出一定长度后与须条并合,两种组分直接加捻成纱。赛络菲尔纱主要应用于毛纺行业,用于开发细特轻薄产品。

十一、缆型纺

缆型纺又称索罗纺(Solospun),是在原赛络纺纱的基础上开发的一种新型的纺纱技术。如图5 – 13所示,缆型纺技术的基础是一对附加罗拉(分割辊),该罗拉与一个简单的夹钳一起安装在细纱机的牵伸摇架上,罗拉上有一个特殊的沟槽表面,能对细纱前钳口输出的须条进行分割,被分割开的纤维束在纺纱张力的作用下进入沟槽罗拉的沟槽内,然后在纺纱加捻力的作用下,围绕其自身的捻心回转,从而具有一定的捻度。这些带有一定捻度的纤维束随着纱线的卷绕运动向下移动,当纤维束脱离沟槽罗拉后,在并合点处并合,再加强捻形成一根类似缆绳的单纱。

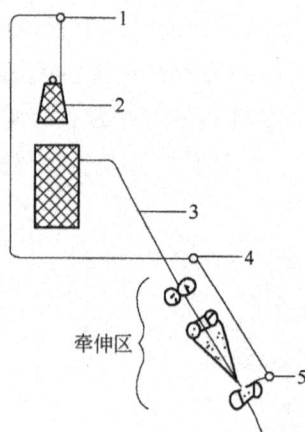

图 5 - 12　赛络菲尔纺流程示意图
1—长丝导纱器　2—次要成分　3—主要成分
4—张力装置　5—导纱器

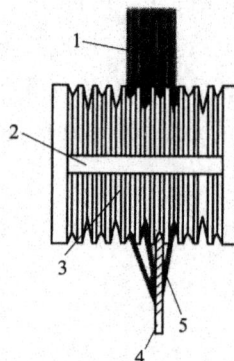

图 5 - 13　缆型纺原理图
1—须条　2—过渡段　3—分割辊
4—纱线　5—分割后的纤维束

第五节　纱线的包装标志与标示

一、纱线商品的包装

棉及化纤的纱线制品是重要的纺织商品。为确保质量不受损坏,并适于储存和运输,制定了包装与标志的行业标准 FZ/T 10008—2009《棉及化纤纯纺、混纺本色纱线标志与包装》。

1. 包装方式　正常为绞纱线和筒子纱线两种。绞纱线又分为布包绳捆包装和铁皮紧压包装两种。筒子纱线也分为布包包装和纸箱包装两种。

2. 包装用料　如包装布、捆扎绳、竹片、铁皮带、衬纸、缝包线、打包绳、塑料薄膜袋、纸箱等,这些材料的规格和技术指标都有特定的要求。

3. 包装规格

(1)绞纱线分小包、中包、大包三种。

每小包净重5kg,分为100个单绞。每个单绞公称质量为50g,但根据不同线密度可以摇成1/4绞重12.5g,1/2绞重25g,双绞重100g,四绞重200g,或其他质量不等的小绞。每小包体积以不大于0.012m³为准,各边长度基本上掌握在长23.5cm、宽30.5cm、高16cm左右,绞纱线应经羊角墩绞,排列整齐。

每20小包为一中包,质量为100kg,体积以不大于0.22m³为标准,其各边长度基本上掌握在长97cm、宽34cm、高68cm左右。

每40小包为一大包,重量为200kg。

绞纱线包装公称质量按公称线密度和公定回潮率计算。

(2)筒子纱线分为定质量包装和定个数包装两种,其中定质量包装又分为定质量成包和定质量成箱。筒子纱线定质量成包：筒子纱线的公称质量按公定回潮率计算，每包净重 50kg。筒子纱线定质量成箱：筒子纱线的公称质量按公定回潮率计算，每箱净重按收货方要求而定。

筒子纱线定个数成包：根据包装大小和筒子尺寸，规定每包的筒子纱线的个数装包称重，按公定回潮率折合标准质量收付。

对筒装长丝，为防止各筒之间相互摩擦碰撞，应在纸箱内设固定架。

二、纱线商品的标志

纱线商品的标志主要分为刷唛和标签两种。绞纱线的标志采用刷唛，每个中包、大包两头应刷清下列内容：厂名、商标、品种、公称线密度、品等、毛重、净重、生产批号、成包日期、体积等。筒子纱线的标志为标签，标签要用卡片纸，印好项目，项目内容与绞纱线相同。标签捆扎于袋口，应牢固不易脱落。

对缝纫用的各种棉蜡光线、棉线、涤纶线等商品，为方便使用，一般制成宝塔筒式或圆管式。其每个成品均应标注生产厂名、商标、线密度、长度等。集合成纸包、纸盒的包装，外面应有品种（线密度、长度）、货号、数量、包号或颜色、重量、产品等级（一等品不表明等级）、收货单位、发货日期等内容。

三、纱线的品种代号

纱线品种代号由原料代号、混纺比、纺纱方法与工艺代号、用途代号以及特数组成。首先是原料代号及混纺比在最前面，其次是纺纱方法与工艺代号，再次是特数，最后是用途代号，如 T65/C35JD13K。纱线品种代号目前主要用于短纤纱线。常见纱线品种代号见下表。

纱线的品种代号

类　别	品　种	代　号	举　例
不同用途	经纱线	T	28T,14×2T
	纬纱线	W	28W,14×2W
	针织用纱线	K	10K,J7×2K
	起绒纱线	Q	96Q
不同纺纱方法	绞纱线	R	R28,R14×2
	筒子纱线	D	D20K,D14×2
	精梳纱线	J	J10W,J7×2T
	烧毛纱线	G	G10×2
	经电子清纱器纱线	E	E28
	气流纺纱线	OE	OE60
不同原料	涤棉混纺纱线	T/C	T/C13T,T/C14×2W
	涤粘混纺纺纱	T/R	T/R18
	棉维混纺纱线	C/V	C/V18.5×2
	维粘混纺纱线	V/R	V/R18
	有光粘胶纱线	RB	RB19.5

类　别	品　种	代　号	举　例
不同原料	无光粘胶纱线	RD	RD19.5W
	腈纶纱线	A	A32
	丙纶纱线	O	O18
	氯纶纱线	L	L16

四、纱线的标示

纱线作为一种商品,在商业贸易中必须有一个标记,用以说明这种纱线的技术规格。标示的内容一般应包括纱线的线密度、长丝根数、每次加捻的捻向及捻度、股线或缆线的组分数。

国家标准 GB/T 8693—2008 规定,在纱线标记中,线密度采用 tex 或者其倍数、分数单位表示;捻度采用每米纱线中的捻回数表示。同时还规定以 R 代表"最终线密度",置于线密度数值之前;以 f 代表"长丝孔数"置于长丝根数之前;以 t0 代表纱线"无捻"。

纱线的标示方法有两种:第一种是以单纱的线密度为基础,即将单纱技术规格写在前面,而将并捻后的最终线密度附在后面,中间用乘号隔开。第二种方法是以最终线密度为基础,即将并捻后的纱线技术规格写在前面,而将单纱的线密度附在后面,中间用分号隔开。这里主要介绍习惯用的第一种方法。

(一)单纱的标示

短纤维纱依次标示线密度、捻向和捻度。例如,40texZ660,表示纱的线密度为 40tex,捻向为 Z,捻度为 660 捻/m。

长丝纱分无捻长丝纱和加捻长丝纱。无捻长丝纱依次标示线密度、符号 f、长丝根数和符号 t0。例如,17dtex f1 t0 表示线密度为 17dtex 的无捻长丝单丝。133dtex f40 t0 表示线密度为 133 dtex、长丝根数为 40 的无捻复丝。

加捻长丝纱依次标示加捻前的线密度、符号 f、长丝根数、捻向、捻度和最终线密度。例如,17dtex f1 S800;R17.4dtex,表示线密度为 17 dtex 的加捻长丝单丝、捻向为 S、捻度为 800 捻/m、最终线密度度为 17.4dtex。133dtex f40 S1000;R136dtex,表示线密度为 133 dtex、长丝根数为 40 的加捻复丝、捻向为 S、捻度为 1000 捻/m,最终线密度为 136 dtex。

(二)并绕纱的标示

组分相同的并绕纱依次标示单纱的标记、乘号"×"、单纱根数和符号 t0。例如,40texS155×2t0 表示 2 根 40 tex、S 向加捻、捻度 155 捻/m 的单纱并合的并绕纱。

组分不同的并绕纱依次标示单纱的标记(用加号"+"连接并加上括号)和符号 t0。例如,(25texS420+60texZ80)t0 表示一根 25 tex、S 向加捻、捻度 420 捻/m 的单纱和一根 60 tex、Z 向加捻、捻度 80 捻/m 的单纱并绕纱。

(三)股线的标示

组分相同的股线依次标示单纱的标记、乘号"×"、单纱根数、合股捻向、合股捻度和最终密度。例如,34texS600×2Z400;R69.3tex,表示 2 根标记为"34tex600"的单纱捻合的股线,合股捻向为 Z、捻度为 400 捻/m、最终线密度为 69.3tex。

组分不同的股线依次标示单纱的标记(用"＋"连接并加上括号)、合股捻向、合股捻度和最终线密度。例如,(25texS420+60texZ80)S360;R89.2tex,表示一根标记为"25texS420"的单纱和一根标记为"60texZ80"的单纱捻合的股线,合股捻向为 S、捻度为 360 捻/m、最终线密度为 89.2tex。

(四)缆线的标示

组分相同的缆线依次标示所用股线的标记、乘号"×"、股线根数、缆线捻向、缆线捻度和最终线密度。例如,20texZ700×2S400×3Z200;R132tex。

组分不同的缆线依次标示所用股线或单纱的标记(用加号"＋"连接并加上括号)、缆线捻向、缆线捻度和最终线密度。例如(20texZ700×3S400+34texS600)Z200;R96tex。

国家标准同时还规定,如不需要,可省略纱线的捻向、捻度以及长丝根数,但无捻纱的无捻符号"t0"不可省。例如,40texZ660 可缩写为 40tex;133dtex f40 t0 可缩写为 133dtex t0;34texS600×2Z400R69.3tex 可缩写为 34tex×2R69.3tex。

五、生丝的包装与标志

生丝通常有绞装丝和筒装丝两种包装形式。

绞装丝要求在生产过程将丝片按工艺要求分车号逐片打成绞,各绞合并成把,用纸或塑料薄膜包好,以免受潮、擦伤,然后包装成件出厂。每件重量限 60kg,件与件之间的重量差异,大(小)绞装丝不超过 5kg,长绞装丝不超过 6kg。每把生丝外层用 50 根 58tex(10 英支)或用 100 根 28tex(21 英支)棉纱绳扎紧,小绞丝、大绞丝扎 3 道,长绞丝扎 5 道,并包以商标、衬纸(28g 左右)、牛皮纸(80g 左右),再用 9 根 3 股 28tex 纱绳捆扎。每件丝的布袋需用棉纱绳扎口再缝口,并悬挂标签,注明检验号码、包件号件、丝类(纸箱装外用印刷),布袋外用粗绳或塑料带紧缚,纸箱装外用塑料带以甘字紧缚,以保护丝色,便于搬运。包装用的布袋、纸箱、纸、绳等必须清洁、坚韧、整齐一致,以确保储运中不遭损伤或受潮。

对筒装丝,每筒都应贴商标,装箱时,箱内四周六面应衬防潮纸,每箱限 60 只筒,30kg。其瓦楞纸箱应坚韧、牢固、整洁,并按统一规定印字、涂防潮剂,横面右上角贴有标签,箱底箱面用胶带封口,外用塑料带捆扎成甘字形。

柞蚕丝加工后分大绞、小绞,而后拼成包、件、批出厂。每批丝的包装纸、绳的规格和颜色必须一致。出厂包装有两种:一种用布袋包,另一种用坚牢的纸袋包,内衬防潮纸,再用蒲包、麻绳扎紧。包皮外面包装绳的两端合拢接结处,悬挂有注明批号、包号、规格和品级标签的铅封。唛头刷有国别、产地、毛重、净重、品级等。

☞ 思考题

1. 简述棉纺生产的工艺流程。
2. 简述毛纺生产的工艺流程。

3. 简述制丝生产的工艺流程。

4. 简述绢丝纺和䌷丝纺生产的工艺流程。

5. 新型纺纱有哪些特点？

6. 简述环锭纺加捻三角区对成纱质量的影响及紧密纺原理。

7. 什么是赛络纺、赛络菲尔纺、缆型纺？

8. 如何识别纱线品种代号与标示？下列纱线品种代号与标示是何含义？

T65/C35JD13K

（25texS420 + 60texZ80）t0

34texS600 × 2Z400；R69.3tex

（20texZ700 × 3S400 + 34texS600）Z200；R96tex

9. 纱线的包装标志有何作用和要求？

第六章　纱线的质量评定与检验

● 本章知识点 ●

1. 棉纱线的质量标准规定和评定指标。
2. 生丝的质量标准规定和评定指标。
3. 毛纱线的质量评定。
4. 化纤长丝的质量评定。

　　纱线质量评定是依照质量标准对其进行检测,并确定其质量优劣的工作。标准对纺织商品的品质作出了详细而具体的规定,这既便于生产部门掌握衡量自己的产品,也便于收购部门在产品质量方面监督生产和提出合理的要求。供需双方按照标准来作产品质量的鉴定判断,可以仲裁由于品质问题而出现的索赔等纠纷。

　　纱线的质量标准是评定纱线品质的依据,一般包括产品品种、规格、技术要求、试验方法、检验规则、标志与包装等内容。目前,各种缝纫线、棉本色纱线、精梳涤棉混纺本色纱线、本色粘胶纯纺纱线,腈纶本色纱、黄麻纱线等都颁布有国家标准;本色维纶纱线、本色棉维混纺纱线、苎麻棉混纺纱线、苎麻纱线、纯毛绒线、毛混纺及化纤绒线、针织绒线等有行业标准。其余的纱线标准则由地方或企业提出、经技术监督部门批准后作为企业标准实施。

第一节　棉纱线的质量标准规定和评定指标

一、棉纱线的质量标准规定

　　国家标准规定,棉本色纱线、精梳涤棉混纺纱线以同品种一昼夜三个班的生产量为一批,按规定的试验周期、试验方法进行试验,评定其品等。

　　按 GB/T 398—2008 的规定,棉纱的品等分优等、一等、二等,低于二等指标者作三等。棉纱的品等由单纱断裂强度及断裂强力变异系数 CV 值,百米重量变异系数,条干均匀度,一克内棉结粒数,一克内棉结、杂质总粒数,百米重量偏差,十万米纱疵等八项指标评定,当八项的品等不同时,按八项中最低的一项品等评定。棉线的品等评定方法和棉纱基本相同,但只有六项指标(没有条干均匀度和十万米纱疵)。

按 GB/T 5324—1997 的规定,精梳涤棉混纺本色纱线的品等分优等、一等、二等和三等。品等评定方法和棉纱线不尽相同,但纱和线分等指标都没有棉结杂质总粒数这一项。

各项分等试验最好在规定的标准条件下进行。由于生产需要,要求快速检验产品质量,可以采用快速试验方法。快速试验应在接近生产车间温湿度条件下进行,其温湿度不得故意偏离标准条件,并且必须保持稳定。

二、棉纱线的主要质量评定指标

(一)百米重量变异系数和条干均匀度

每批纱线在生产同一品种的细纱机上按规定随机取 15 或 30 只管纱,在每只管纱中用缕纱测长机摇取 1～2 缕(共 30 缕),逐缕称出缕纱重量后,用下式计算百米重量变异系数。

$$CV = \frac{1}{\bar{X}} \sqrt{\frac{\sum X^2 - [(\sum X^2)/n]}{n-1}} \times 100 \qquad (6-1)$$

式中:CV——变异系数;

X——个体缕纱的百米重量,g;

$\bar{X}$——平均百米重量,g;

n——试验缕数。

条干均匀度可用电子均匀度仪测定变异系数 CV 值,也可用目测法测定黑板条干。黑板条干每份试样摇取十块黑板,在暗室中规定的灯光设备条件下,对照标准样照,分别评定每块板的品等,好于或等于优等样照的评为优;好于或等于一等样照的评为一等;差于一等样照的或有严重疵点、阴阳板、一般规律性不匀的评为二等;有严重规律性不匀的评为三等。最后根据十块黑板中优等板、一等板、二等板、三等板的比例,确定这批纱的条干均匀度品等。

(二)百米重量偏差

由于工艺、设备、操作等各种因素的影响,纺纱厂生产的短纤纱以及化纤厂生产的长丝纱,其实际细度和设计细度之间往往存在一些差异,一般用重量偏差表征纱线的细度差异。重量偏差出现正值,表示纱线偏粗,若售筒子纱(定重成包)则因长度偏短而不利于用户;若售绞纱(定长成包)则因重量偏重而不利于生产厂。反之,重量偏差出现负值,表示纱线编细,若售筒子纱将不利于生产厂;若售绞纱将不利于用户。因此,重量偏差是评定纱线品质的重要内容之一。国家标准对各种纱线的重量偏差都规定了一定的允许范围,超出规定范围的纱线要降等或降级。

重量偏差一般根据试样(缕纱)的实际重量和设计重量求得;也可根据纱线的实际线密度(或实际支数)和设计线密度(或设计支数)求得。计算式如下:

$$重量偏差 = \frac{缕纱实际干重 - 缕纱设计干重}{缕纱设计干重} \times 100 \qquad (6-2)$$

$$重量偏差 = \frac{纱线实际线密度 - 纱线设计线密度}{纱线设计线密度} \times 100 \qquad (6-3)$$

(三)单纱(线)断裂强度及断裂强力变异系数

单纱每份试样取 15 或 30 个管纱(和百米重量试验用同一份试样),每管测试 2 或 4 次,总数 60 次。股线每份试样取 15 个管纱,每管测 2 次,总数 30 次。分别计算断裂强度及断裂强力变异系数。

$$平均断裂强度(cN/tex) = \frac{平均断裂强力(cN)}{平均线密度(tex)} \qquad (6-4)$$

断裂强力变异系数采用式(6-1)计算。

因为棉纱线的断裂强力随回潮率的增加而加大,随温度的增加而减小,所以不在标准大气条件下进行的试验,其测试强力需要进行修正(修正强力等于实测强力乘以修正系数)。

(四)一克内棉结、杂质粒数

棉结及杂质粒数的检测是将浅蓝色底板插入纱线和黑板之间,用下图所示的黑色压片压在试样上,点数正反两面共 10 个空格内的棉结粒数和杂质粒数。根据 10 块黑板棉结总粒数和棉结、杂质总粒数,计算一克内棉结粒数和一克内棉结、杂质总粒数。

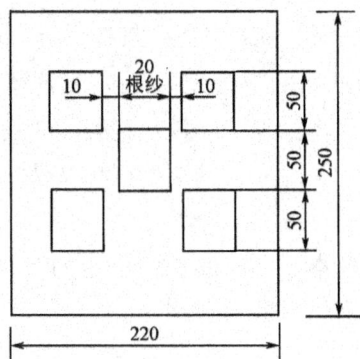

黑色压片(单位:mm)

$$一克内棉结、杂质粒数 = \frac{10 \text{ 块黑板棉结、杂质总粒数}}{纱线公称特数} \times 10 \qquad (6-5)$$

棉结是由棉纤维、未成熟棉或僵棉因轧花或纺纱过程中处理不善而集结形成的。杂质是附有或不附有纤维(或绒毛)的籽屑、碎叶、碎枝杆、棉籽软皮、毛发及麻草等杂物。

(五)十万米纱疵

国家标准规定,梳棉纱和精梳纱优等十万米纱疵数分别不多于 10 个和 5 个。纱疵分短粗节、长粗节、长细节三种。纱疵截面比正常纱粗 100% 以上,长度在 8cm 以下者称短粗节;纱疵截面比正常纱粗 45% 以上,长度在 8cm 以上者称长粗节;纱疵截面比正常纱细 30% ~ 75%,长度在 8cm 以上者称长细节。三种纱疵按截面大小与长度的不同共分成 23 级,其中短粗节分成 16 级,长粗节分成 3 级,长细节分成 4 级。

纱疵检验是用安装在络筒机上的纱疵仪测出各级纱疵的个数并折算成十万米纱线的纱疵数,再用数字方式显示、打印出报告。试验长度要求不少于十万米。

第二节 生丝的质量标准规定和评定指标

通过制丝工艺将若干根茧丝缫制成为长度很长、供织造使用的长丝纱,一般在织造之前不脱胶。这种未经脱胶的长丝纱称为生丝。

一、生丝的质量标准规定

按 GB/T 1797—2008《生丝》,生丝品级分 6A、5A、4A、3A、2A、A 和级外品。先评定基本级,再根据辅助检验和外观检验结果进行降级。

(一)基本级的评定

根据纤度偏差、纤度最大偏差、均匀二度变化、清洁及洁净五项主要检验项目中的最低一项成绩确定基本级;若这五项主要检验项目中任何一项低于最低级时,作级外品。

(二)补助检验的降级规定

补助检验项目包括均匀三度变化、切断次数、断裂强度、断裂伸长率和抱合(次数)。补助检验项目中任何一项低于基本级所属的附级允许范围者,应予降级。按各项补助检验成绩的附级低于基本级所属附级的级差数降级。附级相差一级者,则基本级降一级;相差二级者降二级;以此类推。补助检验项目中有两项以上低于基本级者,以最低一项降级。

(三)外观检验的降级规定

外观检验评为"稍劣"者,按基本级和补助检验评定的等级基础上再降低一级;外观检验超过"稍劣"范围或"颜色极不整齐者",一律作级外品。

二、生丝的几项质量评定指标

(一)纤度偏差

有关生丝分级与检验的现行国家标准中的纤度即以旦为单位的线密度;纤度偏差为线密度不匀率。纤度偏差的检验是将生丝在周长为 1.125m 的纤度机上摇成丝绞(33 旦及以下的生丝摇取 400 回×200 绞,34 旦及以上的生丝摇取 100 回×400 绞),然后以 50 绞为一组,逐绞在纤度秤(旦尼尔秤)上称取,即得各组生丝的纤度。

(二)均匀度变化

均匀度变化程度表征生丝短片段细度不匀。用黑板机将生丝卷取成黑板丝片,逐一对照均匀样照,根据丝片上的条斑情况(生丝较粗时呈现白色条斑,较细时呈现灰色条斑),分别记录均匀一度变化、二度变化和三度变化。丝条均匀变化程度超过样照 V0、不超过 V1 者为均匀一度变化;超过样照 V1、不超过 V2 者为均匀二度变化;超过样照 V2 者为均匀三度变化。均匀二度变化的条数是评定基本级的指标,均匀一度变化和三度变化则是补助检验项目。

(三)清洁及洁净

清洁检验是检验大中型糙疵的数量;洁净检验是检验小型糙疵的情况。方法是对照清洁样照和洁净样照,分别对黑板两面的丝片进行检验,并逐一记录疵点数量,依据数量多少对照国家标准给予扣分。以 100 分减去扣分总和即为这批丝的得分。

(四)纤度最大偏差

分别计算全批丝绞中占总绞数 2% 的最细丝绞及最粗丝绞的平均纤度,并求得它们和全批丝绞平均纤度的差值,取两差值中的较大数据为"纤度最大偏差"。

第三节　毛纱线的质量评定

一、精梳机织毛纱的质量评定

按行业标准 FZ/T 22001—2010《精梳机织毛纱》,毛纱根据物理指标、染色牢度、外观疵点三者中最低一项定等,品等分为优等、一等、二等,低于二等品为等外品。物理指标包括线密度偏差率、线密度变异系数、捻度变异系数、捻度偏差率、捻度变异系数、单根纱线平均断裂强力、混纺产品中毛纤维含量的减少百分数等。染色牢度包括耐光色牢度、耐水色牢度、耐汗色牢度、耐熨烫色牢度、耐摩擦色牢度、耐洗色牢度、耐干洗色牢度。外观疵点包括大肚、竹节、超长粗、毛粒及其他疵点等。

二、精梳毛针织绒线的质量评定

按 FZ/T 71001—2003《精梳毛针织绒线》,精梳毛针织绒线分为优等、一等、二等和等外品,按物理指标、染色牢度、实物质量、外观疵点四项指标分别评等后的最低等定等。物理指标包括纤维含量、大绞重量偏差率、线密度偏差率、线密度变异系数、捻度变异系数、单纱断裂强度、强力变异系数、起球、条干均匀度变异系数等。染色牢度包括耐光、耐洗、耐汗渍、耐水、耐摩擦色牢度。实物质量包括外观、手感、条干和色泽。外观疵点包括纱疵、毛粒、杂质、斑渍、异形纱、膨体不良等。

第四节　化纤长丝纱的质量评定

一、粘胶长丝的质量评定

按国家标准 GB/T 13758—2008,粘胶长丝分为优等品、一等品、合格品和等外品。一批产品要根据物理、力学性能和染化性能评一个等,根据外观疵点评一个等,取两个等中的最低等评定该批产品的等。

物理、力学性能和染化性能包括干断裂强度、湿断裂强度、干断裂伸长率、干断裂伸长变异系数、纤度偏差、纤度变异系数、捻度变异系数、单丝根数偏差、残硫量、染色均匀度、回潮率及含油率等 12 项指标。

外观疵点筒装丝包括色泽、毛丝、结头、污染、成型及跳丝等 6 项指标;绞装丝包括色泽、毛丝、结头、污染、卷曲及松紧圈等6项指标;饼装丝包括色泽、毛丝、成型、手感、污染、卷曲等6项指标。

二、涤纶预取向丝的质量评定

按GB/T 54003—2004,涤纶预取向丝分为优等品、一等品、合格品和等外品。根据物理指标和外观指标分别评等后,取两个等中的最低等评定该批产品的等。

物理指标包括线密度偏差率、线密度变异系数、断裂强度、断裂强度变异系数、断裂伸长率、断裂伸长率变异系数、条干不匀率和含油率等8项指标。

外观指标包括色泽、毛丝、油污丝、尾巴丝、成形、绊丝和筒重等协议指标。

三、涤纶低弹丝的质量评定

按GB/T 14460—2008,涤纶低弹丝的分等规定和涤纶预取向丝相同,但物理指标和外观指标稍有差别。

物理指标包括线密度偏差率、线密度变异系数、断裂强度、断裂强度变异系数、断裂伸长率、断裂伸长率变异系数、卷曲收缩率、卷曲收缩率变异系数、卷曲稳定度、沸水收缩率、染色均匀度、含油率、网络度、筒重等14项指标。

外观指标包括色泽、毛丝、油污丝、断头、尾巴丝、僵丝、成形、绊丝及筒重等协议指标。

☞ 思考题

1. 何谓质量评定? 质量评定的依据是什么?
2. 棉纱线的质量标准规定是什么? 评定指标有哪些?
3. 何谓百米重量变异系数和百米重量偏差? 百米重量偏差出现正值的意义是什么?
4. 单纱(线)断裂强度如何测算?
5. 棉纱一克内棉结杂、质粒数如何测算?
6. 十万米纱疵中的纱疵分几种?
7. 生丝的质量标准规定是什么? 评定指标有哪些?
8. 何谓生丝的均匀度变化和纤度最大偏差?
9. 精梳机织毛纱、精梳毛针织绒线如何进行质量评定?
10. 举例说明化纤长丝纱如何进行质量评定?

第三篇　织物商品

第七章　织物的生产

● 本章知识点 ●

1. 织物组织的基本概念、基本知识,三原组织的构成、特点及应用,其他各类组织。
2. 织物的形成,棉、毛、丝织物织造的工艺流程,各工序的作用,新型引纬方式及特点。
3. 织物的染整及主要工序的作用和特点。
4. 织物的质量评定,质量标准的内容,织物结构性能、外观及检测等。

在商业习惯上,常将织物商品分为机织品、针织品、其他织品三大类。机织品是指相互垂直的经纬纱线在织机上交织而成的各类织品,针织品是指在针织机上将一定顺序的纱圈相互串套而成的各类织品,其他织品包括非织造布、编结物等多种商品。本章讨论的对象是机织品。

第一节　织物的组织结构

一、织物组织参数

机织物通常是由两组相互垂直的经纱、纬纱,按照一定的规律在织机上相互交织而成。

在织物中,与布边平行的、纵向排列的一组纱线称为经纱,与布边垂直的、横向排列的一组纱线称为纬纱;经纬纱线相互交错、彼此沉浮的规律称为织物组织。织物中经纬纱交叉重叠的点称为组织点;经纱在上、纬纱在下的组织点称为经组织点(经浮点);纬纱在上、经纱在下的点称为纬组织点(纬浮点)。经、纬组织点的不同配置,就形成了各种不同的织物组织,相应可得到不同的织物花型及纹路。

(一) 组织循环的经纬纱根数

当经组织点和纬组织点沉浮规律达到循环时,称为一个组织循环(或完全组织),用 R 表示。构成一个组织循环的经纱根数用 R_j 表示,构成一个组织循环的纬纱根数用 R_w 表示,构成一个组织循环的经纱根数和纬纱根数可以相等,也可以不相等。组织循环纱线数越大,织成的花纹可能越复杂多样。织物组织相同,经纬纱相互沉浮规律相同,组织循环纱线数也相同;组织循环纱线数相同,其织物组织却不一定相同。

图7－1为两种不同组织的织物交织示意图。在图7－1(a)中,经观察,第3、第4根经纬纱分别与第1、第2根经纬纱的沉浮规律相同,因此,组织循环经、纬纱数均等于2。同样,在图7－1(b)中,经观察,第4～第6根经纬纱分别是第1～第3根经纬纱沉浮规律的重复,其组织循环经、纬纱数均为3。

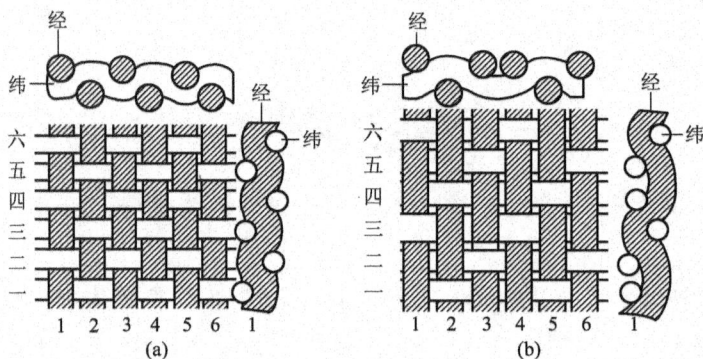

图7－1　织物交织示意图

在一个组织循环中,若经组织点数与纬组织点数相同,称为同面组织,如图7－1(a);若经组织点数多于纬组织点数,称为经面组织,如图7－1(b);若纬组织点数多于经组织点数,称为纬面组织。

(二)组织点飞数

用来表现织物组织的参数,除组织循环数以外,还常用组织点飞数来反映织物组织中相应组织点的位置关系。所谓飞数,是指同一系统相邻两根纱线上相应的组织点相隔的组织点数,一般用 S 表示。相邻两根经纱的相应组织点相隔的组织点数称为经向飞数,用 S_j 表示;相邻两根纬纱的相应组织点相隔的组织点数称为纬向飞数,用 S_w 表示;飞数是一个矢量。通常对经向飞数来说,以左边纱线上的组织点为起点,右边相邻纱线上相应的组织点向上数为正,向下数为负;对纬向飞数来说,以下边纱线上的组织点为起点,上边相邻纱线上相应组织点向右数为正,向左数为负。

(三)组织图

织物的组织常用组织图来表示。图7－1所示的织物,经纬纱的交织规律可在方格纸(意匠纸)上表示,如图7－2所示。方格纸的纵行代表经纱,横行代表纬纱,每根经纱与纬纱相交的方格代表一个组织点,经组织点常用:"■"、"⊠"、"⊡"等表示,纬组织点常用空格表示。在组织图上,经纱的顺序从左至右,标在图的下方,纬纱的顺序从下至上,标在图的左方,经纬纱的顺序编号也可省略。在绘制组织图时,只需作出一个组织循环,一般以第一根经纱和第一根纬纱相交处,作为组织循环的起始点。图7－2(a)中的组织,$R_j = R_w = 2$,$S_j = 1$,$S_w = 1$;图7－2(b)中的组织,$R_j = R_w = 3$,$S_j = 1$,$S_w = 1$。

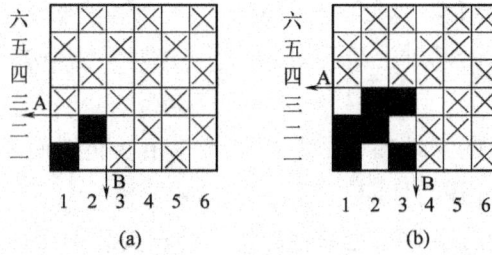

图7-2 织物组织图

一般,已知组织循环纱线数(R_j、R_w),组织点飞数(S_j 或 S_w)后,即可作出组织图。

二、织物组织的分类

织物组织的种类很多,一般可分为原组织、小花纹组织、复杂组织、大提花组织四大类,如图7-3所示。

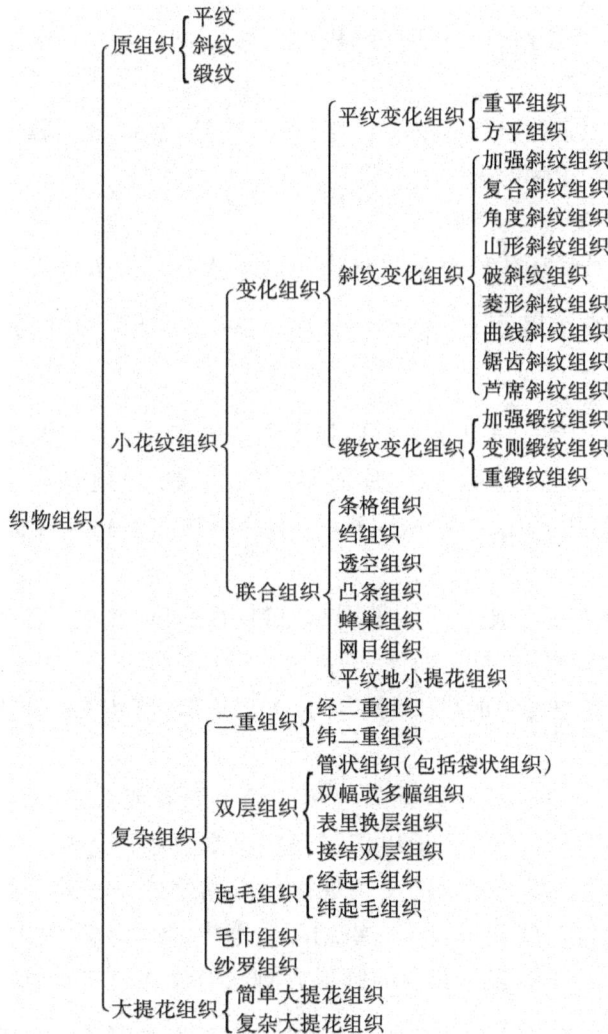

图7-3 织物组织分类

原组织是最基本的织物组织。

小花纹组织是在原组织的基础上演化而成的,可分为变化组织和联合组织两类,每一类又包括多种组织。

复杂组织是由若干系统的经纱和若干系统的纬纱相互交织而成的。这类组织包括多种不同组织,每一种均有特殊的外观与性能。

大提花组织,又称为大花纹组织,是综合运用上述三类组织而形成的组织,织物表面可形成大花纹图案。

三、常用织物组织

(一)原组织

原组织是最简单的组织,是一切织物组织的基础,因此又称为基础组织。原组织包括平纹、斜纹、缎纹三种组织,因而又称为三原组织。

构成原组织的基本条件为:组织循环经纱数等于组织循环纬纱数,即 $= R_j = R_w$;组织点飞数是常数,即 S 为常数;在一个组织循环内,每根经纱或纬纱上,只有一个经组织点或纬组织点,其他均为纬组织点或经组织点。

在原组织中,若其他条件(纱线原料、线密度、密度等)相同,则组织循环数越大,纱线的交织次数相对越少,构成的织物就越松软。

1. 平纹组织 是最简单的一种组织。

平纹组织的经、纬纱循环数均为2,经纬向飞数均为 ± 1,即 $R_j = R_w = 2$,$S_j = S_w = \pm 1$,如图 7 - 2(a)所示。交织规律可用分式 $\frac{1}{1}$ 来表示,称为"一上一下",式中分子表示经组织点,分母表示纬组织点。

平纹组织属于同面组织,正反面的结构和外观基本相同。由于经纬纱每间隔一根就交织一次,因此纱线在织物中交织次数最多,屈曲多,布面平整、质地坚牢,耐磨性好,但纱线间不易排列紧密。和其他组织相比,如果密度相同,平纹织物的手感较硬挺,织纹单调,光泽和弹性较差。

平纹组织的应用很广泛。通过采用不同的原料、线密度、捻度、捻向、经纬密度、花色纱线等,可以得到各种不同风格的织物。如棉织物中的平布、府绸、泡泡纱、帆布等,毛织物中的派力司、凡立丁、法兰绒等,丝织物中的塔夫绸、电力纺、双绉等,麻织物中的夏布等,均是采用平纹组织。

2. 斜纹组织 斜纹组织是织物表面有连续的经组织点或纬组织点构成的斜向纹路的组织。斜纹组织的组织循环经纱数等于组织循环纬纱数,且至少为3,经、纬向飞数为 ± 1,即 $R_j = R_w \geqslant 3$,$S_j = S_w = \pm 1$。斜纹组织的交织规律也可用分式来表示,用分子表示组织循环内每根纱线上的经组织点数,用分母表示组织循环内每根纱线上的纬组织点数,分子与分母之和等于组织循环纱线数,箭头表示斜纹的倾斜方向。当纹路向右斜时,称为右斜纹,$S_j = S_w = 1$,如 $\frac{2}{1}\nearrow$,称为二上一下右斜纹。当纹路向左斜时,称为左斜纹,$S_j = S_w = -1$,如:$\frac{2}{1}\nwarrow$,称为二上一下左斜纹。若分子大于分母,则经组织点数多于纬组织点数,称为经面斜纹;若分子小于分母,则纬组织点数多于经组织点数,称为纬面斜纹。图7-4给出了四种不同的斜纹组织图。

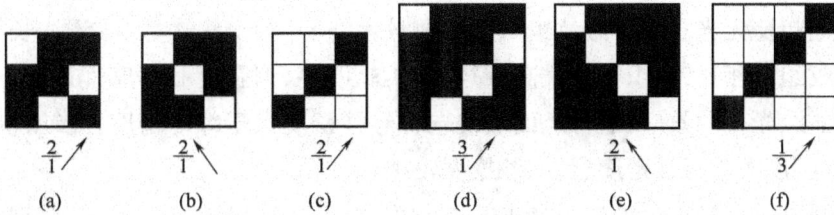

图7-4　斜纹组织图

斜纹组织的正反面不同,经面斜纹的正面由经浮长线构成纹路,反面为纬面斜纹;纬面斜纹的正面由纬浮长线构成纹路,反面为经面斜纹,正反面的斜纹方向相反。一般经面斜纹选择较大的经纱密度,纬面斜纹选择较大的纬纱密度,从而使织物正面的纹路清晰突出。

在其他条件相同时,一个组织循环内斜纹组织的纱线交错次数少于平纹组织,所以纱线间在不交错时比较容易靠近,有利于形成高密织物。当密度一定时,斜纹织物比平纹织物手感柔软,光泽好,但强度、坚牢度、耐平磨性比平纹织物差,浮线较长时表面容易起毛,一般可以通过采用较大的经纬密度来增加织物的强力,改善织物身骨。

斜纹组织的应用很广泛,尤其是经面斜纹使用更多。如棉织物中的卡其、斜纹布;毛织物中的单面华达呢;丝织物中的美丽绸等。

3. 缎纹组织　缎纹组织是原组织中最复杂的一种组织,是相邻两根纱线上的单独组织点相距较远,而且所有的单独组织点分布有规律的组织。

缎纹组织的组织循环经纱数与组织循环纬纱数相等,均大于等于5,且不能等于6,即 $R_j = R_w \geq 5$ ($R \neq 6$);经(或纬)向飞数为大于1、小于组织循环纱线数减1的常数,即 $1 < S < R - 1$;组织循环数与飞数互为质数。

缎纹组织的交织规律也可用分式来表示,用分子表示组织循环纱线数 R,称之为"枚",用分母表示组织点飞数 S,经面缎纹用经向飞数表示,纬面缎纹用纬向飞数表示,读作"R 枚 S 飞经(或纬)面缎纹"。图7-5给出了两种不同的缎纹组织图。

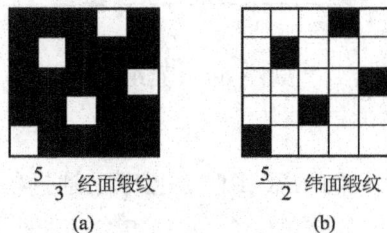

$\dfrac{5}{3}$ 经面缎纹　　$\dfrac{5}{2}$ 纬面缎纹
(a)　　　　　　　(b)

图7-5　缎纹组织图

缎纹组织由于组织循环数较大,浮长线较长,每根纱线上的单独组织点在织物中往往被相邻两侧的经浮长线或纬浮长线所遮盖,在织物表面呈现出的都是单一的经浮长线或纬浮长线,因此织物表面平滑匀整、光泽好,质地柔软,但耐磨性差,强力较低。

缎纹组织的正反面有明显的不同,若正面为经面组织,反面则为纬面组织。通常正面光滑、富有光泽,反面粗糙无光。由于缎纹组织循环数较大,经纬纱交织次数少,浮线长,所以缎纹组织与平纹、斜纹组织相比,可织密度最高,织物最柔软明亮,但强度和耐磨性最差。为了突出缎纹组织织物柔软、光亮的效应,通常经面缎纹选择经纱密度大于纬纱密度,经纱捻度较小,纬面缎纹选择纬纱密度大于经纱密度,且纬纱捻度较小。

缎纹组织的应用较广泛,如棉织物中的贡缎织物;毛织物中的直贡呢、驼丝锦;丝织物中应用最广泛,如软缎、素缎,各种缎地起花等。

(二)变化组织

变化组织是以原组织为基础,通过改变组织点的浮长、飞数、斜纹线的方向等而获得的各种不同的组织。变化组织主要有平纹变化组织、斜纹变化组织和缎纹变化组织。图7-6给出了几种变化组织的组织图,其中,图7-6(a)、(b)、(c)为平纹变化组织,图7-6(d)、(e)、(f)为斜纹变化组织,图7-6(g)、(h)、(i)为缎纹变化组织。

变化组织的应用广泛,如棉织物中的双面卡、华达呢等,毛织物中的缎背华达呢、大衣呢等,还广泛用于布边组织。

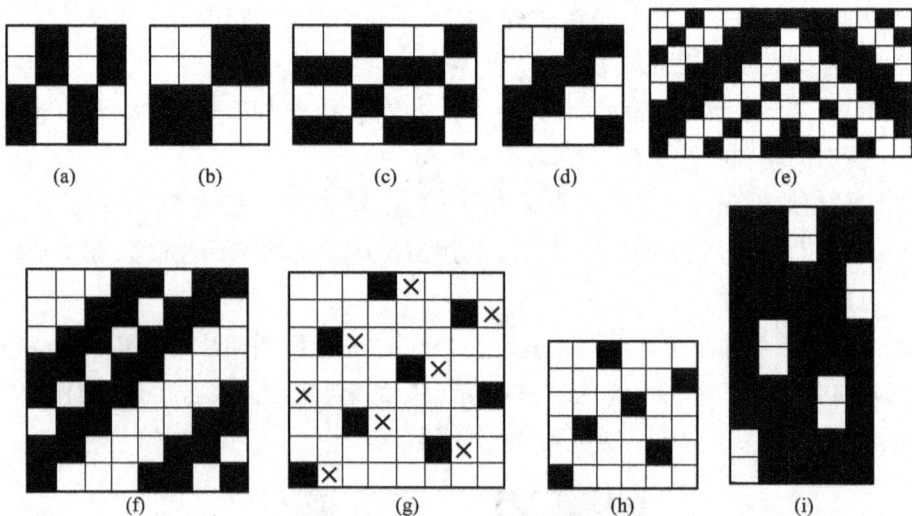

图7-6 变化组织

(三)联合组织

联合组织是采用两种或两种以上的原组织、变化组织,通过各种不同的方式联合形成的组织。

联合的方法主要有:两种组织的简单组合,两种组织的纱线交互排列,在一种组织上按另一种组织增加或减少组织点等。此类组织品种较多,风格各异。较常见的组织有条格组织、绉组织、蜂巢组织、凸条组织、透孔组织、网目组织、平纹地小提花组织等。还可以采用组织和色纱配合,构成由色纱形成的图案,称为配色模纹。图7-7给出了几种联合组织的组织图。联合组织多用于色织和毛织行业中。

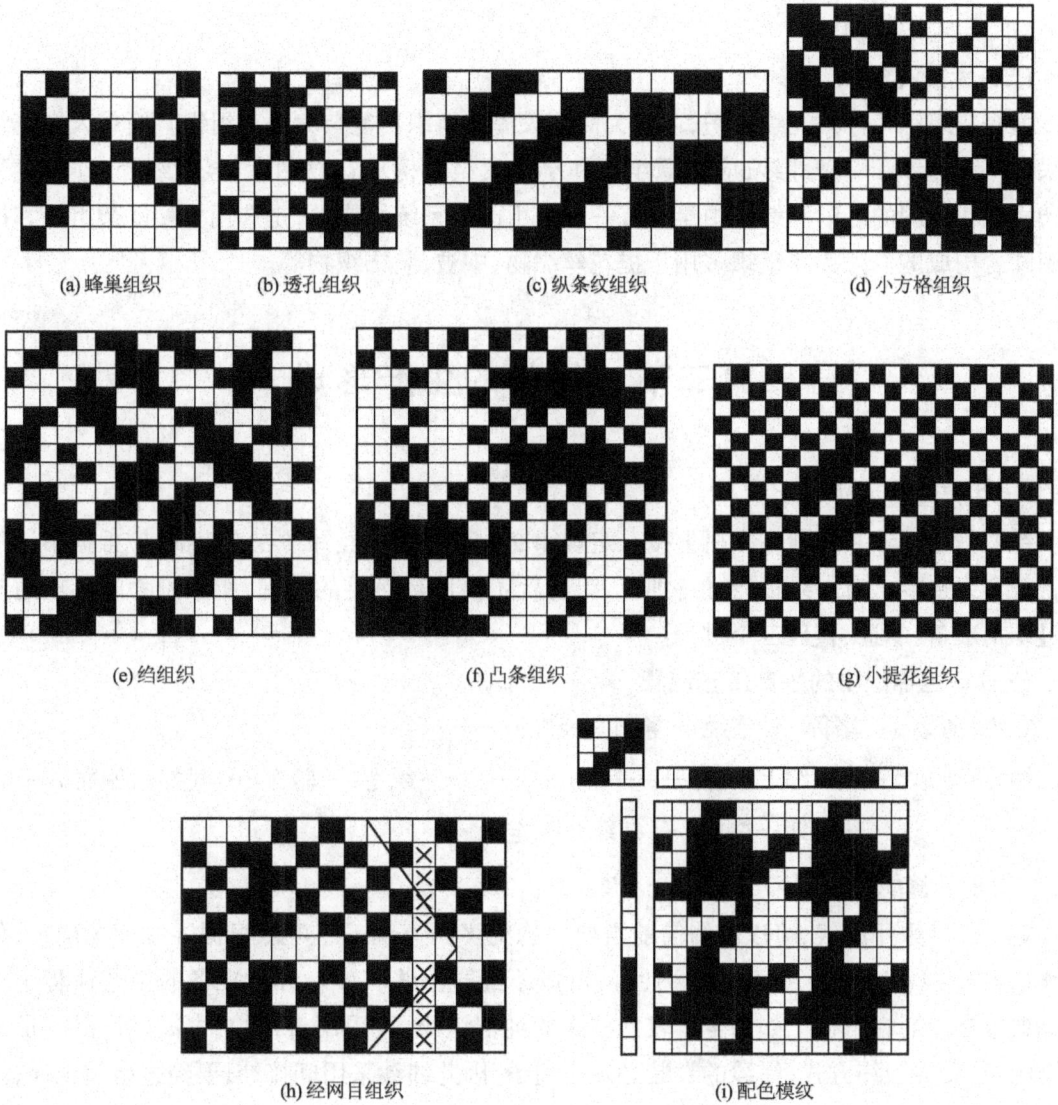

(a) 蜂巢组织　　(b) 透孔组织　　(c) 纵条纹组织　　(d) 小方格组织

(e) 绉组织　　(f) 凸条组织　　(g) 小提花组织

(h) 经网目组织　　(i) 配色模纹

图7-7　几种联合组织

(四) 复杂组织

复杂组织是利用若干系统的经纱与一个系统的纬纱或一个系统的经纱与若干系统的纬纱或若干系统的经纱与若干系统的纬纱相互交织而成的组织。在织物中各系统的纱线相互重叠,得到的织物厚实、致密,耐磨性好,强度大,还可根据要求,得到某些特殊的外观,如起毛、起圈、稳定的孔眼等。

常用的复杂组织有二重组织、双层组织、经起毛组织、纬起毛组织、毛巾组织、纱罗组织等。

复杂组织的应用较广泛,特别是在丝织、装饰、毛织等行业中采用较多,如丝织中的大提花被面,装饰织物中的大花纹挂毯、线毯,毛织物中的拷花呢、双层大衣呢、长毛绒,棉织物中的灯芯绒、平绒、毛巾织物等。

(五)大提花组织

大提花组织又称大花纹组织,可分为简单大提花组织和复杂大提花组织。简单大提花组织是采用一种经纱和一种纬纱,应用原组织和小花纹组织构成花纹图案,经纬纱处于同一层中。复杂大提花组织的经纱和纬纱中至少有一种是由两个系统构成的,是选用多种复杂组织和简单组织配合构成的。大提花组织多用于提花丝织物、中被、装饰织物等。

第二节　织物的生产形成

一、生产工艺流程

织物是由经纱和纬纱在织机上按一定规律交织而成的。经纬纱在交织前,应根据不同的产品特征和织造要求对纱线进行准备加工,织造后还要进行必要的整理,所以织物的形成通常要经过织前准备、织造、整理三个过程。

(一)本色棉织物的生产工艺流程

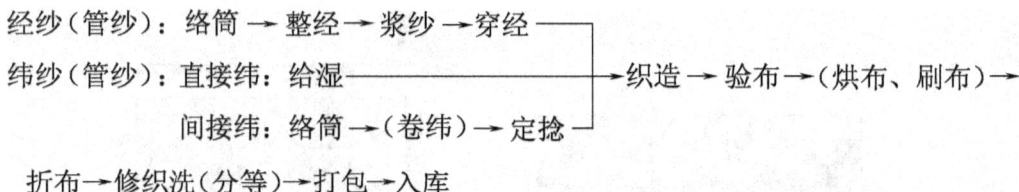

经纱(管纱):络筒 → 整经 → 浆纱 → 穿经 ┐
纬纱(管纱):直接纬:给湿 ──────────────── ├→ 织造 → 验布 →(烘布、刷布)→
　　　　　　间接纬:络筒 →(卷纬)→ 定捻 ┘

折布→修织洗(分等)→打包→入库

如果经纱采用股线,可以在络筒前增加并捻工序。上浆工序可以根据纱线情况确定,如果纱线(股线)线密度较大,强力、耐磨性好,可以不经过上浆工序。纬纱准备的工艺流程主要和产品要求有关。在织机上如果生产较低档次的纯棉织物,可采用直接纬;中高档产品一般采用新型织机,无梭引纬方式,纬纱的卷装必须为筒子,因此纬纱采用间接纬,要经过络筒工序,该工序还可以提高纬纱质量;在有梭织机上生产较高档产品,纬纱络筒后需卷纬,将纬纱做成管纱形式。

(二)毛织物的生产工艺流程

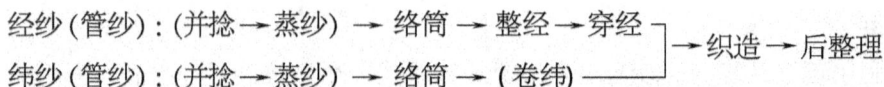

经纱(管纱):(并捻→蒸纱) → 络筒 → 整经 → 穿经 ┐
　　　　　　　　　　　　　　　　　　　　　　　 ├→ 织造 → 后整理
纬纱(管纱):(并捻→蒸纱) → 络筒 → (卷纬) ┘

毛织物的生产工艺流程与纱线及织物种类有关。精纺毛织物大多采用股线,因此在工艺流程中要有并捻和蒸纱工序;粗纺毛织物大多采用单纱,可用管纱直接络筒。毛织物一般不需要浆纱,但是,近年来毛织物向轻薄型发展,在生产线密度很小的单纱和股线时,也需要浆纱或在整经工序上乳化液,以减少毛羽,提高可织性。

(三)丝织物的生产工艺流程

1.合纤丝织物的生产工艺流程

经丝：原料检验 → 络丝 →（捻丝 → 定捻）→ 整经 → 浆丝 → 穿结经┐

纬丝：原料检验 → 络丝 →（捻丝 → 定捻）→（卷纬）─────────┘

└→ 织造 → 整理

2.真丝织物的生产工艺流程

(1)有捻丝织物。

经丝：原料检验 → 浸渍 → 络丝 →（捻丝）→ 并丝 → 捻丝 → 定捻（成绞 → 练染）→
　　　再络 → 整经 → 穿结经 → 织造 → 整理

纬丝：原料检验 → 浸渍 → 络丝 →（捻丝）→ 并丝 → 捻丝 → 定捻（成绞 → 练染）→
　　　再络 →（卷纬）→ 织造 → 整理

(2)无捻丝织物(平丝织物)。

经丝：原料检验 → 浸渍 → 络丝 → 并丝 → 整经 → 穿结经┐

纬丝：原料检验 → 浸渍 → 络丝 → 并丝 →（卷纬）────┘

└→ 织造 → 整理

真丝织物是指蚕丝类织物,分为生织织物和熟织织物,有捻丝织物和平丝织物,品种不同,工艺流程不同。生织织物为先织造后练染,采用原丝织造,成布后在整理过程中练染;熟织织物为先练染后织造,对原丝进行练染后再织造。有捻丝织物需根据产品要求进行并丝、捻丝和定捻。

二、主要生产过程

织物的原料不同,产品性能要求不同,工艺流程也有一定的差异。下面以本色棉织物为主,说明其主要生产过程。

(一)织前准备

在织机上,经纱是以片纱的形式供给,纬纱是以单纱的形式供给,而从纺厂得到的纱线均是细纱管纱或绞纱,且各种杂质、疵点较多,一般不能直接用于织造,特别是经纱,由于在织造中要反复承受各种摩擦、拉伸、屈曲,对纱线的要求较高。通过织前准备,可以改变卷装的形式,增加卷装的容量,去除部分纱疵、杂质,提高纱线的强力和耐磨性,使纱线能够满足织造生产的要求。

1.经纱准备　一般包括络筒、整经、浆纱、穿经等工序。

(1)络筒:将纺厂送来的管纱或绞纱,重新卷绕成一定形状的有边或无边筒子。在卷绕过程中,可接长纱线,增加卷装容量,保持纱线张力均匀,使卷绕密度适中,且能清除部分纱疵杂质。

(2)整经:根据整经工艺设计的要求,将一定根数、长度的经纱,在适当的张力下,平行地卷绕成成形良好的经轴或织轴。常用的整经方法有:分批整经(轴经整经)、分条整经(带式整经)、球经整经等。

分批整经是将织物所需的总经纱根数分成若干批,分别做成长度相同、宽度相同、根数相近的几个经轴,然后再在浆纱机或并轴机上并合成织轴。分批整经的效率高,质量好,适宜于大批量生产的白织、色织产品。

分条整经是将织物所需的总经纱根数分成若干条,依次卷绕在一个大滚筒上,每条的长度相同、宽度相近、根数相近,条带的总宽度等于经轴的宽度,然后再把所有条带同时退绕到经轴上。分条整经的效率较低,质量也不如分批整经,但排花方便,特别适用于颜色、纱线排列复杂的毛织、丝织、色织等行业。采用分条整经得到的经轴,如果经纱不需要上浆,可直接作为织轴使用。

球经整经是将一定根数的经纱集束绕成球状纱团,经绳状染色后,再在拉经机上卷绕成经轴。采用球经整经的经纱染色均匀,适用于牛仔布等高档色织物的生产。

(3)浆纱:通过对纱线上浆,使一部分浆液渗透到纱线内部,增加纤维间的抱合力,从而增加纱线的强力;另一部分浆液附着在纱线表面,烘干后形成光滑的浆膜,平伏纱线毛羽,使纱线表面平滑,减少织造时的摩擦损伤。

浆料包括黏着剂和助剂。黏着剂是浆纱中的主要成分,它要求具有一定的黏着性,能与纱线较好地结合在一起;有一定的渗透性和成膜性,能按照要求使一部分黏着剂渗透到纱线内部,一部分在纱线表面形成浆膜。黏着剂的种类很多,目前最常用的有淀粉浆、PVA、聚丙烯酸类浆料等。助剂是浆液中的辅助材料,主要用来改善浆液的性能,增进上浆效果。常用的有淀粉分解剂、柔软剂、吸湿剂、渗透剂、防腐剂、中和剂、消泡剂、防静电剂等。上浆助剂的种类和用量应根据黏着剂的性能来选择。

浆纱是在浆纱机上进行的。浆纱机包括四部分:经轴架部分,用来放置经轴,并合经纱;上浆部分,用来使经纱吸附浆液,并通过挤压,使浆液部分渗透到纱线内部,部分被覆在纱线表面;烘燥部分,将上浆后的经纱在烘房内烘干;前车部分,将浆纱按照要求卷绕成具有一定宽度、长度、张力均匀、密度适中的织轴。

(4)穿经:根据织物的设计要求,将织轴上的经纱,按一定的规律依次穿过经停片、综丝和钢筘。

在织机上生产时,经停片用来发动断经自停装置;综框(综丝)用来提升经纱,形成梭口,给经纬纱交织创造条件;钢筘用来打紧纬纱,并控制经纱的排列和织物幅宽。穿经方式有手工穿经、半自动穿经、全自动穿经,其中以半自动穿经最为常见。当生产的产品批量较大时,可采用结经的方式,将新、旧织轴上的经纱采用打结器自动接头,拉过经停片、综丝和钢筘,完成穿经工作。

2. 纬纱准备 一般包括卷纬、给湿、蒸纱等工序。

(1)卷纬:卷纬工序的目的是将各种卷装形式的纱线,重新卷绕到纱管上,做成形状、大小、密度适当的纡子,同时,可除去部分杂质和细节等疵点。

(2)给湿:使纱线保持一定的回潮率,从而稳定捻度,增加纱线的强力及纱层间的摩擦力,减少织造时纬纱的卷缩和脱纬,一般用于纯棉织物。

(3)蒸纱:对部分强捻纱或涤/棉纱,要进行蒸纱,通过加热加湿稳定纱线捻度。

(二)织造

1. 织机上织物的形成过程 经纬纱相互交织,形成织物。织机上经纬纱相互交织的过程如

图7-8。经纱1从机后的织轴2上引出,绕过后梁3,经过经停片导杆4,逐根按一定规律分别穿过综框5和5′上的综丝眼6和6′,再按要求穿过钢筘7的筘齿,在织口处与纬纱交织形成织物。所形成的织物在织机卷取机构的作用下,绕过胸梁8、刺毛辊9和导布辊10,最后卷绕在卷布辊11上。

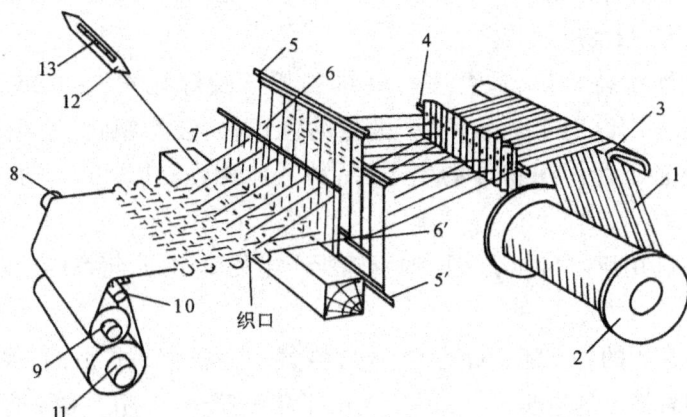

图7-8 机织物形成示意图

1—经纱 2—织轴 3—后梁 4—经停片导杆 5,5′—综框 6,6′—综丝眼 7—钢筘
8—胸梁 9—刺毛辊 10—导布辊 11—卷布辊 12—梭子 13—纡子

当织机运转时,综框5和5′分别作垂直方向的上下运动,把经纱分成上下两层,形成梭口。当梭子12穿过梭口时,纬纱从装在梭子内的纡子13上退绕下来,在梭口中留下一根纬纱,当综框作相反方向运动时,上下两层经纱交换位置,而把纬纱包住,与此同时,钢筘7向机前摆动,把纬纱推向织口,打紧纬纱,经纱和纬纱在织口处交织形成织物。织机主轴每转一转,便形成一个新的梭口,引入一根新的纬纱,完成一次打纬动作。这样不断地反复循环,就构成了连续的织造生产过程。由于织造过程是连续不断进行的,每打一纬形成的织物必须由卷取机构及时地引离织口,并将已织成的织物卷绕到卷布辊上,同时,还必须从织轴上送出一定长度的经纱,以保持织口位置不变,维持织造的连续进行。

综上所述,经过开口、引纬、打纬、卷取、送经这五个主要机构的运动,就可在织机上连续生产出织物。此外,为了提高产品质量和生产效率、减轻工人劳动强度、保证安全运转等,织机上还设置了各种辅助机构,如经纱断头自停、纬纱断头自停、自动补纬、多色换纬、安全防护等装置。

2. 常用的新型引纬方式 随着纺织技术的发展,新型织机在国内外的应用比例越来越高。新型织机和传统有梭织机的最大差异是引纬方式及引纬机构的不同。常用的新型引纬方式有剑杆引纬、喷气引纬、喷水引纬、片梭引纬、多梭口引纬等。

(1)剑杆引纬:用往复移动的剑杆叉入或夹持纬纱,将机器外侧固定筒子上的纬纱引入梭口。剑杆织机属于积极引纬,纬纱始终处于剑头的积极控制之下。

根据剑杆数量可分为单剑杆引纬和双剑杆引纬,双剑杆引纬结构紧凑,剑身轻巧,便于达到宽幅和高速,目前被广泛采用。剑杆头的夹持方式分为叉入式和夹持式,叉入式属于圈状引纬,每次引入双纬,只适宜于少数织物,如帆布、带类。夹持式属于线状引纬,每次引入单纬,纬纱退绕速度等于引纬速度,适合高速织机,目前使用的主要是夹持式。剑杆结构分为刚性和挠性两种,刚性剑杆剑头装在刚直坚牢的剑杆上,占地大,剑杆较笨重、惯性大,不利于高速;挠性剑杆剑头装在弹簧钢或复合材料制成的扁平条带上,织机占地面积小,剑带质量轻,有利于高速,且能达到的幅宽也较大,目前应用较多。

剑杆引纬对纬纱握持良好,适合多种纤维的长丝及短纤纱、花式纱、变形纱、弱捻低强纱、强捻纱等的织造;广泛用于多品种、小批量的色织物、装饰织物、毛织物、毛圈织物、双层织物、多层织物、特种工业用织物等的生产,品种适应性强;纬纱选色功能强,一般可用 8 ~ 16 色。

(2)喷气引纬:利用流体与纱线表面的摩擦所产生的牵引力,将纬纱引过梭口,属于消极式引纬。

由于喷气引纬采用的是气流引纬,而气流在空气中是很容易扩散的,因此喷气引纬的引纬宽度受到限制。随着技术的进步,引纬形式经历了单喷嘴→单喷嘴 + 管道片→主喷嘴 + 辅助喷嘴 + 管道片→主喷嘴 + 辅助喷嘴 + 异形筘的发展过程,目前常用的是主喷嘴 + 辅助喷嘴 + 异形筘的形式,由于在整个引纬过程中,异形筘限制了气流的扩散,辅助喷嘴可以保持气流的速度,故目前喷气引纬宽度基本可以不受引纬机构限制。

喷气织机的品种适应性较强,引纬速度高,入纬率可达 1500 ~ 2000m/min,可用于轻薄至厚重织物加工,纬纱能选择 4 ~ 6 色,原料主要为短纤纱和化纤长丝。喷气引纬特别适宜于细薄织物加工,在大批量生产低特高密单色织物时具有明显的优势。

(3)喷水引纬:喷水引纬原理与喷气引纬相似,均为喷射引纬。它是以洁净的水作为介质引导纬纱,通过喷射水流对纬纱产生摩擦牵引力。

喷水引纬对水质有较高的要求,这是因为水中含有的杂质会腐蚀和堵塞水泵、管道及喷嘴,轻者影响引纬,造成织疵;重者损坏机件,缩短机器寿命。故需配专门水处理装置。

喷水织机入纬率高达 1700 ~ 2000m/min,适用于大批量、高速度、低成本长丝类织物生产,常用于疏水性合纤长丝及玻璃纤维长丝的织造,能耗小,但品种局限性较大;一般只能用于窄幅或中幅的织物加工;可配多臂开口,织高经密及小花纹组织的织物;选纬功能较差,目前一般配两只喷嘴,混纬或双色纬织造。

(4)片梭引纬:是用片状夹纱器将筒子上的纬纱引入梭口,属积极引纬,对纬纱具有良好的握持能力,引纬质量好。

片梭引纬的形式最接近有梭引纬,引纬过程可分为击梭、飞行阶段、制梭,梭子为钢制片梭,纬纱筒子固定放在织机外侧。片梭通过扭轴投梭机构获得速度,击梭后片梭初速度与织机车速无关,而取决于扭轴的扭转变形量。

片梭引纬入纬率为 1400m/min 以上,有低速高产的特点;织机幅宽为 190 ~ 540cm,能织制单幅或多幅不同幅宽的织物,最窄上机筘幅为 33cm,几乎满足所有织物加工幅宽要求;多色纬功能强,可实现 4 ~ 6 色的选色;可用于各种天然纤维和化学纤维的纯纺或混纺短纤维纱、各种纤维长丝、金属丝及各种花式纱线的织造,不宜用于低强度纬纱及弱捻纱的织造;适用于精纺毛织物、工业用织物、装饰织物、特阔高档棉型织物等的生产。

四种新型引纬方式的主要性能指标比较见表7-1。

表7-1 新型引纬的主要性能指标

引纬类型 性能指标	剑杆引纬	喷气引纬	片棱引纬	喷水引纬
引纬方式	积极引纬方式 (又称非自由端引纬)	消极引纬方式 (又称自由端引纬)	积极引纬方式	消极引纬方式
引纬时张力控制	引纬时张力严格控制	低张力、无控制	引纬启动时张力较大	低张力、无控制
引纬故障	极少	纬缩、双纬、缺纬	极少	纬缩、双纬、缺纬
假边	两侧	一侧	织入边不需假边	一侧
配用储纬器	配用	配用	配用	配用
配用开口装置	凸轮、多臂、提花 开口装置	连杆、凸轮、多臂 开口装置	凸轮、多臂、提花 开口装置	连杆、多臂 开口装置
能耗	较高	最高,为剑杆引纬 的1.3倍	低于剑杆引纬	最低
对经纱质量及准备加 工质量的要求	较高	很高	较高	较高

(三)整理

白坯织物在纺织厂的基本整理一般包括验布、折布、分等、修织洗、打包等。织物所需的其他染整处理,应在后续的印染厂进行。

1.验布 验布是在验布机上检验成布表面的各种疵点,并按国家标准做好评分标记和小修工作,对发现的重大疵病及时反馈。

2.烘布 潮湿地区或梅雨季节采用,防止织物发霉。

3.刷布 染深色等布面要求较高的织物时,可利用砂轮或毛刷去除表面杂质。

4.折布 折布是将验布机(或通过烘布、刷布工艺)下来的织物,按规定的折幅(通常为1m)整齐折叠成匹,并测量和记录布匹长度,加盖印记,按品种、疵点类别堆放。

5.分等 分等是将经过验布、折布后的织物,根据国家标准,按布面疵点标记对织物进行定等,同时定出修(修理)、织(织补)、洗(洗涤)范围。

6.修、织、洗 根据定出的修、织、洗范围,对织物表面的经修、织、洗后不致影响质量又费工不大的疵病进行修、织和洗,以改善布面质量。修、织、洗后的疵点不记入评等。

7.成包 需要运销的棉布折叠分等后,还要按包装标准和方法,根据内、外销的要求进行打包,并按规定做好包装标志。

第三节 织物的染整加工

大多数织物在织造后需要进行染整加工。染整的目的主要是为了美化织物外观,调整织物结构,提高织物质量,改善织物服用性能,更好地满足消费者的需求。

染整加工包括前处理、染色、印花、整理四个部分。不同种类的织物染整工艺和加工方法各不相同。

一、前处理

前处理是纺织品染整的第一道工序,主要目的是清除纤维中的天然杂质以及在纺织加工过程中加入的浆料和沾上的油污等,从而提高织物的白度和渗透能力,有利于后续加工的进行,同时还可部分改善织物的手感和外观。

不同原料构成的织物,对前处理的要求和加工方法有较大的差别,下面以棉及涤棉混纺织物的前处理为例进行简介。

(一)原布准备

坯布在进行练漂前必须做的准备工作,一般包括检验、翻布(分批、分箱、打印)、缝头,主要是为了检查坯布质量。

(二)烧毛

烧毛即烧去布面上的绒毛,使表面光洁美观,同时可防止在染色、印花时,由于绒毛的存在而产生染色不匀及印花疵病,涤棉混纺织物还可减少使用时的起毛起球现象。

(三)退浆

退浆是清除原布上的大部分浆料、油污及部分天然杂质,提高织物渗透能力,利于后面的煮练和漂白加工。

(四)煮练

煮练是在不损伤纤维的前提下,用化学方法来破坏和清除残留在织物上的大部分天然杂质(如蜡状物质、果胶物质、含氮物质等)和部分残留的浆料、油剂等物质,从而提高原布的白度和渗透性,利于染色、印花加工。

(五)漂白

漂白是在尽量不损伤纤维的条件下,去除棉和涤棉混纺织物中的天然色素,使原布得到稳定而必要的白度,从而保证染色和印花的鲜艳度。

(六)开幅、轧水、烘干

织物是在松弛状态下煮练,所以要先开幅,将织物展平,然后轧水和烘干。

(七)丝光

丝光是使棉织物在经、纬向都受到一定张力的作用下,用浓氢氧化钠溶液处理,从而获得稳定的尺寸,耐久的光泽,同时改善织物的强度、弹性和染色性能。

(八)热定形

涤棉混纺织物需进行热定形,即利用合纤的热塑性,通过加热消除织物中的内应力,使织物热收缩性变小,提高其尺寸稳定性、平挺性、弹性和手感,减少起毛起球,消除表面皱痕。

二、染色

染色是把纺织纤维及其制品染上颜色的加工过程,是借助于染料与纤维发生物理或化学的结合,使纤维或织物染上颜色,或者用化学的方法在纤维上合成颜色从而达到染色的目的。染色是在一定的温度、时间、pH 值和染色助剂等条件下进行的。各种不同纤维产品的染色,选用的染料及工艺条件也各不相同。

(一)染色方法

染色方法主要分浸染和轧染两种。

浸染是将染品反复浸渍在染液中,使织物和染液不断相互接触,经过一段时间后使染品着色。该法多用于散纤维、纱线和小批量织物的染色。

轧染是先把染品浸渍在染液中,然后使织物通过轧辊的挤压,将染液均匀渗透到染品内部,再经过汽蒸或热溶等处理,得到稳定、牢固的颜色。该法产量高,适用于大批量织物的染色。

(二)常见染料及适用情况

不同纤维所对应的染料可参见表 7 - 2。

表 7 - 2　不同纤维所对应的染料

纤维种类	染　　　料
棉、粘胶纤维、富强纤维	直接染料、活性染料、硫化染料、还原染料、氧化染料等
羊　　毛	酸性染料、酸性媒染料、酸性含媒染料
蚕　　丝	酸性染料、中性燃料、直接染料、活性染料等
涤　　纶	分散染料
锦　　纶	酸性染料、中性燃料、分散染料
腈　　纶	阳离子染料
维　　纶	中性染料

三、印花

印花是把各种不同的染料或涂料印在织物上,从而得到彩色花纹图案的加工过程。印花和染色一样,都是使织物着色,但染色是使织物整个均匀着色,印花则是在织物上印上一种或多种颜色的图案,是局部染色。

在印花时,为得到清晰的花纹,防止染液渗化,须用糊料(浆料)作介质,将染料配成印花色浆,然后再印到织物上去,一般还需经过烘燥→蒸化→平洗→烘燥等一系列处理,上染过程复杂。

常用的印花方法主要有:滚筒印花、筛网印花、转移印花、淋染印花和手工印花,其中滚筒印花和筛网印花应用最广泛。

主要的印花工艺有：直接印花、防染印花和拔染印花，其中直接印花应用最广泛。

四、整理

整理是通过物理或化学方法，对织物进行处理，以改善织物的外观与手感，提高服用性能，或赋予织物某些特殊的功能。

（一）织物整理的主要内容

1. 改善织物的外观 通过整理，提高织物的白度、光泽或使织物表面轧上凹凸花纹等，如增白、轧光、电光、轧纹、起毛、剪毛、缩呢等整理。

2. 改善织物的手感 通过整理使织物的手感得到改进或加强，如柔软、硬挺、丰满、光滑、轻薄、粗糙等整理。

3. 定形整理 通过整理改善织物的尺寸、结构稳定性，如拉幅、防缩、防皱、热定形等整理。

4. 提高织物的耐用性能 通过整理，提高织物的耐用性能，延长使用寿命，如防霉、防蛀等整理。

5. 赋予织物某些特殊功能 通过整理，赋予织物某些特殊功能，以适应织物的特殊用途，如阻燃、抗静电、防油污、拒水、防毒抗菌等整理。

（二）织物整理的主要方法

1. 物理机械法 在湿、热条件下，利用压力、拉力等机械作用来达到目的，如拉幅、轧光、轧纹、电光、起毛、剪毛等。

2. 化学方法 采用一定的化学药品或高分子合成树脂，在纤维上发生物理或化学作用，从而达到整理的目的，如柔软整理、硬挺整理、防皱树脂整理、阻燃整理、防霉蛀整理、抗静电整理等。

3. 机械与化学联合方法 综合采用了机械与化学的整理方法，如缩呢、永久性轧光、轧纹等。

第四节　织物的质量评定

织物的质量是指织物按照用途满足人们穿着、使用或进一步加工需要的各种特性的总和，织物质量的好坏直接影响生产者、经营者和消费者的切身利益，所以要对织物的质量进行评定。

一、织物的质量标准

评定织物质量的依据主要是织物的质量标准，主要内容包括：技术条件、分等规定、测试方法、包装标志、验收规则等。

织物的技术要求，一般包括品种分类与编号、织物的用纱要求及组织结构、质量要求以及生产加工的种类和方法等。

分等规定是指各等级纺织品所允许的有关质量指标的差异程度和外观疵点的允许范围以及计算方法和疵点程度的解释说明。

测试方法是指在进行质量检验时的具体方法,包括取样规定、测试的标准条件、仪器用具和化学药品的规定、标准操作法以及测试结果的计算等。

包装标志中,包括包装材料、包装大小、包内匹长及零头大小的具体规定;标志是指对每包织物的具体内容的标记。

验收规则是收付双方对产品进行验收复验的法则。

评定织物质量时,以标准中的技术要求为依据,分等规定为准绳,采用质量标准中的测试方法来进行。在质量标准中,对质量的影响因素主要分为内在质量和外观质量两大类。

织物的质量标准是有关部门根据国家的原料资源情况、生产技术水平、社会消费水平等,经过反复调查研究制定的,并可根据具体情况的变化不断修改、补充,目前各主要织物已正式颁布了国家标准,其他的也制定了相应的部颁标准、地方标准和企业标准。

近年来,我国还先后颁布了若干涉及纺织品安全的标准。目前,强制性标准 GB18401—2003《国家纺织产品基本安全技术规范》已成为纺织品安全评价的基本标准。

二、织物的内在质量及测试

织物的内在质量是指织物内在的各种物理和化学性能,主要包括织物的结构特性、物理和力学性能及染色性能等,其具体指标很多,在对某种织物进行内在质量检验时,往往根据该织物的具体特点及用途,选择部分指标进行检测和考核。

(一)织物的结构性能及检测

织物的结构特性主要包括织物的长度、幅宽、厚度、重量、密度、紧度、组织等。

1. 织物的长度 用匹长来量度。匹长是指一匹织物的长度(m),主要根据织物的用途、厚度、织机卷装容量等情况而定。匹长的检验多在折布机上进行,也可采用试验室检测。测试后应根据温湿度进行修正。

2. 织物的幅宽 是指织物的横向宽度(cm),主要根据织物的用途、织造和染整设备状况而定。幅宽的测试应在一匹上选择不同的位置多次测量,求其平均值。测试后也应根据温湿度进行修正。

3. 织物的厚度 是指织物的厚薄程度(mm),主要根据织物的用途而定,它对织物的保暖性、透气性、防风性、刚度、悬垂性等都有很大影响。厚度的测试可在织物厚度仪上进行,要根据织物品种选择适当的测试条件,如厚度仪压脚的大小、压力、形状及下降速度等。

4. 织物的面密度 是指织物单位面积的重量(g/m^2 或 g/m),主要根据织物的风格、性能而定,并适当考虑原料的消耗。重量的测定是将织物充分调湿,测量其长度、宽度、重量,然后计算其面密度。

5. 织物的密度 是指织物单位长度内纱线的根数(根/10cm 或根/英寸),包括经纱密度和纬纱密度。织物的密度常用经纱密度×纬纱密度来表示。织物的密度关系到织物的重量、厚度、强度、耐磨性、透气性、保暖性等多种性能,同时还影响织物的产量和成本,是一个重要的内在质量指标。织物密度的测定主要采用密度镜法,复杂组织也可采用分解法测定。

6. 织物的紧度 是指织物中经纬纱排列的紧密程度(%),包括经向紧度、纬向紧度和总紧度。经向紧度是织物规定面积内经纱覆盖的面积对规定面积的百分比,纬向紧度是织物规定面积内纬纱覆盖的面积对规定面积的百分比,总紧度是织物规定面积内经纬纱覆盖的面积对规定面积的百分比。织物的紧度体现了织物的排列密度和纱线的粗细。紧度的确定通常采用分别测定织物密度与纱线粗细,然后计算而得,具体计算公式如下:

$$E_j = d_j M_j$$

$$E_w = d_w M_w$$

$$E = E_j + E_w - \frac{E_j E_w}{100}$$

式中: E_j、E_w——经、纬纱紧度,%;

$\qquad$ E——织物总紧度,%;

$\qquad$ d_j、d_w——经、纬纱直径,mm;

$\qquad$ M_j、M_w——经、纬纱密度,根/10cm。

7. 织物的组织 是指织物中经纬纱的交织规律,主要根据织物的外观要求、风格特点而定。其测试通常是观察织纹有无错误,一般在外观质量检测中进行。

(二)织物的力学性能检测

织物的力学性能包括的内容很多,下面介绍主要的几种。

1. 织物的抗拉伸断裂性能 指织物对拉伸断裂的抵抗能力,它与织物的耐用性关系很大,是一类重要的内在质量指标。表示织物抗拉伸断裂的指标有:断裂强度、断裂伸长率、断裂长度、断裂功和断裂比功,最常用的是前两个。断裂强度是指拉断规定尺寸的织物试样所需要的力(N),断裂伸长率是指织物拉伸至断裂时的最大伸长对原织物长度的比值的百分数(%)。

影响织物抗拉伸断裂性能的因素主要有:原料的种类、纱线与织物结构、后整理条件与方式等。其指标的测试通常在织物强力试验机上进行,一般采用条样法测试,应考虑温湿度修正。

2. 织物的抗撕裂性能 指织物抵抗局部纱线受到集中负荷而出现断裂的性能,更接近于实际使用中突然破裂的情况,对织物的耐用性影响较大。织物的抗撕裂性能常用撕裂强度来表示(N),多在织物强力试验机上进行,根据不同的试样可选用梯形法或舌形法,有时也可在落锤式撕破强力仪上采用落锤法测试。

影响织物撕裂强度的主要因素有:纱线的强力及断裂伸长率、织物的结构、后整理条件等。

3. 织物的抗顶破性能 指织物抵抗垂直于织物平面的负荷作用而破裂的性能,与服用织物中的膝部、肘部等的受力情况十分相似。织物的抗顶破性能常用顶破强度来表示(N),顶破负荷与其他负荷不同,它同时作用于织物的经向和纬向,所以可提供织物多向强伸的特性,特别适用于部分针织品、鞋面布、非织造布等的检验。织物的顶破强力常采用弹子式顶破试验机进行测试。

影响织物顶破强力的因素主要有:纤维原料、纱线与织物的结构、织物弹性等。

4. 织物的耐磨性能 指织物抵抗其他物体摩擦而产生磨损的性能,织物的磨损是织物损坏的一种主要形式,它直接影响织物的耐用性,是织物的一项重要质量指标。

织物耐磨性的测试方法包括实际穿用试验和实验室仪器检测两大类。实际穿用试验的结果比较符合实际情况,但所需时间长、耗用人力物力多;实验室仪器检测是用仪器模拟织物在实际使用时的磨损形式,来评定织物的耐磨性,常用的有平磨、曲磨、折边磨、动态磨、翻动磨等几种测试方式,此类测试省时省力,但有时试验结果与实际情况有一定差异。目前,常根据实际情况选择测试方法。织物耐磨性的好坏可采用在摩擦规定次数后测试织物的某些物理、力学性能的变化程度来评定,如强度、厚度、重量、透气等;也可采用规定织物磨损到某种程度时根据其摩擦次数来评定。

影响织物耐磨性的因素很多,主要有纤维的性质、纱线和织物的结构、后整理情况、试验条件等。

5. 织物的折皱恢复性　指织物受到揉搓挤压等外力作用产生折皱后的恢复能力,又称抗皱性。它与织物的外观及耐用性有关。

目前测试织物耐皱性的主要方法是在折皱弹性仪上采用凸形试样,测试其经、纬向弹性折皱恢复角,以此来表示织物的抗皱性。

影响织物的折皱恢复性的主要因素有纤维的固有性质(主要指压缩和伸张弹性),纱线结构,织物的厚度、组织、密度及后整理情况等。

6. 织物的起毛起球性　指织物在使用过程中,表面的纤维端由于摩擦滑动而松散露出织物表面,形成毛绒,继续摩擦后纠结成球的性能。

目前国内外的织物起毛起球试验仪种类很多,但试验原理都是模拟织物在使用过程中导致起毛起球的动作,对试样进行先起毛后起球的摩擦,然后对照标准样照评级,有时也可采用测试织物上单位面积起球数或起球重量来定量评定。

影响织物起毛起球的因素很多,其中主要是纤维的性能,另外,纱线的结构与质量、织物的结构、染整加工情况、穿用方式等对其都有一定的影响。

7. 织物的刚度　指织物抵抗形变的能力,直接影响织物的手感风格。不同织物对其刚度的要求不同。织物刚度的测试方法主要有悬臂法和圆环法,其原理都是测试织物在一定条件下弯曲的难易程度。影响织物刚度的因素主要有纤维材料、纱线结构与配置、织物几何结构、后整理方式等。

8. 织物的悬垂性　指织物因自重而下垂的性能,是表示织物柔韧性的指标,直接影响织物的外观形态。悬垂性与织物刚度有关,织物刚度大,悬垂性较差。目前悬垂性的测试主要采用悬垂性测定仪,将圆形试样放在小圆台上,利用其四周由于自重下垂后投影面积的大小来评定其悬垂性。影响织物悬垂性的主要因素是织物的刚度与重量。

9. 织物的尺寸稳定性　指织物在使用过程中,由于水洗、干洗、汽蒸、熨烫等作用后,能保持原有外形和尺寸的性能,其中以水洗后尺寸稳定(缩水率)最具实际意义,是影响织物质量的一个重要指标。在国家标准中,对各种不同品种的织物都明确地规定了允许缩水的范围。影响织物缩水性的主要因素是纤维的吸湿性和加工过程中纱线的伸长变形,后者可通过机械预缩来消除。

10. 织物的舒适性　指通过服用织物使人体与环境达到热平衡的性能,它包括很多内容,主要的是保暖性、透气性和透湿性。

织物的保暖性是指织物对热量传递的阻碍能力。表示织物保暖性的指标主要有克罗值、热阻和热传递率。织物保暖性的测试方式可分为定性测试和定量测试。测试时将所测织物包覆在加热至一定温度的热物体外面,定性测试是通过测定热物体降低一定温度所需的时间来表示织物的保暖性,测试方法简单;定量测试是通过测定保持该物体恒温所需提供的热量来确定织物的保暖性,测量较精确。影响织物保暖性的因素主要有:纤维在织物中的体积比及排列方向、织物的厚度、含水率等。

织物的透气性是指当织物两侧存在压差时,空气能从织物中透过的性能。表示织物透气性的指标是透气率。测试织物透气性的方法较多,主要可分为两大类,一类是测量一定量的空气在静压作用下通过织物所需的时间,此类试验稳定性较差;另一类是在稳流情况下,保持织物两边压差一定,测定空气的流量大小,此类试验性能较稳定,目前经常使用。影响织物透气性的因素主要有:纤维的几何形态、纱线的结构、织物的结构和回潮率、后整理方式等。

织物的透湿性是指织物透过水汽的能力,也称透汽性。表示织物透湿性的指标主要有湿传递率和湿阻。透湿性的测试方法主要有吸湿法和蒸发法。影响织物透湿性的主要因素有:纤维的种类、织物中纤维的体积比、织物的厚度、环境条件等。

(三)织物的染色性能及检测

织物的染色性能主要是指织物染色后其颜色及色光是否纯正、光泽好坏、有无色差、颜色的坚牢程度等,它们对织物的质量有重要的影响。

织物的色泽和色光主要取决于染料的性质,同时纤维的种类、织物的结构、印染方法及工艺条件等对其也有一定的影响。各种颜色和色光的测试是根据标准色样,利用比较法进行的,对漂白织物白度的评定,除采用比较法外,还可用白度计测试。

织物的光泽是指织物对光线的反射强度,主要受纤维表面结构特征及织物表面平坦程度的影响,可采用织物光泽仪进行检测。织物的色差是指印染产品各不同部位出现的颜色差异,包括样布色差、左中右色差、前后色差、双面织物的正反面色差等。印染产品的色差在国家标准中被列为散布性外观疵点,应按标准色卡根据其严重情况进行评分定等。

织物的染色牢度是指印染产品耐受外界影响的色坚牢程度,是影响印染织物质量的重要因素,它包括耐光、耐洗、耐摩擦、耐汗渍、耐刷洗、耐熨烫、耐水浸、耐气候等染色牢度,各种染色牢度的评定是按标准试验方法在规定的条件下作褪色和沾色模拟测试,根据颜色变化的程度分级,级数越大,染色牢度越好。在实际工作中,常根据不同产品的用途和要求来决定染色牢度的检测项目。

值得注意的是,随着环境保护意识的增强,有些国家对染料提出了相应的限制。2005年1月1日起,GB 18401—2003《国家纺织产品基本安全技术规范》作为国家纺织品新的强制标准正式实行,其中对禁用染料也作了明确规定。禁用染料主要指以致癌芳香胺作为中间体合成的染料,大部分是偶氮染料(非全部偶氮染料),其他结构的染料,如硫化染料、还原染料及一些助剂中也可能含有这些有害的芳香胺而被禁用。

三、织物的外观质量及检测

织物的外观质量是指织物外表上呈现的各种品质,主要指织物的外观疵点,另外还有条干均匀程度、表面平滑性、色泽等,直接影响织物的美观程度。

外观疵点的种类很多,根据其分布情况可分为局部性外观疵点和散布性外观疵点两类。局部性外观疵点是指织物上部分面积上出现的疵点,其他部位不一定出现,如破洞、纱疵、织疵、斑渍等,应根据单位面积内的疵点个数(个/匹)和疵点的严重程度累积记分,来评定织物的质量;散布性疵点是织物上分散面积较大,不易计量其尺寸和数量的疵点,如棉结、杂质、染色不匀等,按严重的一项评等,然后将两类疵点结合,决定外观质量的等级。

通常,织物的品等是按内在质量和外观质量中的最低等级评定,可分为优等品、一等品、二等品、三等品和等外品。不同类型的织物,其具体考核指标有一定的差异,应根据国家规定的标准进行检测。

第五节　纺织品的包装与储运

纺织品从生产企业转移到消费者手中的过程,其生产与消费在空间、时间和人这三个要素上必然要出现分离。纺织品的实物流通(简称物流),是联系生产与消费的重要环节,其包装、装卸、运输、仓储保管组成物流的四项基本活动。为了维护纺织品的使用价值,必须做好纺织品的包装、仓储和运输工作。

一、纺织品的包装与标志

为保证产品质量不受损伤,外观整洁,并便于储存、运输和销售,应有明确的包装和标志规定。

纺织品的包装都有内外包装。内包装主要分为折叠、卷板、卷筒三种;外包装按材料分为布包、硬纸板箱、瓦楞纸箱、钉制木箱、胶合板箱五种。内包装中,折叠包装每一折幅规定为 1m;卷板、卷筒包装都按商定长度,将布匹卷绕在规定尺寸的卷板芯或卷轴上,要求平整紧密,布边整齐无折皱,布的正面朝外,内外折头不超过 10cm。为了提高包装质量,便于销售和服装加工,应逐步减少折叠包装,向卷板卷筒包装形式过渡。外包装用的材料如色布、牛皮纸、拖蜡纸、塑料薄膜袋、缝包线、捆扎绳、塑料或金属捆扎带都应符合具体的规格、技术要求。

成布应按品等分别成包,成包又分整匹布和拼件布两种,每包布的长度根据织物厚薄、种类,从 300~750m 不等,但每包重量最大不超过 85kg。

织物包装上的标志也非常重要,以明确、清晰、耐久、便于识别为原则。每匹或每段成品上,均须粘贴"成品说明书"。格式如图 7-9,说明书应粘贴在反面布角处,并加盖骑缝章。每匹或每段布的反面两端布角处 5cm 以内,须加盖清晰梢印,标明厂名、日期及验布、分等、复验者号码、印记应用易于洗掉的染料。

对成布的包(箱)外标志,也应清晰易辨,不褪色,格式内容如图 7-10。对标志和包装有特殊要求的,经供需双方需认可,可按协议执行。

<table>
<tr><td colspan="6">厂　　名</td></tr>
<tr><td colspan="6">品名规格</td></tr>
<tr><td colspan="6">(　)等品</td></tr>
<tr><td colspan="2" rowspan="2">经纱特数×纬纱特数</td><td rowspan="2">缩水率(%)</td><td colspan="2">经向</td><td></td></tr>
<tr><td colspan="2">纬向</td><td></td></tr>
<tr><td>幅宽(cm)</td><td></td><td colspan="2">长度(cm)</td><td colspan="2"></td></tr>
<tr><td colspan="6">(内在质量降等标志)</td></tr>
<tr><td colspan="6">商标图案</td></tr>
</table>

图7-9　织物包装上的标志格式

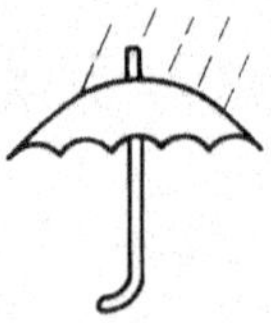

防止受潮

×××-××(内包装编码-外包装编码)

(地区名称)

品名全称

花色号　　(　　)等品

幅宽：　cm　　毛重：　kg

总长度：　m　体积(长×宽×高)：　cm^3

年　月　日

图7-10　成布包(箱)外标志格式

二、纺织品的仓储

纺织品的仓储,是指产品离开生产过程但尚未进入消费过程的间隔时间内的停留。它对于调节纺织品生产与社会消费间的矛盾、保证供应有着重要的作用。

由于纺织品本身的原材料主要为纤维素、蛋白质等组成,纤维表面还覆盖一层蜡质,故在光照、温湿度和空气等自然条件作用下,易燃、吸湿性高,若严重受潮就会霉烂变质或引起自燃等现象。因此,搞好纺织品仓储设施配置、加强仓储环境控制、做好仓储管理,对于维护纺织品使用价值,保护纺织品生产者、经营者和消费者的利益就显得特别重要。

(一)仓储设施

仓库是储存保管纺织品的场所。由于纺织品种类繁多、性能各异、经营纺织品的企业规模不同,因此,配备适宜的仓库设置,是保证纺织品质量完好的重要条件。

目前,纺织品各类企业的仓库,大致有以下几种划分方法:

1. 按照仓库的主要职能分为储存仓库、转运仓库、加工仓库等　储存仓库的职能是集中储存从生产部门收购待销的出口商品、援外储备物品等。转运仓库是收存转运货物,如原棉收购站的仓库。加工仓库是承担储存与加工的双重任务,如黄麻收购企业进行储存和加工的仓库。

2. 按照仓库的管理体制分为自备仓库、营业仓库和公用仓库　自备仓库是生产或流通企业用来储存本企业的原材料、产品等而修建的附属仓库。营业仓库指专业为经营储运业务而修建的为纺织品储运公司服务的仓库。公用仓库指由国家或一个主管部门修建的为社会物流业务服务的仓库,如铁路车站的货场仓库等。

3. 按仓库建设结构分为库房仓库和露天仓库　其中库房仓库又分为平房仓库、楼房仓库、高层货架仓库等。在纺织原料如原棉、麻产地,根据收购和加工需要,并结合季节性特点,一般可设置露天仓库(也称露天货场),其具有费用低、存量大、吞吐量高、进出仓快等优点;而在调拨、中转地区或城市的纺织企业,则以设置库房仓库为好;对供销机构,可因地制宜,采取适宜的仓库形式。

对耗用纺织原料量大,纺织厂十分集中的城市,在建库时,应多考虑仓库地址和各种设备条件,具体有以下几点:

(1)选择合理的库址。首先要选择地势较高,地质坚实,便于给排水的地形;要尽可能靠近河道或铁路的交通便利地段,以利缩短装卸和进出仓路线与时间,同时,仓库周围不会产生腐蚀性气体、粉尘,易燃易爆炸的工厂或车间,也不能靠近居民聚居和商业闹区。

(2)配备充足的设备,具体有:装卸搬运器材,如吊车、叉车、机动平板车、电瓶车、手拉车等;消防器材,如专用的消防给水设备,灭火器及辅助设备;电气设备,要动力电与照明电分开安装,有条件的尽可能安装地下电缆,要有防霉装置;仓储器材,如下垫器材、上盖篷布、登高作业扶梯等。

(二)仓储的温湿度控制

影响纺织品储存期间质量变化的因素很多,其中最主要的是仓库的温度和湿度(简称温湿度)。纺织品的受潮、发霉、虫蛀、泛黄、褪色、发脆、自燃等质量变化,几乎都与空气的温湿度有密切的关系。因此,加强温湿度管理,是纺织品仓储中的一项很重要的工作。

1. 温、湿度的知识　温度表示物体的冷热程度,空气温度简称气温。有时需掌握商品本身的温度,即"品温"或"垛温"。

仓库内温度的变化,总是随库外温度的变化而变化,而且一般稍滞后于库外,变化的幅度也比库外小。在同一库房的不同部位,一般库顶温度高于地面。

湿度一般指空气中水汽量的多少或空气的干湿程度。在不同的温度下,空气的潮湿程度是不一样的。温度一般有三种表示方法:绝对湿度、饱和湿度(即超过这个限度,多余的水汽就会凝聚为水或在商品表面"结露"、"出汗")、相对湿度。三者之间的关系是绝对湿度占饱和湿度的百分比即为相对湿度。

库房内湿度的变化,也随库外湿度的变化而变化,但密封条件较好的库房受到库外湿度的影响要小一些。库内相对湿度的变化主要受空气中的水汽量和库温高低的影响。在库内绝对湿度基本不变的情况下,库温上升,相对湿度降低;反之则增大。库房和堆垛上下部的相对湿度也不同,上部温度较高,相对湿度偏低,下部靠近地面气温较低,相对湿度偏高,特别是夏季,这种差别尤为显著。

2. 仓库温湿度的控制与调节 为了保证纺织品仓储期间的质量稳定,需要有一个较为适宜的温湿度范围(表7-3),这就需要控制和调节好仓库的温湿度。

表7-3 部分纺织商品的安全含水量及适宜温湿度

品　　名	安全水分(%)	适宜温度(℃)	适宜湿度(%)
棉纱	7~8	30 以下	50~80
棉布	8~9.5	30 以下	50~80
呢绒	11~14	20 以下	60~65
绒衣裤	8	20 左右	40~75
毛巾、袜子	8	35 以下	40~70
毛线、毛毯	15	35 以下	80 以下
针织品	8	40 以下	50~80
服装鞋帽	7~8	30 以下	75 以下
麻织品	12~13	30 以下	60~75
丝织品	11	25 以下	60~75

常用的温湿度调控方法有密封、通风、吸湿等。

(1)密封:就是利用一些隔潮性较好或不透气的材料(如塑料薄膜、油毡、牛皮纸、空气幕等),把商品尽可能地严密封起来,减低外界不良空气条件的影响,达到安全储存的目的。密封的方法很多,如整库密封、小室密封、按垛密封、货架密封、按件(箱)密封等。

(2)通风:就是根据空气自然流动的规律,使库内外空气交换,以达到调节库内空气温湿度的目的。通风的具体方法有自然通风和机械通风两种。

(3)吸潮:在梅雨季节或阴雨天,库外湿度大,不宜通风,而库房密封不严,库外湿度就会侵入,使库内的相对湿度增加,并超过储存商品的条件。这时就要采取吸潮的方法,常用的吸潮方法有吸潮剂(如生石灰、氯化钙、碳、硅胶等)吸潮和吸潮机吸潮两种。

(三)仓储管理

仓储管理是纺织生产、流通企业保护纺织商品的质量和尽量减少数量损耗的重要环节,其主要包括入库管理,堆码管理,安全、卫生管理和出库管理几部分工作。

1. 入库管理 纺织品入库业务主要包括:根据入库凭证清点数量,检查品名、规格、等级、产地、牌号等是否与入库凭证上所列相符;若发现商品残损、短少以及质量不合要求,如发霉、受潮等,要做好记录,以备查询,并在规定时间内向主管领导和存货单位报告,同时按规定程序办理各种进仓手续和凭证。

纺织品入库操作程序一般是:接货、搬运装卸、分唛(分标记)、验收(清点或过磅)、堆码,办理交接手续、登账等。

纺织品入库,必须具备下列证件:

(1)存货部门提供的入库通知书、订货合同。

(2)供货单位提供的质量证明书或合格证、装箱单、磅码单、发货明细表。

（3）运输单位提运的运单。

只有证件齐全，才能根据入库的具体情况，采取相应措施。

2. 堆码管理　合理堆码是纺织品仓储的一项重要技术工作，可有效使用仓库面积和容体，确保商品和人身安全，便于仓库作业盘存等。

对存放纺织原料等品种单一的露天货场，要采取分区分组立垛，根据原料打包的规格、物资和堆垛便利等要求统一规划和设置规格。如棉花一般要求每一货垛长 12.8m，宽 5.5m，高 6.0m，总面积 70.4m²，每垛垛距至少 4.0m，每组组距（防火）至少 10.0m。

对纺织品库房，或是存放打包的原料，或是堆放有外包装的最终用品，则堆垛要根据库房建筑结构、容量、高度、装卸机构决定。其按商品底层排列形状可分为正方形、长方形、环圆形等，按堆放外形可分为平分垛（即上下齐直的立方垛）、起背垛（即上小下大的尖顶垛）两种。一般保持顶距 0.3～2.5m 以上，不超过横梁，垛距保持 0.5m 间隔，走道以 0.5～2.5m 为限，墙距以 0.3～0.5m 为限，以利于开窗通风散热和防止受到墙潮影响。

此外，堆码商品应层次分明，标记向外，便于清点；对不同批次的商品最好不要拼堆在一个货垛或货位上。

3. 安全、卫生管理　仓储安全管理包括三方面内容：一是仓库的治安、保卫工作。二是仓库的防火、灭火以及用电管理，严禁火种入库和明火作业。三是操作机械过程中的安全技术问题。这三方面缺一不可，均应分别设必要的管理条例，做到专人专职、职责分明。

另外，要做好库内外的环境卫生工作，应减少害虫、老鼠、微生物滋生潜伏的场所和条件。

4. 出库管理　商品出库管理是指根据业务部门开出的出库凭证，按所列商品编号、名称、规格、牌号、单位、数量等项目，组织出库登账、配货、复核、包装、发货出库等一系列作业。

商品出库主要有三种形式：提货制、托运制和送货制。提货制是由收货单位（受委托前来提货的单位）提货主所开的提货单到仓库直接提货。托运制是由货主开出提货单，提货单通过商品流转环节内部传递到仓库，仓库按单发货。送货制是仓库根据收货单位的要求，按提货单所开列的商品数量，用仓库的车辆将商品运往指定地点，其交接手续在货车卸货地点办理。

纺织品出库程序为：核单（审核出库凭证填写项目是否齐全、有无印鉴）、配货、待运、发货、复核、理货等。

三、纺织品的运输

（一）纺织品运输的原则与要求

纺织商品从生产到消费在空间位置上的差异产生了运输。由于其在纺织品物流中所占成本较大，并与包装、仓储紧密相关，对纺织品的质量影响很大，必须给予充分的重视。

纺织品运输过程中，一般应坚持以下要求：

1. 加强时间管理　表现为及时组织纺织品到厂到店，快发快运，快装快卸，做好车、船、货的衔接，疏通运输渠道。

2. 加强运输质量管理，做到货证相符，货证同行　如一批棉花原则上不得分开装运，要分证、抄码计算，并在证书和重量码单上注明。运输部门从收到调运单的准备工作，到提货、收货、制单、组配、粘贴标记、清理车船、装卸搬运等全过程,要切实把好商品发货、中转、收货三个环节中的商品件数、唛头、包装质量等,严禁批件、等级混淆、不得伪造或变更检验证书。对确需混装、混运、混存的纺织品,各品级外包装应有明显的标志加以区别。

3. 加强安全管理 即在运输过程中,经过发货、收货、中转、装卸搬运等环节,选择适宜的运输工具并采用必要的保护措施,如严密遮盖,不受雨、受潮、曝晒等,防止在运输中发生霉烂、丢失、污染、燃烧等事故,保证人身、商品、设备的安全。严禁与其他类物品混装、混运,确需混装、混运的,必须有必要的安全措施。

4. 加强经营管理 坚持速度、质量与经济效益的统一,不仅要计算运输费用的多少,还要从待运期和在途时间的长短、装卸搬运次数的多少、运输损耗的大小、包装整理费用高低等方面综合考虑,以选择最佳运输方案。

(二)纺织品的运输方式与运输工具

在纺织品的发运、到达地点确定之后,会有多种运输路线和运输工具可供选择,决定取舍时,要综合考虑运输条件、商品到货期限和双方的效益。

选择运输方式和工具的原则是:速度快、运价低、连续性大、活动范围大、灵活性大,其中运速和运价是选择的主要根据。通常要注意以下几方面:

1. 充分利用水运及水陆联运 水运(水路运输)具有运载量大、运费较低的特点,对纺织原料等大宗商品尤为适合。水陆联运是争取优惠运价的重要方式,发运的手续简便,货主在发货时,只需一次办理托运手续,收货单位便可在指定的到站(港)提货,具有一票到底、手续简便、全程负责的好处。

2. 开展中短距离的"以公代铁"运输 即在200公里左右,尽量以公路运输替代铁路运输。尽管公路运费高于铁路,但公路运输可减少二次装卸环节,其包装简化可节省包装费;火车零担发车较少,而公路运输具有快捷、方便的特点,更适于纺织服装等季节性强的商品,从整体上看,公路运输更有利于取得综合经济效益。

3. 大力开展集装箱运输 集装箱运输是一种商品集装化与运输工具现代化相结合的运输方式,也是最适合当前国际海陆空运输装卸的一种运输包装,其主要特点是装卸快,节省包装费用,减少货损,商品交接手续简便,有利于实行"门到门"、"门对门"运输,有利于装卸搬运机械化。集装箱是由钢板、铝板、木板、塑料等材料制成的大型金属箱或框架,其规格有长度12m(40英尺)和6m(20英尺),高度为2.62m(8.6英尺)至2.6m(8.55英尺),载重量为10t、20t、25t、30t。我国出口服装中,用装集箱运输方式,成衣则直接挂在箱中,既降低了生产厂的包装费用,提高了装卸容量,又可以组织直接上架出售,这是高档成衣商品的理想运输方式。

4. 提高车、船的载重量 例如,组织轻重商品配载,若对同一运输工具上的同类纺织品,只装实重商品,虽达到运输工具的标记重量却达不到其有效的容积,若只装轻泡商品,虽装满容积却装不足载重。在可能的情况下,轻重物品配装,就可充分利用车船的容积和装载量。此外,缩小装载空隙,如棉花、化纤采用压缩包装,羽绒衫、被等采用真空吸气包装,圆形包改为方形包等,都能有效地提高装载实效。

☞ **思考题**

1. 织物组织包括那几大类？每类分别有哪些组织？

2. 什么是三原组织？构成三原组织的基本条件是什么？

3. 简述平纹、斜纹、缎纹组织的特点及应用情况。

4. 简述棉、毛、丝、麻织物的织造生产工艺流程。

5. 常用的经纱准备工序有哪些？各有何作用？

6. 简述织造工艺过程。

7. 常用的新型引纬方式有哪些？各有何特点？

8. 染整加工一般包括那些过程？各有何作用？

9. 评定织物质量的主要内容有哪些？

10. 织物的物理、力学性能主要包括哪些？常用的测试方法分别是什么？影响因素主要有哪些？

11. 什么是织物的舒适性？主要包括哪些内容，影响因素主要有哪些？

12. 什么是织物的染色性能？主要包括哪些内容？

13. 什么是织物的外观质量？评价时主要考核哪些内容？

14. 纺织品的包装与储运有何要求？

第八章 棉织品

以棉纤维和棉型化学纤维为原料并经过纺织染整等工序加工所制成的产品,叫做棉织品,习惯上称为棉布。纯棉织品的特点是手感柔软,吸湿性好,穿着舒适,保暖性好,耐碱性强,但耐酸性较差,弹性较差,易皱不挺,免烫性差,强力不如合成纤维。纯棉织物广泛用于服装、装饰和产业用品等。

棉型化纤织物广泛用于服装、装饰和产业用品等。目前常用于棉织品的化学纤维有粘胶纤维、涤纶、维纶等,有化学纤维纯纺或与棉混纺而成的织物。粘胶纤维织物表面光洁,手感柔软,色泽鲜艳,吸湿性好,穿着舒适,但强力低,尤其是湿强低,弹性较差,保形性差,缩水率大,不耐日晒。常采用纯纺纱及棉/粘 50/50、粘/棉 67/33、粘/维 70/30 混纺纱。涤纶织物手感挺滑,坚牢耐用,保形性好,易洗快干,抗皱免烫,尺寸稳定,缩水率小,吸湿性差,舒适性差,其经纬纱常采用涤/棉 65/35,有时也采用涤/棉 50/50、55/45、60/40,涤/粘 65/35,涤/腈 50/50、55/45、67/33 等。维纶织物坚牢耐用,吸湿性好,穿着舒适,弹性较差,容易起皱,染色性差,色泽萎暗,不耐湿热,其经纬纱常采用棉/维 50/50。

第一节 棉织品的分类与编号

一、棉织品的分类

棉织品在纺织品中占有重要的地位。将棉织品加以科学、系统的分类,有利于商业经营管理、品种研究、质量维护等。

棉织品的分类,一般根据原料、印染整理加工、织物组织、商业经营习惯等来分类。

(一)按原料分类

1.纯棉织物 指用原棉做原料,在棉纺设备上加工成纱线再织制成的织物。如纯棉本色平布、纯棉贡缎等。

2. 棉型化纤织物　指用长度、线密度等性能同棉纤维相仿的化学纤维纯纺或与棉混纺做原料，在棉纺设备上加工成纱线再织制成的织物。如涤/棉卡其、粘胶纤维布等。

（二）按印染整理加工分类

1. 本色布　以本色原料织成的，未经漂染、印花加工的纯棉织物和棉型化纤织物。供印染厂加工的本色布一般称为坯布，供市场销售的本色布一般称为白布。如纯棉中平布等。

2. 色布　将各种坯布经漂白或染色加工后，成为单一色泽的织物。如元布、蓝布、漂白布等。

3. 印花布　将各种坯布经印花加工，印成各种色彩花型的织物。如花哔叽、花府绸等。

4. 色织布　将本色纱先经漂、染加工后再织成各种花纹的织物。如线呢、条格布等。

（三）按织物组织分类

1. 原组织织物　采用原组织织制的织物。如府绸、横贡缎等。

2. 小花纹组织织物　采用小花纹组织织制的织物，包括变化组织织物和联合组织织物。如华达呢、条格组织织物等。

3. 复杂组织织物　采用复杂组织织制的织物。如灯芯绒、双层组织织物等。

4. 大花纹组织织物　采用大花纹组织在提花织机上织制的织物。如大提花织物。

（四）按商业经营习惯分类

1. 按销售季节变化　可分为夏令品种和冬令品种。其主要是根据棉织物色泽深浅、质地厚薄等来区分的。如浅色细纺、泡泡纱等为夏令用品；元直贡、灯芯绒等为冬令用品。

2. 按经纬纱结构不同　可分为纱织物（经纬向全用单纱）、半线织物（经向用股线、纬向用单纱）、全线织物（经纬向全用股线）。

3. 按用途不同　可分为服装用布、装饰用布、产业用布等。

二、棉织品的规格与编号

（一）棉织品的规格

棉织品规格的简单表示方法通常是：写明品种名称、经纬纱线密度、经纬密度、匹长、幅宽等。

品种名称需写明原料、经纬纱线结构、织物商品名。当两种或两种以上纤维混纺时：若混纺比不同，混纺比多的纤维写在前，少的写在后，并以斜线相隔，如 65% 涤纶和 35% 棉混纺的细纺，称涤/棉细纺；若混纺比相同，按天然纤维、合成纤维、再生纤维的顺序排列，并以斜线相隔，如 50% 棉与 50% 涤纶混纺，称棉/涤织物。

例如，棉织品品种为"涤/棉 65/35 半线卡其 $14\text{tex} \times 2 \times 28$（42 英支/$2 \times 21$）$511.8 \times 275.6$（$130 \times 70$）$\times 30 \times 92$"。

其中："涤/棉 65/35 半线卡其"，表示品种名称，涤纶的含量为 65%，棉的含量为 35%，经向用股线，纬向用单纱，织物商品名为卡其；$14\text{tex} \times 2$ 表示经纱线密度值（14tex 双股线）；28 表示纬纱线密度值；42/2 表示经纱英制支数（42 英支双股线）；21 表示纬纱英制支数；511.8 表示公制经纱密度（根/10cm）；275.6 表示公制纬纱密度（根/10cm）；130 表示英制经纱密度（根/英寸）；70 表示英制纬纱密度（根/英寸）；30 表示公制匹长（m）；92 表示公制幅宽（cm）。

（二）棉织品的编号

1. 本色棉织品的编号　本色棉织品的编号用三位阿拉伯数字来表示。第一位数字表示品种类别，共有九个编号，根据织物幅宽、经纬纱线密度、经纬密度将每类品种分为若干具体品种，以第二、第三位顺序号表示。第一位数字表示的含义具体见表 8 - 1。例如，"252"的第一位数"2"代表"府绸"织物，第二、第三位"52"则代表府绸品种规格的顺序号。

表 8 - 1　棉织品编号第一位数字含义对照表

编　号	1	2	3	4	5	6	7	8	9
品种类别	平布	府绸	斜纹	哔叽	华达呢	卡其	横直贡	麻纱	绒布坯

2. 印染棉织物的编号　印染棉织物的编号由四位阿拉伯数字组成。第一位数字表示加工类别，也有九个编号。余下三位数字为本色棉织物编号，第一位数字表示的含义见表 8 - 2。例如，编号为"3536"表示规格顺序号为"36"的轧染染色华达呢。

表 8 - 2　印染棉织物第一位数字含义对照表

编　号	1	2	3	4	5	6	7	8	9
加工类别	漂白布	卷染色布	轧染色布	精元色布	硫化色布	印花色布	精元花印花布	精元花印花布	本光漂色布

第二节　棉织品的主要品种

一、平布

平布的特点是采用平纹组织制织，经纬纱的线密度及经纬密接近或相同，布面平整，比同规格织物坚牢耐用，但弹性较差。根据其所用经纬纱的粗细，分为粗平布、中平布、细平布三类。

（一）粗平布

粗平布又称粗布，原料以棉为主，经纬纱大多采用粗特纱制织。经纬纱线密度为 32～58tex（10～18 英支），经纬纱粗细一般相同，经向紧度为 49%～54%，纬向紧度为 47%～51%，经纬向紧度比为 1∶1。粗平布布身厚实粗糙，坚牢耐磨，布面棉结杂质较多。市销粗布主要用于衬布、帆船风帆等。经印染加工后的漂布、色布可用作内衣、外衣、被单等，深受山区农民和沿海渔民的喜爱。

（二）中平布

中平布是经纬纱采用中特纱制织的平布。坯布直接供市销的又称市布。原料常采用纯棉、涤/棉、粘胶纤维等。经纬纱线密度为 24～29tex（20～24 英支），纬纱的线密度等于或略大于经纱线密度。经向紧度为 40%～55%，纬向紧度为 40%～53%，经纬向紧度比为 1∶1。中平布布身厚薄适中，布面平整，结构较紧密，质地坚牢。市销中平布主要用作被里布、衬里布。经印染加工后的漂布、色布、花布，可做内衣、被单、衬布等。

（三）细平布

细平布又称细布，是经纬纱采用细特纱制织的平布。其中，线密度较小、密度较疏的细平布称为细纺。常用原料有纯棉、涤/棉、粘胶纤维等。经纬纱线密度为 10～21tex（21～59 英支），纬纱线密度等于或略小于经纱线密度，经向紧度为 34%～53%，纬向紧度为 33%～52%，经纬向紧度比为 1:1。细平布质地轻薄细密，布面平整，手感光滑，布面棉结杂质少。细平布的坯布主要用来加工成漂布、色布、花布，用作内衣裤、罩衫、夏季外衣面料及手帕、床上用品等。

二、府绸

府绸是一种线密度值较小、密度较大的平纹组织织物。最早是指山东省历城、蓬莱等县在封建贵族或官吏府上制织的织物，其手感和外观类似于丝绸，故称府绸。府绸常用原料有纯棉、涤/棉等。经纬纱常用 10～29tex（20～60 英支）单纱或 5tex×2～14tex×2（42 英支/2～120 英支/2）股线，经纬纱线密度大多相等或接近。经向紧度为 61%～80%，纬向紧度为 35%～50%，经纬向紧度比大约为 5:3 左右，经纱屈曲较大而纬纱较平直，织物表面形成了由经纱凸起部分构成的菱形颗粒效应。如图 8-1 的府绸结构紧密，布面光洁，质地轻薄，颗粒清晰，光泽莹润，手感滑爽，具有丝绸感。府绸的品种很多，根据所用纱线不同，分为纱府绸、半线府绸和全线府绸。根据纺纱工艺不同，分为普梳府绸、半精梳府绸、精梳府绸。根据织造工艺不同，分为平素府绸、条格府绸、提花府绸。根据染整加工不同，分为漂白府绸、杂色府绸、印花府绸。根据织造和印染过程不同，分为白织府绸和色织府绸。府绸主要用作衬衫、夏令服装等。

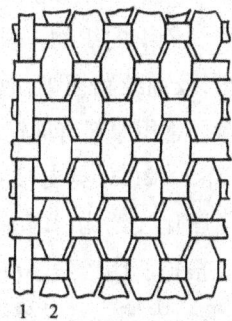

图 8-1 府绸组织结构
1—经纬纱交织点
2—经纱突起部分呈菱形颗粒状

三、斜纹布

斜纹布是采用 2 上 1 下斜纹组织制织的织物，织物正面斜纹纹路明显，反面模糊，故又称单面斜纹。常用原料有纯棉、涤/棉、粘胶纤维等。斜纹布通常经纬向均采用单纱，经纬纱线密度接近，为 18～42tex（14～32 英支）。经向紧度为 60%～80%，纬向紧度为 40%～60%，经纬向紧度比大约为 3:2。斜纹布布身较平布紧密厚实，手感较平布柔软。根据所用纱线不同，分为细斜纹布和粗斜纹布。坯布多用作橡胶鞋基布、球鞋里布等；经染整加工后，可用于服装、被套、台布、阳伞等。

四、哔叽

哔叽是采用 2 上 2 下斜纹组织制织的织物，是移植毛哔叽风格而制成的一种织物。哔叽常用的原料有纯棉、棉/粘、粘胶纤维等，经纬纱常用 18～42tex（14～32 英支）单纱，或者 14tex×2～18tex×2（32 英支/2～42 英支/2）股线。经向紧度为 50%～70%，纬向紧度为 45%～55%，经纬向紧度比大约为 6:5。哔叽手感柔软，质地较厚实，正反面斜纹方向相反，斜纹角度为 45°左右，织纹宽而不突出。根据所用纱线不同，分为纱哔叽、半线哔叽、全线哔叽，以纱哔叽为主。坯布经染色加工后,可用作男女服装、童帽面料;经印花加工后可用作妇女、儿童服装面料。

五、华达呢

华达呢也是采用 2 上 2 下斜纹组织制织的,是移植毛华达呢风格而制成的棉型织物。常用原料有纯棉、涤/棉、棉/粘、棉/维等。经纬纱常用 28~36tex(16~21 英支)单纱,或 14tex×2~28tex×2(32 英支/2~42 英支/2)股线。经向紧度为 75%~95%。纬向紧度为 45%~55%,经纬向紧度比大约等于 2:1。华达呢质地厚实而不发硬,耐磨而不易折裂,正反面斜纹方向相反,斜纹角度为 63°左右,织纹突出而细致。根据经纬纱所用纱线不同,分为纱华达呢、半线华达呢、全线华达呢。坯布经染整加工后用作春、秋、冬季的男女服装面料。

六、卡其

卡其是采用 2 上 2 下斜纹组织、3 上 1 下斜纹组织、急斜纹组织制织的织物。采用 2 上 2 下斜纹组织制织的织物正反面纹路均清晰,故称双面卡;采用 3 上 1 下斜纹组织制织的织物正面纹路清晰,反面纹路模糊,故称单面卡;采用急斜纹组织,经沙的浮线较长,像缎纹一样连贯起来,故称缎纹卡。常用原料有纯棉、涤/棉、棉/维等。经纬纱常用 28~58tex(10~21 英支)单纱,或 7.5tex×2~19.5tex×2(30 英支/2~80 英支/2)股线,经向紧度为 83%~110%,纬向紧度为 45%~58%,经纬向紧度比大约为(1.7~2):1。卡其织物结构较华达呢质地更紧密,手感厚实,挺括耐穿,但不耐折磨。根据所用纱线不同,分为纱卡、半线卡和线卡;根据组织结构不同,分为单面卡、双面卡、人字卡、缎纹卡等。卡其经染整加工后,用于春、秋、冬季外衣,工作服,军服,风衣,雨衣等。

七、直贡

直贡是采用 $\frac{5}{3}$、$\frac{5}{2}$ 经面缎纹组织制织的纯棉织物。由于表面大多被经浮线覆盖,厚者具有毛织物的外观效应,故又称贡呢或直贡呢;薄者具有丝绸中缎类的风格,故称直贡缎。直贡常用经纬纱为 10~42tex(14~60 英支)单纱,或 7.5tex×2~18tex×2(32 英支/2~80 英支/2)股线。经向紧度为 68%~100%,纬向紧度为 45%~55%,经纬向紧度比大约为 3:2。直贡质地紧密厚实,手感柔软,布面光洁,富有光泽。按所用纱线不同,分为纱直贡和半线直贡;按印染加工不同,分为色直贡和印花直贡,一般经电光或轧光整理,色直贡主要用作外衣和鞋面料;印花直贡主要用作被面、服装面料。

直贡表面浮长较长,用力摩擦表面易起毛,不宜用力搓洗。

八、横贡

横贡是采用 $\frac{5}{3}$、$\frac{5}{2}$ 纬面缎纹组织制织的纯棉织物。由于织物表面主要以纬浮长覆盖,具有丝绸中缎类的风格,故又称横贡缎。横贡经纬纱常用 10~29tex(20~60 英支)单纱,经纬纱线密度相同或经纱线密度略大于纬纱线密度。经向紧度为 52%~55%,纬向紧度为 77%~80%,经纬向紧度比大约为 2:3。横贡表面光洁细密,手感柔软,富有光泽,光滑如缎。为此,纱线要条干均匀,结杂少,纬向捻度小,捻向一般与缎纹的主要斜向一致,多采用精梳纱制织。横贡经印染加工,再经轧光或电光整理,外观光亮美丽,主要用作妇女、儿童服装面料和室内装饰用布。

横贡表面浮长较长,耐磨性较差,布面易起毛,洗涤时不宜用力搓洗。

九、麻纱

麻纱通常是指采用平纹变化组织中的 $\frac{2}{1}$ 纬重平组织或其他变化组织制织的线密度较小的织物。由于布面呈宽狭不等的细直条纹路,经纬纱捻度比一般平布高,且经纱捻度大于纬纱捻度。织物外观和手感与麻织物相仿,布身爽挺似麻,故称麻纱。常用原料为纯棉、涤/棉、涤/麻等。麻纱薄爽透气,条纹清晰,穿着舒适,手感如麻。根据组织结构不同,分为普通麻纱、柳条麻纱、异经麻纱、提花麻纱。普通麻纱采用 $\frac{2}{1}$ 纬重平组织制织。柳条麻纱采用平纹组织制织,经纱按规定组织循环排列成条纹,条纹与条纹之间有一条孔隙,使布面呈柳条状。异经麻纱采用 $\frac{2}{1}$ 纬重平组织制织,不同粗细的经纱按规定的顺序排列与纬纱交织,直条纹更为明显。提花麻纱布面呈各种花纹图案,比普通麻纱更为美观。麻纱坯布在印染加工时经硬挺树脂整理,麻感更强,常用作夏令男女衬衫、妇女裙裤、儿童衣裤、窗帘等面料。

十、绒布

绒布是将绒布坯经拉绒机拉起一部分纤维,形成一层蓬松绒毛的织物。常用原料有纯棉、涤/棉、腈纶等。绒布采用普通捻度的经纱和低捻度的纬纱,且经细纬粗,一般纬纱的粗细是经纱的一倍左右,拉绒时,主要拉出的是纬纱的绒毛,这样可减少对织物强力的损伤,并提高绒毛的丰满度。绒布手感柔软、厚实,吸湿性强,保暖舒适。绒布按织物组织不同,分为平纹绒布、哔叽绒布和斜纹绒布;按拉绒面不同,分为单面绒(反面拉绒)和双面绒(正反面拉绒);按织物厚薄不同,分为厚绒布和薄绒布;按印染加工不同,分为条绒布、格绒布、彩格绒布、芝麻绒布等。芝麻绒经向采用中线密度色纱,纬向采用粗线密度、有深浅两色合并加捻而成的花式股线,用 1 上 2 下斜纹组织织造,经单面拉绒,绒面呈点状芝麻状。绒布主要用作冬季内衣裤、衬衫、睡衣裤、外衣衬里、儿童内外衣裤、被套及其他衬里等。

由于绒布表面经反复拉绒,织物强力损失较大,尤其是纬向强力,因此洗涤时不要用力搓洗,以免损伤其强力及绒毛的丰满度。

十一、平绒

平绒是采用起绒组织制织再经割绒整理,表面具有稠密、平齐、耸立而富有光泽的绒毛,故称平绒。平绒的经纬纱均采用优质棉(线)。平绒绒毛丰满平整,质地厚实,手感柔软,光泽柔和,耐磨耐用,保暖性好,富有弹性,不易起皱。根据起绒纱线不同,分为经平绒(割经平绒)和纬平绒(割纬平绒)。

经平绒以经纱起绒,是由两组经纱(地经和绒经)和一组纬纱交织成双层组织的织物,经割绒后成为两幅有平整绒毛的单层经平绒,组织结构如图 8－2。经平绒地组织一般采用平纹,绒经固结以 V 型固结法为主,地经与绒经的排列比有 2∶1 和 1∶1 两种。经平绒按绒毛长短不同,分为火车平绒和丝光平绒。火车平绒绒毛较长,常用作火车坐垫;丝光平绒绒毛较短,经丝光处理,布面光亮,常用作服装、军领章和装饰用布。

纬平绒是以纬纱起绒,由一组经纱与两组纬纱(地纬与绒纬)交织而成,与灯芯绒类似。地组织多用平纹,也有的用斜纹。绒毛固结一般用 V 型固结法,地纬与绒纬的排列比为 1∶3。它与灯芯绒的区别是绒纬的组织点以一定的规律均匀排列,经浮点彼此错开,组织结构如图 8－3。因此纬密可比灯芯绒大,织物紧密,绒毛丰满。纬平绒主要用作服装和装饰用布。平绒洗涤时不宜用力搓洗,以免影响绒毛的丰满、平整。

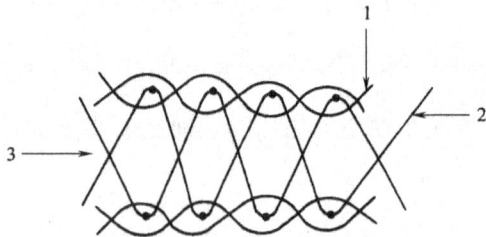

图 8－2　经平绒组织结构图
1—地经　2—绒经　3—割经

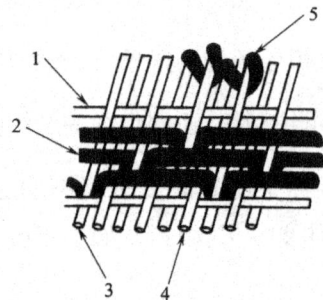

图 8－3　纬平绒组织结构图
1—地纬　2—绒纬　3—经纱　4—割纬　5—毛绒

十二、灯芯绒

灯芯绒是采用纬二重组织制织,再经割绒、整理,布面呈灯芯状绒条的织物,又称条绒。灯芯绒原料一般以棉为主,也有的和涤纶、腈纶、氨纶等混纺或交织。灯芯绒绒条圆润丰满,绒毛耐磨,质地厚实,手感柔软,保暖性好。灯芯绒使用的纱线范围广泛,经纱常用 18～48tex(12～32 英支)单纱,或 10tex×2～28tex×2(21 英支/2～60 英支/2)股线;纬纱常用 14.5～36tex(16～40 英支)单纱。一般粗条灯芯绒经向用股线,纬向用单纱;中条灯芯绒经纬向都用单纱;细条灯芯绒可用单纱,也可用股线。组织采用两组纬纱与一组经纱交织的纬二重组织,地组织有平纹、斜纹、纬重平等。一般细条灯芯绒多用平纹,中条灯芯绒多用变化组织,粗条灯芯绒多用斜纹组织。地纬与经纱交织构成地布,绒纬与经纱交织形成一列列毛圈,通过割绒将毛圈割断,经刷绒整理后,织物表面就形成了耸立的灯芯绒绒条。灯芯绒属于高纬密织物,经向紧度为 35%～65%,纬向紧度为 110%～200%。地纬与绒纬的排列比为 1∶2、1∶3。

灯芯绒的种类很多。按绒条粗细不同,分为特细条(19 条以上/2.54cm)、细条(15～19 条/2.54cm)、中条(9～14 条/2.54cm)、粗条(6～8 条/2.54cm)、宽条(6 条以下/2.54cm)以及间条(粗细相间)灯芯绒等;按所用纱线结构不同,分为全纱灯芯绒、半线灯芯绒、全线灯芯绒;按加工工艺不同,分为染色灯芯绒、印花灯芯绒、色织灯芯绒和提花灯芯绒。提花灯芯绒局部起毛,可构成各种图案。灯芯绒用途广泛,主要用于服装、鞋帽用布,也宜做家具装饰布、手工艺品、玩具等。

灯芯绒洗涤时不宜用力搓洗,也不宜用硬毛刷用力刷洗,宜用软毛刷顺绒毛方向轻轻刷洗,不宜熨烫,收藏时也不宜重压,以保持绒毛丰满、耸立。

十三、泡泡纱

泡泡纱是以平纹组织制织,布面呈凹凸状泡泡的薄型织物。泡泡纱外观别致,立体感强,质地轻薄,手感柔软,穿着不贴身,凉爽舒适,洗后不需熨烫。按形成泡泡的原理,泡泡纱主要分为织造泡泡纱、碱缩泡泡纱等。织造泡泡纱的原料采用纯棉或涤/棉纱,泡经线密度大于地经;或泡经采用股线,地经采用单纱。织造时泡经送经量大于地经,再经染整松式加工,使泡经形成美观、凹凸不平的泡泡。织造泡泡纱泡的泡牢度较好。碱缩泡泡纱是利用棉纤维遇到浓碱液产生直径增大、长度缩短的原理,将染色或印花的纯棉细特平纹织物底坯,按设计要求,将碱液印于织物表面,使织物表面形成有碱液部分和无碱液部分,有碱液部分布面产生收缩,无碱液部分布面不收缩,形成凹凸不平的泡泡。碱缩泡泡纱的泡泡牢度较差,经树脂整理后,泡泡牢度有所提高。另外,也可采用两种收缩性能不同的纤维分别纺成纱线,且间隔排列,经织造、染整加工后,由于纱线产生不同的收缩,布面形成凹凸不平的泡泡。这种泡泡纱的泡泡牢度好。根据印染加工方法不同,可将其分为染色泡泡纱、印花泡泡纱、色织泡泡纱。泡泡纱主要用作妇女、儿童夏令衣裙面料,以及床罩、窗帘等装饰用品。

泡泡纱洗涤时,不宜用热水泡,也不宜用力搓洗和拧绞,洗后不需熨烫,以免影响泡泡牢度。

十四、绉布

绉布是采用普通捻度的经纱和高捻度的纬纱以平纹组织制织的织物,又称绉纱。绉布常用原料有纯棉、涤/棉等。纯棉绉布经纱为 14 ~ 21tex(28 ~ 42 英支),纬纱为 18 ~ 28tex(21 ~ 32 英支);涤/棉绉布经纱为 9 ~ 14.5tex(40 ~ 65 英支),纬纱为 13 ~ 16.5tex(35 ~ 45 英支)。纬纱略粗于经纱或经纬纱粗细相同。经向紧度为 25% ~ 35%,纬向紧度为 22% ~ 30%,经向紧度略大于纬向紧度。纬纱的捻系数是常规的 2 倍,坯布经松式染整加工,使纬向产生收缩,从而在布面上产生纵向柳条绉纹。绉布质地轻薄,绉纹清晰持久,富有弹性,穿着舒适。主要用作衬衫、睡衣裤、儿童服装等面料。

绉布洗涤时不宜用力搓洗,以保持长久的绉缩效果。

十五、羽绒布

羽绒布是线密度较小、密度较大的薄型织物,由于常用作羽绒服装、羽绒被的面料,且能防止羽绒向外钻出,故又称防绒布、防羽布。常用原料有纯棉、涤/棉等。羽绒布一般采用平纹组织制织,经纬纱多用精梳线密度较小的纱,范围为 10 ~ 29tex(20 ~ 60 英支)。经向紧度在 73%以上,纬向紧度在 53%以上,总紧度在 80%以上,织物紧密度较一般织物高。羽绒布结构紧密,平整细洁,手感滑爽,富有光泽,透气防羽,坚牢耐磨。坯布经防羽浸轧等整理,可减少织物经纬纱之间的空隙,提高防止羽绒外钻效果。另外,将中等紧密度的织物,经化学涂层处理,也能达到防止羽绒外钻的作用。主要用作羽绒服、滑雪衫、夹克、风衣、羽绒被、睡袋的面料。

十六、青年布

青年布是采用平纹组织制织的纯棉色织物。其经纬纱色泽不同,一种采用染色纱,一种采用漂白纱,一般经纬纱线密度相同,经纬密接近。青年布布面呈双色效应,色泽调和文雅,风格特殊,质地轻薄、柔软。主要用作衬衫、风衣、儿童服装面料及被套等。

十七、水洗布

水洗布是经特种染整工艺处理,使织物具有轻微绉纹状水洗风格的织物。水洗布的原料有纯棉、涤/棉、涤纶长丝等。水洗布手感柔软,尺寸稳定,穿着舒适,外观有轻微绉纹。主要用于外衣、套装、衬衫、裤子、睡衣等。

十八、烂花布

烂花布的经纱采用耐酸性较好的涤纶等的长丝或短纤维,纬纱采用不耐酸的棉或粘胶纤维纺成的包芯纱,以平纹组织制织。根据布面花型设计要求,将含酸的印花浆印到坯布上,经焙烘,使耐酸性较差的棉或粘胶纤维水解、焦化,再经水洗去除焦渣,而内芯的原料耐酸性较好,仍保持原来的光泽,呈半透明的网状。没受到酸液作用的地方保持原状。烂花布具有明显的、有立体感的凹凸花纹,质地轻薄,烂花处呈半透明状,手感挺括,透气性好。根据染整加工不同,分为漂白烂花布、素色烂花布、印花烂花布、色织烂花布。主要用作装饰布(如窗帘、台布等),也可用作夏令服装、童装面料。

十九、牛仔布

牛仔布是采用斜纹组织制织的较粗厚的色织棉织物,经纱颜色深,一般为靛蓝色,纬纱颜色浅,一般为浅灰白或本白色,又称靛蓝劳动布、坚固呢等。牛仔布多采用粗线密度纱,经纱一般使用36tex(16英支)、58tex(10英支)、80tex(7英支)单纱,纬纱使用48tex(12英支)、58tex(10英支)、96tex(6英支)单纱。牛仔布一般可分为轻型、中型和重型三类。轻型牛仔布重量为 200 ~ 340g/m², 中型牛仔布重量为 400 ~ 450g/m², 重型牛仔布重量为 450g/m² 以上。经纱采用浆染联合一步法染色工艺,经密大于纬密,多采用经面斜纹,因此织物正面多呈经纱颜色,反面多呈纬纱颜色。一般均经防缩整理,缩水率较小。牛仔布质地紧密,手感厚实,坚牢耐磨,织纹清晰,色泽鲜艳,穿着粗犷奔放。

早期的牛仔布,品种较单调,目前牛仔布正向着多原料、多品种方向发展。如用氨纶做芯纱的包芯弹力经纱或纬纱制织成的弹力牛仔布,涤棉混纺纱做经纱、经染色后产生留白效应的雪花牛仔布,棉麻、棉毛混纺纱制织的高级牛仔布,高捻纬纱制织的树皮绉牛仔布,在靛蓝色的经纱中规律地嵌入彩色经纱的彩条牛仔布,红、蓝、绿、赭、黑等色牛仔布,提花牛仔布,水洗、石磨牛仔布等。适用于服装(如牛仔裤、牛仔裙)、背包等。

二十、巴厘纱

巴厘纱是采用平纹组织制织的稀薄低密织物,因其透明度高,又称玻璃纱。常用原料有纯棉、涤/棉等。涤/棉巴厘纱的弹性和免烫性优于纯棉巴厘纱。巴厘纱采用线密度较小的纱,常用 10 ~ 14.5tex(40 ~ 60 英支)单纱,或 5tex × 2 ~ 7.5tex × 2(80 英支/2 ~ 120 英支/2)股线,纱线多经精梳或烧毛加工,密度小,经纬向紧度均为 25% ~ 40%,经纬向紧度比为 1∶1,捻度高。巴厘纱质地轻薄,手感挺爽,布孔清晰,透明透气,穿着舒适。按所用纱线不同,巴厘纱分为纱巴厘纱和线巴厘纱;按印染加工不同,分为漂白巴厘纱、染色巴厘纱、印花巴厘纱、色织提花巴厘纱。主要用作夏令衬衫、裙子、童装、民族服装面料及面纱、头巾、台布、台灯罩、窗帘、装饰用布等。

另外,用普梳纱做经纬纱,常用线密度为 10 ~ 14.5tex(40 ~ 60 英支)单纱,采用巴厘纱规格加工的稀薄平纹织物,称麦尔纱。麦尔纱档次较低,质地轻薄,结构稀疏,手感柔软,透气性好,穿着舒适,但透明度不及巴厘纱,用途和巴厘纱相仿。

巴厘纱、麦尔纱均为稀疏薄型织物,因此洗涤时,只可轻轻揉搓,以免损伤织物。

二十一、牛津布

牛津布是用平纹变化组织中纬重平组织制织的色织物。经纱为 11.5 ~ 29tex(20 ~ 50 英支)涤/棉色纱,纬纱为 29 ~ 58tex(10 ~ 20 英支)纯棉漂白纱,经细纬粗,纬纱粗细一般为经纱的 3 倍左右。牛津布布面呈双色效应,色泽自然,手感松软,透气性好,穿着舒适,保形性较好。主要用作衬衫、妇女裙子、两用衫、童装等面料。

二十二、纱罗

纱罗是采用纱罗组织制织的布面有孔眼的织物,故又称网眼布、透凉罗。纱罗组织最早在丝织物中采用,后来发展到了棉型织物。常用原料有纯棉、涤/棉等。纱罗织物在制织时由两组经纱(地经和绞经)与一组纬纱进行交织,地经只作上下运动,绞经在地经左右侧按一定规律交换位置与纬纱交织,且采用细特纱,经纬密度小,织物表面纱孔清晰均匀,轻薄凉爽,透气性好,穿着舒适。按织物组织不同,纱罗分为纱组织织物和罗组织织物。纱组织是指在织造时每织入一根纬纱,绞经就和地经扭绞一次;罗组织是由平纹组织和纱组织联合而成,即按平纹组织织入若干根纬纱后,绞经才和地经扭绞一次,因此织物表面纱组织的孔眼较罗组织的多。按印染加工不同,纱罗分漂白纱罗、色纱罗、印花纱罗、色织纱罗等。主要用作夏季服装面料及窗帘、蚊帐、装饰用品等。

二十三、线呢

线呢是色织物的主要品种,采用染色纱线或花式纱线为经纬纱,仿精梳毛织物的风格,故称线呢。线呢最早以棉为原料,自化学纤维发展以来,涤/棉、维/棉、涤/粘、涤/腈、膨体腈纶等均被使用。线呢质地厚实,坚牢耐穿,花纹图案丰富,立体感强,具有毛型感。线呢品种规格繁多,组织可采用三原组织、变化组织、联合组织、提花组织。线呢根据经纬原料结构不同,分为全线呢和半线呢;根据色泽深浅不同,分为深色线呢和浅色线呢;根据穿用对象不同,分为男线呢和女线呢。男线呢的花型素雅大方,按其外观特征,又可分为素线呢、条线呢和格线呢等,主要用作男装。女线呢花型繁多,色泽丰富,线纱和组织变化范围广,主要用作女装和儿童外衣、裙面料。

二十四、条格布

条格布是色织物中的大路品种,经纬纱用两种或两种以上的颜色间隔排列,花型多为条子或格子,故称条格布。条格布的原料有纯棉、涤/棉、棉/维、富强纤维等。组织大多采用平纹,也有的用斜纹、小花纹、蜂巢、纱罗组织。条格布布面平整,质地轻薄,条格清晰,配色协调,花色明朗。根据颜色深浅不同,条格布分为深条格布和浅条格布。主要用作夏令衣衫、内衣裤、里子布等。

二十五、纬长丝织物

纬长丝织物是采用色织工艺加工,经向用涤/棉纱,纬向用涤纶圆形或异形长丝交织而成的织物,又称涤/棉纬长丝织物。纬长丝织物采用平纹地小提花组织,一般采用纬起花,使花纹光亮。品种有纬长丝细纺、纬长丝府绸等。纬长丝织物质地轻薄,挺括爽滑,地布晶莹,花纹闪烁,易洗、快干、免烫,具有丝绸感。主要用作男女衬衫、裙子等面料。

二十六、中长纤维织物

中长纤维织物是以中长纤维为原料,在棉纺设备上加工的仿毛织物。中长纤维是指介于棉型与毛型之间的纤维,一般纤维长度为 $51\sim65$mm,线密度为 $0.22\sim0.33$tex($2\sim3$ 旦)。原料主要有涤/粘、涤/腈等,涤/粘中长纤维织物手感和吸湿性较好,免烫性较差;涤腈中长纤维织物免烫性较好,但布面较毛糙。中长纤维织物的经纬纱多用 16tex$\times2\sim21$tex$\times2$(28 英支/$2\sim36$ 英支/2)股线,也有的使用 $18.5\sim21$tex($28\sim32$ 英支)单纱。组织有平纹、斜纹等。品种类似于精纺毛织物,如平纹呢、隐条呢、隐格呢、凡立丁、派力司、哔叽、华达呢、马裤呢、花呢等。中长纤维织物毛型感强,质地挺括,手感柔糯,弹性好,易洗、快干、免烫。根据加工方法不同,中长纤维织物分为白织中长纤维织物和色织中长纤维织物。主要用作外衣及裤子等面料。

第三节　棉织品的标志

纯棉产品作为天然纤维纺织品,以其柔软舒适、色泽艳丽、穿着自然等优点,很受人们的喜爱。为维护优质纯棉产品在国内外市场上的信誉,保护消费者和生产企业的合法权益,营造良好的纯棉产品市场环境,中国棉纺织行业协会于 1997 年推出了纯棉产品标志(详见 FZ/T 01049—1997《纯棉产品的标志》)。

纯棉标志的产品,是指由 100% 棉纤维纺制而成且具有较高品质的纯棉织物制品;在使用纯棉标志的产品中,由于装饰或功能的需要,也允许用少量的非棉纤维,但装饰用纤维必须是可见的,非棉纤维含量不得超过 2%;不含装饰用或功能用纤维产品的棉纤维含量必须是 100%。

纯棉产品标志的图案(图 8 - 4),以黑白色组成,图案的底色为白色,图形为黑色。图案的尺寸可根据实际需要等比例放大或缩小,但不得变形。图案可以用织造、印刷方法制作,若制成标签,可根据需要以缝合、悬挂的方式,附在纯棉产品的明显部位,或与产品商标并排放置。

纯棉标志作为高品质棉制品的象征,也要按照国际惯例进行分类和考核。除纤维含量外,其产品的染色牢度、水洗尺寸变化、断裂强力或顶破强力、棉结杂质疵点合格率等品质指标都必须达到规定的技术标准。否则将拒绝批准其使用纯棉产品标志。

纯棉产品标志也是一种"证明商标",是证明纯棉产品的棉纤维含量、质量、服务方面的标志,受法律保护。从事纯棉产品的生产单位欲使用纯棉标志,应向"纯棉标志技术委员会"提交申请,经评审符合条件后,签订《纯棉标志使用协议书》,颁发《纯棉标志证明商标标准用证》后,申请单位方可使用纯棉标志。

图 8 - 4 纯棉产品标志的图案

☞ **思考题**

1. 棉织物是如何分类的?

2. 棉织物的规格怎样表示?

3. 说明棉织物品种"涤/棉 65/35 半线卡其" $14 \times 2/28(42/2 \times 21)$、$511.8 \times 275.6(130 \times 70)$、$30 \times 9$ 具体的含义。

4. 本色棉织物的编号如何表示?

5. 印染棉织物的编号如何表示?

6. 纯棉织物的特点是什么?

7. 棉型化纤织物有哪些? 各具什么特点?

8. 棉织物的主要品种有哪些?

9. 平布的特点是什么? 分哪几类?

10. 试述粗平布、中平布、细平布的特点、纤维原料、线密度、规格和用途。

11. 试述府绸的特点、纤维原料、线密度、规格和用途。府绸有哪些品种?

12. 分述哔叽、华达呢、卡其的特点,纤维原料,线密度,规格和用途。各有哪些品种?

13. 试述斜纹布的特点、纤维原料、线密度、规格和用途。有哪些品种?

14. 分述横贡、直贡的特点,纤维原料,线密度,规格和用途。各有哪些品种?

15. 分述麻纱、泡泡纱的特点,纤维原料,线密度,规格和用途。

16. 分述绉布、羽绒布、青年布、牛津布的特点,纤维原料,线密度,规格和用途。

17. 分述巴厘纱、纱罗的特点,纤维原料,线密度,规格和用途。各有哪些品种?

18. 分述绒布、灯芯绒、平绒的特点,纤维原料,线密度,规格和用途。各有哪些品种?

19. 分述线呢、牛仔布、烂花布、条格布、水洗布的特点,纤维原料,线密度,规格和用途。各有哪些品种?

20. 分述纬长丝织物、中长纤维织物的特点,纤维原料,线密度,规格和用途。各有哪些品种?

第九章　毛织品

● 本章知识点 ●

1. 毛织品的分类与编号。
2. 精纺毛织品的特点。
3. 粗纺毛织品的特点。

以羊毛为主要原料并经过纺织、染整等加工工序所制成的产品,叫做毛织物或毛织品。某些纯化纤织物,虽不含有羊毛,但是采用毛纺设备及毛纺工艺加工制成,亦往往列入毛织品范围。习惯上,毛织品又称为呢绒。

第一节　毛织品的分类与编号

毛织品的品种很多,分类方法也多种多样,按所用原料不同,可分为纯毛织品、混纺织品、交织品、纯化纤织品;按用途不同可分为服装用呢、装饰用呢和工业用呢等;但长期以来多按照生产工艺的不同,划分为精梳毛纺与粗梳毛纺两个系统,其产品也就有精纺呢绒(精纺毛织品)、粗纺呢绒(粗纺毛织品)之分,其区别主要在于所用毛纱来自于不同的纺纱加工系统。

一、精纺呢绒的编号

(一)精纺呢绒的品质特征

精纺呢绒也称精梳呢绒,是使用较好的原毛经过多道机械加工(其中一道重要的工序就是精梳),以获得粗细均匀、纤维排列平直的毛条,再经纺、织、染、整理工序而得到的织品,其品质特征有:

(1)所用毛羊较长(通常在 65mm 以上),梳理平直,因而毛纱线密度较小(通常选用 12.5tex×2~33.3tex×2 股线),呢绒比较轻薄(通常单重量为 130~360g/m²)。

(2)呢面平整、光洁,织纹清晰,光泽柔和,手感柔软,身骨丰满,滑爽挺括,弹性较好。

(二)精纺呢绒的编号

为了商业经营和管理的需要,根据原纺织工业部颁发的"精纺、粗纺毛织品编号规定",呢绒商品实行统一编号。精纺呢绒编号由五位阿拉伯数字组成。自左向右,第一位数字表示纤维原料成分:2—纯毛,3—毛混纺,4—纯化纤。

第二位数字用 1~9 分别表示大类编号,见表 9-1。

表 9-1 精纺呢绒大类编号

编 号	1	2	3,4	5	6	7	8	9
品种类别	哔叽类、啥味呢类	华达呢类	中厚花呢类(包括中厚凉爽呢)	凡立丁类(包括派力司)	女衣呢类	贡呢类(包括马裤呢、巧克丁)	薄花呢	其他类

第三~第五位数字代表产品的品号,由生产企业内部编号。具体品种编号见表 9-2。

表 9-2 精纺呢绒产品编号

品 种	品 号		
	全 毛	混 纺	纯化纤
1. 哔叽类	21001~21500	31001~31500	41001~41500
啥味呢类	21501~21999	31501~31999	41501~41999
2. 华达呢类	22001~22999	32001~32999	42001~42999
3. 中厚花呢类	23001~24999	33001~34999	43001~44999
4. 凡立丁类	25001~25999	35001~35999	45001~45999
5. 女衣呢类	26001~26999	36001~36999	46001~46999
6. 贡呢类	27001~27999	37001~37999	47001~47999
7. 薄花呢类	28001~29500	38001~39500	48001~49500
8. 其他类	29501~29999	39501~39999	49501~49999

二、粗纺呢绒的编号

(一)粗纺呢绒的品质特征

粗纺呢绒,也称粗梳呢绒,是采用较短的毛纤维经粗梳毛纺织工艺而制成的织品。与精梳呢绒相比,其具有以下特点:

(1)使用原料范围广泛,不仅使用新原料,还可利用精梳短毛、落毛、下脚以及旧织物弹毛等。原毛长度较短,多在 20~65mm 之间,因而毛纱特数较高,呢绒比较厚重。

(2)品种繁多。由于原料多样,纱线粗细差异较大,可运用设计上的技巧、染整加工的工艺变化,在质地、风格、花型、色泽等方面显得丰富多彩。

(3)织坯疏松,外观较差,但一经加工整理,就会有很大的改变,不像精梳织物的坯布与成品形状比较接近。

(4)风格特殊,表现为手感柔软、蓬松丰厚,在棉、毛、丝、麻各类织物中,同厚度的织物以粗纺呢绒重量最轻。

（二）粗纺呢绒的编号

同精纺呢绒一样,为加强管理和区分起见,FZ/T 20015.2—1998 对粗纺呢绒也实行统一编号。

编号由五位阿拉伯数字组成。自左向右,第一位数字表示纤维原料:

0—全毛:纯羊毛。

1—毛混纺:羊毛与棉、麻、丝混纺,羊毛与化纤混纺。

7—全化纤:一种化纤纯纺;两种或两种以上化纤混纺。

8—特种动物毛纯纺或混纺:纯特种动物毛或与其他纤维的混纺。

9—其他:新型原料。

第二位数字用 1~9 分别表示大类编号,见表 9 - 3。

表 9 - 3 粗纺呢绒大类编号

编号	1	2	3	4	5	6	7	8	9
品种类别	麦尔登类	大衣呢类	海军呢类	制服呢类	女式呢类	法兰绒类	粗花呢类	学生呢类	其他类（包括纱毛呢、劳动呢等）

第三~第五位数字代表产品的品号,由生产厂内部编号。具体品种编号见表 9 - 4 所示。

表 9 - 4 粗纺呢绒产品编号

品　种	品　号		
	全　毛	混　纺	纯化纤
1. 麦尔登类	01001 ~ 01999	11001 ~ 11999	71001 ~ 71999
2. 大衣呢类	02001 ~ 02999	12001 ~ 12999	72001 ~ 72999
3. 海军呢类	03001 ~ 03999	13001 ~ 13999	73001 ~ 73999
4. 制服呢类	04001 ~ 04999	14001 ~ 14999	74001 ~ 74999
5. 女式呢类	05001 ~ 05999	15001 ~ 15999	75001 ~ 75999
6. 法兰绒类	06001 ~ 06999	16001 ~ 16009	76001 ~ 76999
7. 粗花呢类	07001 ~ 07999	17001 ~ 17999	77001 ~ 77999
8. 学生呢类	08001 ~ 08999	18001 ~ 18999	78001 ~ 78999
9. 其他类	09001 ~ 09999	19001 ~ 19999	79001 ~ 79999

第二节 精纺呢绒的主要品种

呢绒商品的品种很多,有根据用途定名的,如女衣呢、大衣呢、制服呢等;有根据所用原料定名的,如开司米、兔毛大衣呢等;有根据外来语译音定名的,如麦尔登(Melton)、法兰绒(Flannel)

等;还有根据地名、人名、特殊整理方法(防蛀、防雨、防缩等)、织纹组织等定名的。这些商品名称都因约定俗成而流传下来。精纺呢绒的品种有如下几种:

一、哔叽

哔叽是一种2上2下斜纹组织,纹路倾角为50°左右。按所用原料,有纯毛、混纺和纯化纤三类,纯毛哔叽选用15.6～16.6tex细羊毛纱,混纺哔叽采用粘胶纤维或涤纶与羊毛混纺,纯化纤哔叽以涤/粘较多。

哔叽呢面有两种:光面哔叽与毛面哔叽。光面哔叽要经过烧毛等工序处理,故表面光洁平整,纹路清晰;毛面哔叽要经过缩绒工艺,毛绒浮掩呢面,但由于毛绒短小,底纹斜条仍明显可见。

哔叽有厚、中、薄之分。色泽以上青为主,次为黑、灰、米色等,主要用作制服、套装、裙装、鞋帽等面料。

二、啥味呢

啥味呢又名啥咪呢。它由染色毛条与原色毛条按一定比例充分混条梳理后,纺成混色毛纱制织而成。织品组织也是2上2下的斜纹组织,纹路倾角约45°。所用原料以细羊毛为主,也有以粘胶纤维、涤纶或蚕丝与羊毛混纺。

啥味呢经轻微缩绒整理后,呢面有短小毛绒,且毛脚平整,手感软糯,有身骨、弹性好,光泽自然柔和,斜纹隐约可见。

啥味呢色泽素雅,以灰、米、咖啡色为主,宜做春秋季两用衫和西裤等,故又名春秋呢。

三、华达呢

哔达呢又名轧别丁。一般是2上2下斜纹组织,但与哔叽相比,由于其经密大(约为纬密的两倍),质地紧密,纬纱被压在经纱下而不易看到,织纹倾角比哔叽大。所用原料广泛,除纯毛外,可使用羊毛与涤纶、腈纶、粘胶纤维混纺,还可用纯化纤仿制。

华达呢的品种很多,按织品上的纹路分为双面斜纹、单面斜纹和缎背华达呢。双面斜纹华达呢正反两面外观相似,它身骨厚实,斜纹条子粗;单面华达呢正面有明显的斜纹线,反面则无;缎背华达呢是采用缎背组织织造,表组织采用2上2下斜纹,里经浮于织物反面,因而反面光滑如缎。

华达呢既有匹染又有条染,缎背华达呢通常只采用条染,色泽以藏青为主,另有米灰、咖啡和元色等。适宜做套装、西装和大衣的面料。

华达呢在使用过程中易产生"极光"(局部特别亮),这是由于穿用中有些部位经常摩擦,使纱线变得光滑,当光线照射时产生较强的反射光。减轻极光的办法是,穿用时注意尽量避免同部位短时间内多次摩擦,时常更换穿着,有利于毛织物弹性恢复,衣服不可穿得太脏,熨烫时减轻压力等。

四、花呢

花呢是精纺呢绒中的主要品种,它的花色变化繁多,可以用各种不同的有色毛纱或混色毛纱织成各种花型不同、质地不同、重量不同的织品,因此,花呢的特点是花型多、色泽多、组织变化多。

花呢按重量可分为中厚花呢(重量在 195～315g/m²)和薄花呢(重量在 195g/m² 以下);按原料可分为纯毛花呢、混纺花呢和纯化纤花呢;按花式可分为素花呢、条花呢、格子花呢、海力蒙、隐条花呢等。常见花呢有以下几种。

(一)素花呢

素花呢是外观无明显条格的中厚花呢。它采用条染复精梳工艺,先将毛条染成各种深浅不同的颜色,经拼色混条纺成各单色毛纱,再并成花色线作为经纬纱织造而成,其品质特点是:呢面上有非常细小的不同色泽花点,均匀地散布于全匹上,远看像素色,近看有微小的色点,显得素雅、大方、别致。

(二)条花呢

条花呢是外观有明显条子的中厚花呢,是在素花呢的基础上,再用单色纱作嵌条线或用组织变化构成不同的条纹而形成。条花呢分为阔条、狭条、明条、隐条等数种。凡条型宽度在 10mm 以上的称为阔条花呢,条型宽度在 5mm 以下的称为狭条花呢;用色纱或组织变化构成的条型与地色有明显区别的,称为明条花呢,反之,与地色基本一样,或用正反捻向纱分别排列的称为隐条花呢。

(三)格子花呢

格子花呢是在条花呢的基础上,运用构成条子花型的方法,在横向(即纬向)作同样的安排,使之条型垂直相交,成为大小不同的格型。格子花呢又因花型、格型的不同,分为大格、小格、明格等数种。

(四)海力蒙

海力蒙是一种山形斜纹组织,呢面纬向呈水浪形,经向呈重叠的人字形,人字条的宽度为 5～20mm,通常经纱用浅色,纬纱用深色,使花纹更加清晰。由于织品正反面纹路相同,因此区别正反面主要看其光洁度,光亮者为正面。

(五)单面花呢

单面花呢是利用双层平纹组织构成的中厚花呢,织物正反面不一定相同,正面凹凸条纹清晰,反面则模糊不清,故称单面花呢。单面花呢手感滑糯、表面细洁、弹性优良、光泽自然。其中,高级牙签花呢是别具一格的特色品种,因织品的呢面条型与牙签相同而得名,是西服的高级衣料。

(六)凉爽呢

凉爽呢是涤/毛混纺薄花呢的商业名称,因织品具有轻薄透凉、滑爽、挺括,弹性良好,易洗快干,穿着舒适等特点,又名毛的确良,适于制作春夏季男女套装、裤料、衫裙等。

五、凡立丁

凡立丁是采用1上1下平纹组织织成的单色股线的薄型织物,其特点是纱线较细、捻度较大,经纬密度在精纺呢绒中最小。凡立丁按使用原料,分为全毛、混纺及纯化纤类,多用粘胶纤维、锦纶或涤纶与羊毛混纺,也有粘胶纤维、锦纶、涤纶搭配的纯化纤凡立丁。

凡立丁除平纹外,还有隐条、隐格、条子、格子等不同品种,呢面光洁均匀、不起毛、织纹清晰、质地轻薄透气,有身骨,不板不绉。色泽多为匹染素色,以米黄、浅灰为多,适宜制作夏季的男女上衣和春、秋季的西裤、裙装等。

六、派力司

派力司是用精梳毛纱制织的轻薄品种,一般采用毛条染色的方法,先把部分毛条染色后,再与原色毛条混条纺纱,形成混色纱的平纹织物。这样,呢面散布有均匀的白点,并有纵横交错、隐约的雨丝条纹。

派力司是精纺呢绒中单位重量最轻的,它与凡立丁的主要区别在于,凡立丁是匹染的单色,而派力司是混色,经密略比凡立丁大。颜色以中灰、浅灰色为多。

派力司除具有凡立丁的优点外,其质地细洁轻薄,坚牢耐脏,多用于夏令裤料和女装上衣料。

七、女衣呢

女衣呢,过去又称女式呢、选花呢、女士呢等,是精纺呢绒中花色变化较多的品种。经纬纱都用线密度较小的双股线,也有纬纱用单纱的。织物组织采用平纹或斜纹、绉地、提花,也有经轻微缩绒工艺加工成短细毛绒呢面以及嵌夹金银丝等。

女衣呢的品质特点是:线密度较小,结构松,身骨薄,质地细洁,花纹清晰,色彩艳丽,以匹染素色为主,色泽有橘红、大红、紫红、铁锈红、嫩黄、金黄、艳蓝等。女衣呢适于做春秋两季妇女服装、上衣及童装或冬季女式棉袄面料。

八、贡呢

贡呢又称礼服呢,是精纺呢绒中经纬密度最大而又较厚重的中厚型品种。

贡呢采用各种缎纹组织制织。由于织纹浮点长,呢面显得特别光亮,表面呈现细斜纹,由左下向右上倾斜,倾角为75°以上,称直贡呢;倾角为50°左右的称斜贡呢;倾角为15°左右的称横贡呢,通常所说的贡呢以直贡呢为主。除纯毛品种外,另有毛/涤、毛/粘等。

贡呢大多为匹染素色,且以深色为主,如藏青、灰色、黑色,其中乌黑色的贡呢称为礼服呢,也有用花线交织的花绒直贡呢。贡呢织物呢面有明显的凹凸纹路,表面平滑,光泽明亮,质地厚实,穿着贴身舒适,但呢面浮线较长,耐磨性不及华达呢,主要用作鞋面料、礼服、大衣、西装上衣等。

九、马裤呢

马裤呢是精纺呢绒中较厚重的品种,因坚固耐用,最初因适用于骑士做马裤而得名。

马裤呢用较粗的(22.2tex×2~27.7tex×2)股线,用3上1下的急斜纹组织织成,呢面有粗壮的斜纹线。斜纹由左下向右上倾斜,倾角为63°~76°,其经密大于纬密近一倍,因此,织物结构紧密、手感厚实而有弹性,保暖性好。

马裤呢有匹染素色和条染混色两种,还有各种深浅异色合股花线织成的夹色品种。马裤呢适宜做军大衣、西裤和马裤等。

十、巧克丁

巧克丁又名罗斯福呢,类似马裤呢的品种,为斜纹变化组织。纹路比华达呢粗而比马裤呢细,斜纹间的距离和凹进的深度不相同,第一根浅而窄,第二根深而宽,如此循环而形成特殊的纹形,其反面较平坦,无纹路。

巧克丁使用 14.3~15.6tex 细羊毛为原料,经纱采用 20tex 以上的双股线,纬纱多用 25tex 单纱。除纯毛织品外,也有涤毛混纺巧克丁,织品条型清晰,质地厚重丰富,富有弹性。

巧克丁有匹染和条染两种,色泽以元色、灰色、蓝色为主,宜做春秋大衣、便装等。

十一、克罗丁

克罗丁又称驼丝锦,是呢绒的传统品种之一,一般以高级细羊毛为原料,经纱为股线,纬纱多用单纱,经纬密度较大,为缎纹变化组织,呢面由阔而扁平的特条和狭而细斜的凹条间隔排列,正面带有轻微的毛绒,反面较光洁。

克罗丁大多采用匹染,以元色、灰色为主,也有条染混色的。主要用作大衣、上衣和礼服面料等。

精纺呢绒除上述主要品种外,还有羽纱呢、胖哔叽、旗纱和蒸呢布等品种。在此不详述。

第三节 粗纺呢绒的品种

粗纺呢绒的品种很多,依照产品风格和染整工艺特点来划分,基本上可分为呢面、绒面和纹面三大类,其中以呢面织物占大多数。在衣着用呢的几个商品类中,几乎每个品类都有呢面风格的品种(其中麦尔登、海军呢、制服呢、学生呢等仅有一种呢面风格),有些品类则同时具有呢面、绒面和纹面三种不同的风格。下面就常用品种作一详细介绍。

一、麦尔登

麦尔登是一种品质较好的粗纺毛织物,因首先在英国西部的 Melton Mowbray 生产,故以地名命名,简称 Melten,即麦尔登。麦尔登的风格特征是:表面细洁平整,身骨挺实,富有弹性,有细密的绒毛覆盖织物底纹,耐磨性好,不起球,保暖性好,并有抗水防风的特点。

麦尔登一般采用细支散毛混入部分短毛为原料纺成 62.5~83.3tex 毛纱,多用 2 上 2 下或 2 上 1 下斜纹组织,呢坯经过重缩绒整理或两次缩绒而成。使用原料有全毛(有时为增加织品强力和耐磨性混入不超过 10% 的锦纶短纤,仍称为全毛织品)、毛/粘或毛/锦/粘纱。

麦尔登以匹染素色为主,色泽有上青、元色、黑色以及红色、绿色等,适宜做冬令套装、上装、裤子,长、短大衣及鞋帽面料。

二、大衣呢

大衣呢是粗纺呢绒中规格较多的一个品种,为厚型织品,以做冬季穿的大衣而得名。织品多数采用斜纹或缎纹组织,也有单层、纬二重、经二重及经纬双层组织。大衣呢的原料以用分级毛为主,少数高档品也选用支数毛,根据大衣呢的不同风格还可配用一部分其他动物毛,如兔毛、驼毛、马海毛等,混纺大衣呢中的中低档品,还掺用不同比例的再生毛、回毛、棉纤维以及小于30%的化纤。由于使用的原料不同,组织规格与染整工艺不同,大衣呢的手感、外观、服用性能差异较大,有平厚、立绒、顺毛、拷花、花式等五种主要品种。

(一)平厚大衣呢

平厚大衣呢采用2上2下斜纹或纬二重组织,经缩绒或缩绒起毛而制得,呢面平整、匀净、不露底、手感丰厚,不板不硬。以匹染为主,如黑、莽青、咖啡等,混色品种以黑灰为多。如市场上销售的雪花呢,就是以大量染黑的羊毛与少量本白羊毛混纺而成。

(二)顺毛大衣呢

顺毛大衣呢是采用斜纹或缎纹组织,利用缩绒或起毛整理使织物表面形成顺向一方倒卧紧贴呢面的仿兽皮风格的粗纺毛织物,呢面毛绒平顺整齐,不露底,手感顺滑柔软。顺毛大衣呢的原料除羊毛外,常混用羊绒、兔毛、驼毛、马海毛等特种动物毛,以形成独特的风格,如银枪大衣呢,其染成黑色的羊毛或其他动物纤维中混入10%左右本白色粗特马海毛,则乌黑的绒面上均匀地闪烁着银色光亮的枪毛,美观大方,是大衣呢中的高档品种。也可使用锦纶、涤纶等的异形纤维仿马海毛,以达到同样的效果。

(三)立绒大衣呢

立绒大衣呢是采用破斜纹或纬面缎纹组织制织,呢坯经洗呢、缩绒整理,重起毛、剪毛等工艺,使呢面上有一层耸立、浓密的绒毛的织物。其绒面丰满,绒毛密而平齐,具有丝绒状立体感,手感柔软,富有弹性,不松烂,光泽柔和。立绒大衣呢以匹染素色为主,如黑、墨绿、驼色等。如在呢料中混入少量本色羊毛或异形涤纶,则能使呢面深浅夹花,风格别致。

(四)拷花大衣呢

拷花大衣呢是采用纬二重组织或双层组织而织出人字形或水浪形的凹凸花纹,并非拷压出的花纹,因看似拷花而得名。拷花大衣呢采用质量较好的羊毛混山羊绒为原料,其织染工艺要求较高,是一种代表高技术水平的产品,故属于高档的大衣呢。拷花大衣呢的风格分为立绒和顺毛两种:立绒拷花呢绒纹路清晰而均匀,立体感强,手感丰厚,有弹性;顺毛拷花呢绒毛略长,排列整齐而紧密,纹路隐晦但不模糊,有立体感,手感也丰满厚实,富有弹性。拷花大衣呢的色泽多为素色,也有掺入部分本白羊毛,绒面呈现雪花状,如混入羊绒的,称为羊绒拷花大衣呢,又名开司米大衣呢,其质量更佳,手感丰厚,质轻,属高档大衣呢。

(五)花式大衣呢

花式大衣呢是利用花式纱线与平纹、斜纹、纬二重平组织或小花纹组织配合制织而成,重量较其他大衣呢轻。按呢面外观有花式纹面和花式绒面两种。花式纹面大衣呢,包括人字、圈、点、条、格等配色花纹组织,花纹清晰、纹路均匀,手感不板硬而有弹性;花式绒面大衣呢的花型与前者相同,但由于经过缩绒或起毛工序,呢面上又呈现出立绒和顺毛两个品种。花式绒面大衣呢绒面丰富,绒毛整齐,手感丰厚。

三、海军呢

海军呢过去称为细制服呢,因用于海军制服而形成了单独海军呢品种。其外观与麦尔登无多大区别,织纹基本被毛茸覆盖,不露底,质地紧密,但手感、身骨较麦尔登差。

海军呢的原料也是使用细支羊毛和混入部分短毛,采用 2 上 2 下斜纹组织,密度略小于麦尔登。混纺海军呢一般用二级毛和精短毛,掺入部分粘胶纤维或粘/锦等。

海军呢多染成蕨青色,也有墨绿、草绿等颜色,主要用作军服、制服、大衣、帽子等。

四、制服呢

制服呢相对于海军呢来说,也称粗制服呢,是粗纺呢绒中的大路品种,也是一种质地厚实的起绒织物。

制服呢的组织规格、色泽、风格均与海军呢相仿。由于采用原料为三级、四级改良毛,故品质略次于海军呢,表面绒毛不十分丰满,隐约可见底纹,手感略粗糙,穿久易落毛露底。除纯毛外,混纺的品种较多,有毛/粘、毛/锦、毛/腈等。

制服呢色泽以藏青为主,用途与麦尔登相同。

五、学生呢

学生呢又称大众呢,外观风格近似麦尔登,只不过所用原料略差一点,除混入精梳短毛外,还混入回毛和下脚毛。一般采用斜纹组织,呢坯须经重缩绒处理。呢面较为细洁,基本不露底,手感紧密,并有弹性,质差的品种穿久易于起球,落毛而露底,但价格低廉。学生呢的纯毛品种很少,多为毛/粘或毛/粘/锦品种,色泽为藏青、灰色、墨绿色等,适于制作男女学生制服和秋冬上装、西装等。

六、女式呢

女式呢因主要供妇女服料之用而得名,其呢面密度比较疏松,正反面均有毛绒覆盖,但不浓密,手感柔软,有较好的悬垂性。

女式呢多采用 2 上 2 下斜纹组织,也有平纹或变化组织。除纯毛制品外,混纺制品很多,有毛/粘、毛/涤/粘、毛/腈等,混纺比例不等,也有腈纶、腈锦等纯化纤女式呢。

女式呢的品种很多,如平素、立绒、顺毛、松结构女式呢等。其色泽鲜艳,色谱齐全,有藏青、咖啡、紫红、玫红、橘红、墨绿、米色等,宜做女式上衣、两用衫,呢身较厚的也可做大衣料。

七、法兰绒

法兰绒(Flano,Flannel)一词是外来语,于 18 世纪末在英国首先制成。国内一般是指混色粗梳毛纱制织的具有夹花风格的粗纺毛织物,其呢面有一层丰满细洁的绒毛覆盖,不露织纹,手感柔软平整,身骨比麦尔登稍薄。

法兰绒的生产是先将部分羊毛染色,后掺入一部分原色羊毛,经混匀纺成混色毛纱,织成织品经缩绒、拉毛整理而成。大多采用斜纹组织,也有的采用平纹组织。所用原料除全毛外,一般为毛、粘混纺,有时为提高耐磨性,可混入少量锦纶。

法兰绒色泽素净大方,有浅灰、中灰、深灰之分,适宜制作春秋男女上装和西裤。

八、粗花呢

粗花呢是粗纺呢绒中具有独特风格的花色品种,其外观特点就是"花"。粗花呢与精纺呢绒中的薄花呢相仿,是利用两种或以上的单色纱、混色纱、合股夹色线、花式线与各种花纹组织配合,织成人字、条子、格子、星点、提花、夹金银丝以及有条子的阔、狭、明、暗等几何图形的花式粗纺织物。

粗花呢采用平纹、斜纹及变化组织,原料有全毛、毛/粘、毛/粘/涤或毛/粘/腈以及粘胶纤维、腈纶等纯化纤。粗花呢按呢面外观风格分为呢面、纹面和绒面三种。呢面花呢略有短绒,微露织纹,质地较紧密、厚实,手感稍硬,后整理一般采用缩绒或轻缩绒,不拉毛或轻拉毛。纹面花呢表面花纹清晰,织纹均匀,光泽鲜明,身骨挺而有弹性,后整理不缩绒或轻缩绒。绒面花呢表面有绒毛覆盖,绒面丰富,绒毛整齐,手感较前两种柔软,后整理采用轻缩绒、拉毛工艺。

粗花呢的花式品种繁多,色泽柔和,主要用作春秋两用衫、女式风衣等。

九、钢花呢

钢花呢是粗花呢中的一个新品种,是采用点纱以特殊工艺织造而成,不规则的彩色粒点均匀地散布在呢面,好像炼钢炉中喷射出来的钢花一样,因而得名钢花呢(又称花色火姆司本)。钢花呢皆为毛、粘混纺织品,织品色彩丰富,风格独特。近年来又发展了镶嵌金银丝和异形涤纶丝的品种,使呢面显得更加美观。适用于春秋大衣、上衣等。

十、海力斯

海力斯原先是苏格兰西北部海力斯岛上居民生产的粗呢,用粗钢的契维奥特羊毛纺制,故又称契维奥特粗呢。其采用斜纹组织,所用原料较粗花呢差,多为三级、四级毛,呢面上常呈现不上色的白色枪毛,形成特有的粗犷风格;混纺海力期则加入粘胶纤维。呢坯经缩绒后,双面均有绒毛,呢面粗糙,纹路清晰,色泽以中、浅色为主,有藏青、米色等,是一种大众化的品种,适宜制作春秋男女两用衫、大衣等。

十一、粗服呢

粗服呢又称纱毛呢。属于粗纺呢绒中的一种低档品种。它利用精梳下脚毛、粗短毛、再生毛及粘胶纤维、锦纶等化纤,并选用部分四级、五级国毛为原料。粗服呢采用2上2下斜纹组织,呢坯经缩绒和轻度起毛,表面有细短绒毛并有粗枪毛,能清楚地看到斜纹组织的纹路,手感比较粗糙,质地坚实耐磨,价格便宜,常作为家常衣着和劳动、工作服用料。

第四节　毛织品的标志

纯羊毛标志是一种证明商标,是由国际羊毛局(IWS)于1964年推出的,也是中国老百姓普遍认可的一个国际著名商标。

纯羊毛标志(图9-1)由三个要素组成:五线三角形、注册商标Ⓡ(位于图案右下角,在一些英语国家,有时用 Certification Trade Mark 代替)纤维成分的说明语句。说明语句由 IWS 用23种文字注册,用其中任何一种均可,英文为"PURE NEW WOOL",中文为"纯新羊毛"。这三个要素缺一则为假冒。

1971年,IWS 又推出了"羊毛混纺标志"(图9-2),每一标志下面都应给出精确的混纺比例。

图9-1　纯新羊毛(PURE
NEW WOOL)标志

图9-2　高比例羊毛混纺(WOOL
RICH BLEND)标志

佩戴纯羊毛标志的产品必须是纯新羊毛,即非再生毛,只允许有0.3%杂质,并允许有占总质量5%的装饰性非羊毛纤维,如珠片、绣花或为加强产品性能的添加物。羊毛混纺标志也不允许使用再生毛,混纺时,只允许有一种非羊毛纤维与羊毛混合,且羊毛含量必须在60%以上(与棉混纺时可降到55%)。

羊毛标志适用于服装、毛衫、毛毯、毛绒、地毯、精粗纺面料、装饰布等,每一类都有相应的内在品质和外观等技术要求。对羊毛服装来说,羊毛标志一般缝于领口或在左肩缝以下约25cm处悬挂吊牌。

申请羊毛标志的程序是:厂家首先向国际羊毛局提出书面申请,国际羊毛局认定该厂具备一定条件后,到厂考察,产品送到指定的测试部门测试,合格后,双方签订协议书,颁发"纯羊毛标志"或"羊毛混纺标志"的使用许可证。今后每生产一批产品要到指定的测试部门测试,抽样率为千分之一。

佩戴"纯羊毛标志"的产品,在国际市场上具有很强的竞争力,因此,厂家所使用的"纯羊毛标志"的标签和挂牌,必须向国际羊毛局订购,国际羊毛局再向商标厂家按产量定做。这也是防止假冒的措施之一。

👉 **思考题**

1. 呢绒是如何分类的？

2. 精纺呢绒的品质特征有哪些？

3. 精纺呢绒怎样编号？

4. 粗纺呢绒的品质特征有哪些？怎样编号？

5. 呢绒商品的品种有哪些？精纺呢绒的品种包括哪些？粗纺呢绒的品种包括哪些？

6. 分述哔叽、啥味呢、华达呢、花呢、凡立丁、派力司的质地特点、纤维原料、线密度、呢面、色光、组织规格和用途。各有哪些品种？

7. 分述女衣呢、贡呢、马裤呢、巧克丁、克罗丁的质地特点、纤维原料、线密度、呢面、色光、组织规格和用途。各有哪些品种？

8. 分述麦尔登、大衣呢、海军呢、制服呢的质地特点、纤维原料、线密度、呢面、色光、组织规格和用途。各有哪些品种？

9. 分述大众呢、女式呢、法兰绒的质地特点、纤维原料、线密度、呢面、色光、组织规格和用途。各有哪些品种？

10. 分述粗花呢、钢花呢、海力斯、粗服呢的质地特点、纤维原料、线密度、呢面、色光、组织规格和用途。各有哪些品种？

第十章　丝织品

本章知识点

1. 丝绸的分类编号。
2. 各大类丝绸品种的主要特点。

丝织品(丝绸)是指以蚕丝(桑蚕、柞蚕或其他蚕丝)和化学纤维长丝(粘胶丝、涤纶丝、锦纶丝、铜氨丝、醋酸丝等)为纺织原料制织而成的织品,主要包括纯织和交织两类织品,统称为丝织品。我国素有"丝绸之国"的美称,丝绸生产的历史悠久,品种繁多,既有几千年历史的优秀传统品种,也有随着新型纤维的出现、生产工艺的改革而创新的新品种,在国际上有很高的声誉。

第一节　丝织品的分类、编号

一、丝织品的分类

(一)按商业习惯分类

1. 真丝绸类　指经、纬纱均以桑蚕丝为原料的各种丝织物。如真丝双绉、电力纺等。

2. 绢丝绸类　指经、纬纱用绢丝(用缫丝和织造过程中的丝头和下脚丝制成的丝线)、细丝(绢纺下脚纺成的纱线)为原料的织品。如绢丝纺、细丝绸等。

3. 柞丝绸类　指以柞蚕丝为主要纺织原料的织品。如柞丝纺、千山绸、鸭江绸等。

4. 人造丝绸类　指经、纬纱均采用再生纤维,如粘胶长丝、醋酸长丝、铜氨长丝等为主要原料的各种丝织物。如美丽绸、人丝古香缎、人丝软缎、人丝电力纺等。

5. 合纤绸类　指经、纬纱均采用涤纶、锦纶或其他合成纤维长丝为主要原料的各种丝织物。如锦丝纺、涤纶双绉、涤纶乔其纱等。

6. 交织物类　指经、纬纱采用不同原料的丝线交织而成的织物。如桑蚕丝与人造丝交织的织锦缎,锦纶与人丝纱交织的锦纶软缎、人丝与棉纱交织的羽纱和线绨等。

7. 被面类　指专门用作被面的特制丝织物。有整幅被面,四周素边,按条出售;也有被面绸,其经向没有素边,出售时在连续的花纹图案上直接裁剪。如真丝被面、软缎被面等。

(二)按织物结构形态分类

根据国家有关规定,按照丝织物的组织结构、使用原料、制织工艺、质地外观及丝织物主要用途可分为绡、纺、绉、缎、锦、绫、绢、纱、罗、绨、葛、绒、呢、绸等十四大类(表10-1)。目前在生产上对新品种定名、市场上丝绸商品命名均采用这种分类方法。根据织物的外观及加工工艺等又可分为三十六小类(表10-2)。

表10-1 十四大类丝织品的名称和含义

序号	类别	英文名称	含 义
1	绡类	Chiffon Kinds	采用平纹或假纱罗等组织,经纬捻度较小,质地轻薄的透孔织物
2	纺类	Habotai Kinds	应用平纹组织,经纬无捻或弱捻,采用生丝或半色织工艺,外观平整、缜密的织物
3	绉类	Crepe Kinds	应用平纹或其他组织,经纬加强捻,外观呈现明显的绉效应,富有弹性的织物
4	缎类	Satin Kinds	采用缎纹组织,外观平滑、光亮的织物
5	锦类	Brocade Kinds	采用斜纹、缎纹等组织,经纬无捻或弱捻,绸面呈多彩绚丽的色织提花织物
6	绫类	Ghatpot Kinds	采用斜纹或斜纹变化组织,外观具有明显斜向纹路的织物
7	绢类	Yarn-dyed Silk Fabric	采用平纹或平纹变化组织,熟织或色织套染的绸面细密、平挺的织物
8	纱类	Gauze Kinds	全部或部分采用纱组织,绸面呈现清晰纱孔的织物
9	罗类	Leno Kinds	全部或部分采用罗组织,绸面纱孔呈条状的织物
10	绨类	Bengaline Kinds	采用平纹组织,以各种长丝作经,棉纱蜡线或其他短纤维纱线原料作纬,质地较粗厚的织物
11	葛类	Poplin Kinds	采用平纹、平纹变化组织、急斜纹组织,经细纬粗,经密纬疏,质地厚实,有比较明显的横棱纹织物
12	绒类	Velvet Kinds	全部或部分采用绒组织,绸面呈绒毛或绒圈的织物
13	呢类	Suitings Silk Kinds	采用或混用基本组织、联合组织及变化组织,质地丰厚,似呢的织物
14	绸类	Silk & Filament Fabric	采用平纹或变化组织,经纬交错紧密或无以上各类特征的织物

表10-2 三十六小类丝织品的名称和含义

序号	类别	英文名称	含 义
1	双绉类	Crepe de Chine Kinds	平纹组织、采用2Z2S排列的强捻丝、绸面呈均匀绉效应的织物
2	碧绉类	Kabe Crepe Kinds	纬向采用碧绉线、外观呈细密绉纹的织物
3	乔其类	Georgette Kinds	采用平纹组织、经纬均采用2Z2S排列的强捻丝、质地较稀疏轻薄,绸面呈现纱孔和绉效应的织物
4	顺纡类	Crepon Kinds	纬向采用单向强捻丝、外观呈现不规则直向绉纹的织物

序号	类别	英文名称	含 义
5	塔夫类	Taffeta Kinds	采用平纹组织、质地细密挺括的熟织物
6	电力纺类	Habotai Kinds	一般指采用桑蚕丝(柞丝)生织的平纹织物
7	薄纺类	Paj Kinds	一般指采用桑蚕丝生织,绸重在 $6g/m^2$ 及以下的平纹织物
8	绢纺类	Spun Silk Kinds	经纬均采用绢丝的平纹织物
9	绵绸类	Noil Poplin Kinds	经纬均采用䌷丝的平纹织物
10	双宫类	Doupion Silk Kinds	全部或部分采用双宫丝的织物
11	疙瘩类	Slubbed Fabric Kinds	全部或部分采用疙瘩、竹节丝,呈疙瘩效应的织物
12	条子类	Striped Kinds	采用不同的组织、原料、排列、密度、色彩等,外观呈现横条、直条形花纹的织物
13	格子类	Checks Kinds	采用不同的组织、原料、排列、密度、色彩等,外观呈现格形花纹的织物
14	透凉类	Mock – leno Kinds	采用假纱组织,构成似纱眼的透孔织物
15	色织类	Yarn – dyed Kinds	全部或部分采用色丝的织物
16	双面类	Reversible fabric Kinds	应用二重组织,正反面均具有同类斜纹或缎纹组织的织物
17	花类	Jacquard Fabric	提花织物
18	修花类	Broche Kinds	按照花型要求,修剪除去浮长丝线的织物
19	生类	Unboiled – fabric	采用生丝织造,不经精练的织物
20	特染类	Special Dyeing Kinds	经纱或纬纱采用扎染等特种染色工艺,外观呈现二色及以上花色效应的织物
21	印经类	Warp – printing Kinds	经纱印花后再进行织造的织物
22	拉绒类	Raising Kinds	经过拉绒整理的织物
23	立绒类	Up – right pile silk	经过立绒整理的织物
24	和服类	Kimono Silk Kinds	幅宽在45cm以下,或织有开剪缝,供加工和服专用的织物
25	挖花类	Swivel Silk Kinds	采用手工或特殊机械装置,挖成整齐光洁的花纹,背面没有浮长丝线,不需要修剪的丝织物
26	烂花类	Etched – out Fabric Kinds	采用化学腐蚀方法,产生花纹的织物
27	轧花类	Gauffer Kinds	采用刻有花纹钢辊筒的轧压工艺,外观呈现显著的松板纹、云纹、水纹等有折光效应和凹凸花纹的织物
28	高花类	Relief Kinds	采用重经组织或者重纬组织,粗细悬殊的原料,不同原料的强伸强缩等方法,外观呈现显著凸起花纹的织物
29	圈绒类	Loop – pile Kinds	采用经起绒组织,外观呈现细密均匀的绒圈织物
30	领带类	Necktie Kinds	专门制作领带的织物
31	光类	Lustering Kinds	采用金银铝线和各种不同光泽特征的丝线,辅之以不同的组织和排列,外观呈现亮光、星光、闪光、隐光等不同光泽效应的织物

序号	类别	英文名称	含　义
32	纹类	Dobby Kinds	采用绉组织或其他组织,外观呈现星纹或各种小花纹的织物
33	罗纹类	Tussores Kinds	单面或双面呈经浮横条的织物
34	腰带类	Obiji Kinds	专门制作和服腰带的织物
35	打字类	Typewriter Ribbon Silk Fabric	专门制作打字色带的织物
36	绝缘类	Insulating Fabric	专门制作绝缘材料的织物

二、丝织品的编号

用数字和字母按一定的规范编排,代表丝织品规格的代号称为品号。品号是为丝织品生产、贸易和统计工作服务的。丝织品的品号分为外销丝织品品号和内销丝织品品号;外销丝织品品号又分为由全国统一编号的外销丝织品统一品号和由各省(市)编号的外销丝织品地区品号。

(一)外销丝织品的品号

1. 全国统一品号　由代表外销丝织品品种原料属性、类别、品种规格序号的五位阿拉伯数字组成(表10-3)。

表10-3　全国统一品号组成

第一位数		第二位或第三位数		第三~第五位数	
序数	原料属性	序数	大类名称	序数	规格序号
1	表示桑蚕丝类原料(包括桑丝、双宫丝、桑绢丝、蓖麻绢丝、桑绌丝)纯织及桑蚕丝含量占50%以上的桑柞交织物	0	绡	001~999	规格序号
		1	纺	001~999	规格序号
2	表示合成纤维长丝、合成纤维长丝与合成短纤纱线(包括合成短纤与粘胶纤维或棉混纺的纱线)交织的织物	2	绉	001~999	规格序号
		3	绸	001~999	规格序号
		40~47	缎	001~799	规格序号
3	表示天然丝短纤与其他短纤混纺的纱线所组成的织物	48~49	锦	801~999	规格序号
4	表示柞蚕丝类原料(包括柞丝、柞绢丝、柞绌丝)纯织及柞蚕丝含量占50%以上的柞桑交织织物	50~54	绢	001~499	规格序号
		55~59	绫	501~999	规格序号
5	表示粘胶纤维长丝或铜氨纤维、醋酯纤维长丝及与其短纤维纱线交织的织物	60~64	罗	001~499	规格序号
		65~69	纱	501~999	规格序号
		70~74	葛	001~499	规格序号
6	表示除上述"1"、"2"、"3"、"4"、"5"以外的经、纬由两种或两种以上原料交织的织物。若其主要原料含量在95%以上(绡类可放宽至90%),其余原料仅起点缀作用者,仍列入主要原料所属类别	75~79	绨	501~999	规格序号
		80~84	绒	001~499	规格序号
		85~89	呢	501~999	规格序号
7	按习惯沿用代表被面				

注　1. 五位数自左至右排列。

　　2. 由于编号工作多次变革,缎、锦、绒、呢大类中有些品种的品号编定不符合该表要求。

　　3. "40~79"所列第三位数字有双重含义,既表示所属大类的类别,又表示品种规格序号。

例1:11102 90/19 洋纺

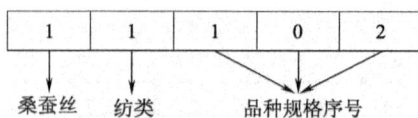

1	1	1	0	2

桑蚕丝　纺类　　品种规格序号

例2:64854 80/122 宋锦

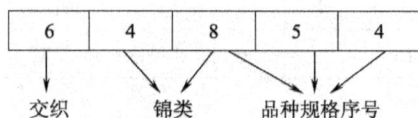

6	4	8	5	4

交织　　锦类　　品种规格序号

2. 外销丝织品地区品号　由地区代号和外销丝织品的原料属性、规格序号的四位阿拉伯数字组成(表10-4)。

表10-4　外销丝织物地区品号

地区代号	第一位数	第二~第四位数
见表10-5	代表原料属性含义同表10-3	代表品种规格序号

注　地区代号以及四位数自左向右排列。

表10-5　地区代号:各省市的字母代号

地区	代号	地区	代号	地区	代号	地区	代号	地区	代号
北京	B	上海	S	辽宁	D	江西	J	湖北	E
江苏	K	广东	G	四川	C	福建	M	湖南	X
南京	NJ	山东	L	重庆	R	广西	N	河南	Y
浙江	H	安徽	W	成都	CD	陕西	Q	天津	T
宁波	NB								

例1:S1102 107/55 电力纺

S	1	1	0	2

地区代号(上海)　桑蚕丝　规格序号

例2:L4758 122/195 柞宫绸

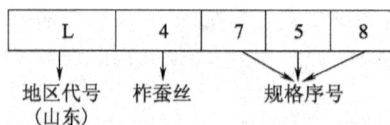

L	4	7	5	8

地区代号　柞蚕丝　规格序号
(山东)

(二)内销丝织品的品号

内销丝织品的品号,代表各省(市)纺织品内销品种规格的代号,内销丝织品的品号由四位阿拉伯数字冠上地区号组成。由各省市自行编排,国内各地内销丝织品的编号不同。

丝织品的原料简称见表 10 - 6。

表 10 - 6　原料简称表

原 料 名 称	纯织用简称	混纺、交织联用简称
桑蚕丝	桑丝	桑或丝
绢丝	绢	绢
绅丝	绵	绵或绅
柞蚕丝	柞	柞
柞绢丝	柞绢	柞绢
柞绅丝	柞绵	柞绵
羊毛、兔毛等	—	毛
麻	—	麻
粘胶丝、铜氨丝	人丝	粘丝或粘
醋酸丝	醋丝	醋
锦纶丝(尼龙丝)	锦丝(尼丝)	锦(尼)
涤纶丝	涤丝	涤
棉纱	—	棉
人造棉纱	—	粘纤

第二节　丝织品的主要品种

一、绸类织物

绸类织物是丝织物的一个大类,它所包括的范围较广,除纱罗组织及绒组织外,其他各种组织的丝织品如无其他特征均可列入此类。织物地纹采用平纹或各种变化组织,或同时混用几种基本组织和变化组织(纱、罗、绒组织除外)。绸类织物可采用桑蚕丝、粘胶丝、合纤丝纯织或交织。按制造工艺可分为生织(白织)、熟织(色织)两大类。绸类织物轻薄、厚重不同,轻薄型的质地柔软、富有弹性,常用于衬衣、裙料。厚重型的质地平挺厚实,绸面层次丰富,宜用于各种高级服装等。

1. 双宫绸　双宫绸是用普通桑蚕丝作经,双宫桑蚕丝作纬的平纹丝织物。因纬粗经细,双宫丝丝条又不规则地分布着疙瘩状竹节,因此,织物别具风格。根据染整加工情况,可分成生织匹染和熟织两种。熟织中又有经纬互为对比色的闪色双宫绸和格子双宫绸等。双宫绸表面粗糙不平,质地紧密挺括,色光柔和。主要用作夏令男女衬衫、裙子和外套的面料等。

2. 花线春　俗称大绸(花大绸),为纯桑蚕丝织品,可用厂丝、土丝或绢丝织造,属生丝绸,可染成各种色泽。以平纹组织为地,起满地小提花,花纹多采用几何图案,正面花纹明亮,质地厚实柔软。

3. 鸭江绸　鸭江绸是柞丝绸织物中的一个大类品种。鸭江绸以普通柞蚕丝作经,以特种工艺丝(以手工纹制,丝条上形成粗细、形状不同的疙瘩)作纬,也可将两种丝间隔排列作经纬,或经纬均采用特种工艺丝。织物有平纹素色和提花两种。提花鸭江绸常用平纹双层表里换层组织交织,呈现双面浮雕效果。鸭江绸品种较多,有平素、条格、提花、独花等品种。织物质地厚实粗犷,绸面散布大小形状不一的粗节,风格别致,织物紧密,富有弹性,坚牢耐用。提花织物的花型大方,立体感强。主要用作男女西装、套装面料。提花品种常用作高档服装面料。

4. 绵绸 绵绸又称疙瘩绸,是以桑蚕绅丝为原料的平纹织物。由于绅丝为绢纺产品,粗细不匀,使织物表面具有粗糙不平的独特外观。也有用绅丝和棉纱交织的绵绸,织物经染色成为杂色。绵绸质地坚韧,光泽柔和,富有弹性,悬垂性与透气性良好,手感厚实。主要用作衬衣、睡衣裤、练功服面料等。

二、缎类织物

缎类织物的全部或大部分采用缎纹组织,经丝加弱捻,纬丝一般不加捻,用经面缎纹制织的称经面缎,用纬面缎纹组织制织的称纬面缎。缎类织物质地紧密柔软,绸面平滑,光泽富丽明亮,是具有悠久历史的丝织品。缎类织物可采用桑蚕丝、粘胶丝和其他化纤长丝制织,可用作各种衣料、工艺品、装饰品、被面等。

1. 软缎 是蚕丝作经、粘胶丝作纬的经面缎纹生货绸,是缎类织品中最简单的一种。因两种纤维的染色性能有差异,匹染后经纬异色。软缎有素、花之分。素软缎采用八枚经面缎纹组织,花软缎则在八枚经面缎纹地上起纬花。花型图案以自然花卉为多。若经纬均用粘胶丝,则称人造丝软缎。软缎地纹平整光滑,质地柔软,缎面光泽明亮。主要用作妇女的服装面料及服装镶边、婴儿斗篷、儿童服装和帽料等。

2. 绣锦缎 独花织锦旗袍面料,经线采用有捻桑蚕丝,纬线为有光粘胶丝,经线为一组,纬线为三组,在五枚经面缎纹地上起出纬花。全幅为自由花纹,根据旗袍要求在前片的胸部和前后片下摆处织入花纹,其余均为缎地,所织入花纹如同绣花,精细、夺目、新颖别致,具有中国民族特色和独特的东方之美。

3. 库缎 库缎又称贡缎,原为清代官营织造生产进贡入库以供皇室选用的织品,故名库缎,是全真丝熟织的传统缎类丝织物。库缎有素库缎、花库缎之分。素库缎用八枚缎纹织造,织后经括绸处理。花库缎在缎地上提出本色或其他颜色的花纹,分为"亮花"和"暗花"两种,亮花是明显的纬丝浮于缎面,暗花是提出交织细腻的组织,而不发光,若部分花纹用金银丝挖花织造,则称为"装金库缎",库缎图案多以团花为主。花纹多为"五福捧寿"、"吉祥如意"、"龙凤呈祥"等民族传统图案,织后也经括绸处理。花、地异色的又称彩库缎。库缎织物的经、纬紧度较大,成品质地紧密,挺括厚实,缎面平整光滑,富有弹性,色光柔和。主要用作少数民族的服装面料或服装镶边等。

4. 薄缎 纯桑蚕丝白织薄型缎类丝织物。成品具有质地轻盈,柔软平滑,缎面光泽柔和和悦目的特点,是缎类中最轻薄的品种,常采用八枚缎纹组织制织,坯绸经精练、染色、整理,常用作羊毛衫衬里或工艺装饰用品。

5. 涤美缎 为涤纶仿真丝绸提花缎类丝织物,手感滑糯,富有弹性,具有免烫、洗即可穿的优良特性。经丝采用半光弱捻涤纶丝,纬丝用异形截面的涤纶丝,在八枚缎纹组织地上起纬花,花纹光泽明亮、晶莹闪烁,宜用作女用衣料。

三、纺类织物

纺类织物的主要特征是经纬丝均不加捻,应用平纹组织生织后再经练、染、或印花等处理,构成绸面平整细洁、质地轻薄的花、素、条、格丝织物。纺类织物又称纺绸,可采用桑蚕丝、粘胶丝、合纤丝,或用合纤丝作经,粘胶纱、绢纺纱作纬。纺类织物属中低档丝织物,适用范围较广。

1. 电力纺　桑蚕丝生织纺类织物,以平纹组织制织。因采用厂丝和电动丝织机取代土丝和木机制织而得名。电力纺品种较多,按织物原料不同,有真丝电力纺、粘胶丝电力纺及真丝与粘胶丝交织电力纺等。按织物每平方米重量不同,有重磅($40g/m^2$ 以上)、中等、轻磅($20g/m^2$ 以下)之分;按染整加工工艺的不同,有练白、增白、杂色、印花之分。电力纺产品常按地名命名,如杭纺(产于杭州)、绍纺(产于绍兴)、湖纺(产于湖州)等。电力纺织物质地紧密细洁,手感柔挺,光泽柔和,穿着滑爽舒适。重磅的电力纺织物主要用作夏令衬衫、裙子及儿童服装面料;中等的可用作服装里料;轻磅的可用作衬裙、头巾等。

2. 绢丝纺　绢丝纺又称绢纺,是用桑蚕绢丝制织的平纹纺类织物。坯绸精练成练白绸,也可染成杂色或印花。先用精练染色绢丝色织时,便可织得彩格绢丝纺,又称绢格纺。绢丝纺手感柔软,有温暖感,质地坚韧,富有弹性。主要用作内衣、衬衫、睡衣裤、练功服等。

3. 尼龙纺　尼龙纺又称尼丝纺,为锦纶长丝制织的纺类织物。根据每平方米重量,可分为中厚型($80g/m^2$)和薄型($40g/m^2$)两种。尼龙纺坯绸的后加工有多种方式,有的可经精练、染色或印花;有的可轧光或轧纹;有的可涂层。经增白、染色、印花、轧光、轧纹的尼龙纺,织物平整细密,绸面光滑,手感柔软,轻薄而坚牢耐磨,色泽鲜艳,易洗快干,主要用作男女服装面料。涂层尼龙纺不透风、不透水,且具有防羽绒性,常用作滑雪衫、雨衣、睡袋、登山服的面料。

4. 富春纺　富春纺是粘胶丝(人造丝)与棉型粘胶短纤纱交织的纺类织物。织物经密大于纬密,且经染色或印花。富春纺绸面光洁,手感柔软滑爽,色泽鲜艳,光泽柔和,吸湿性好,穿着舒适。主要用作夏季衬衫、裙子面料或儿童服装。杂色富春纺也可用作冬季棉衣的面料等。

5. 涤丝纺　经纬均采用涤长丝白织的纺类丝织物,用平纹组织制织,织后经漂练、染色、印花、定形整理,主要用作运动服、滑雪衣、阳伞或装饰用面料等。

四、绉类织物

绉类织物以平纹组织或绉组织作地,运用组织结构和各种工艺的作用(如经纬均加强捻,或经加弱捻、纬加强捻,或经不加捻、纬加强捻,以及利用张力大小不同或原料强伸强缩的特性等)进行生织,织成后再经练、染、印等处理,使织物表面呈现绉纹效应。

1. 双绉　双绉是用平纹组织制织的平经绉纬织物,且纬丝以 2S、2Z 交替与经丝交织。织物经精练整理后,由于纬丝双向扭力及退捻作用而使织物起绉。双绉按经纬所用原料不同,可分为真丝双绉、人造丝双绉及蚕丝与人造线交织双绉等。双绉按平方米重量,有重磅、中等、轻磅之分;按织后加工情况,可分为练白、增白、染色、印花等,以印花为多。双绉织物的手感柔软滑爽,富有弹性,绸面平整轻薄,光泽柔和,抗皱性能好,穿着舒适凉爽,缩水率比较大,主要用作男女衬衫、绣衣、裙子等。

2. 碧绉 白织或半色织条格形绉类织物,碧绉有素碧绉和色织碧绉之分,素碧绉又称更新绉、印度绸。碧绉是用平纹组织制织的平经绉纬(经丝无捻、纬丝强捻)织物。同双绉不同的是,碧绉所用的纬丝是几根合并加 S 捻的丝再同一根线合并加 Z 捻,使前者退捻而围绕于后者形成螺旋形绉线(称碧绉线)。织物经染整加工后便形成水浪形绉纹。按碧绉所用的原料,有真丝碧绉,蚕丝、锦丝交织碧绉,蚕丝、人造丝交织碧绉等。素碧绸可染色、印花。色织碧绉有条子碧绉、格子碧绉。碧绉类织物质地紧密细致,手感柔软滑爽,绉纹自如,光泽柔和,弹性好,轻薄透气。主要用作夏令男女衬衫、妇女衣裙、中式衣衫等。

3. 乔其纱 乔其纱又称乔其绉,是以强捻绉经、绉纬制织的一种丝织物。经丝与纬丝采用 S 捻和 Z 捻两种不同捻向的强捻纱,按 2S、2Z 相间排列,以平纹组织交织,织物的经纬密度很小。坯绸经精练后,由于丝线的退捻作用而收缩起绉,形成绸面布满均匀绉纹、结构疏松的乔其绉。乔其纱根据所用的原料可分为真丝乔其纱、人造丝乔其纱、涤丝乔其纱和交织乔其纱等几种,若纬丝只采用一种捻向,织得乔其纱称为顺纡乔其纱,顺纡乔其纱呈现经向凹凸褶裥状不规则绉纹。乔其纱质地轻薄透明,手感柔爽,富有弹性,外观清淡雅洁,具有良好的透气性和悬垂性,穿着飘逸、舒适。乔其纱的轻、重、厚、薄、透明度以及绸面绉缩效应等,主要取决于丝线的粗细、并合数、捻度以及经纬密度。乔其纱适于制作妇女连衣裙、高级晚礼服、头巾、宫灯工艺品等。

4. 留香绉 留香绉是以平纹为地组织起绉,同时在织物表面以经丝起花的一种生织丝织物。其经丝有两组,一组为真丝地经,一组为粘胶丝花经;纬丝为加捻真丝。地经、地纬交织成地组织,花经与纬丝交织起经缎花。利用两种原料的不同染色性能,经精练、染色后,织物表面形成的水浪形地纹上呈现两色花纹的效果。留香绉质地柔软,富有弹性,花形饱满,光泽明亮,花纹雅致,色泽鲜艳,主要用作妇女春、秋、冬季衣服面料及旗袍面料。

五、纱类织物

纱类织物是指应用纱罗组织在绸面布满整齐等距的绞纱孔眼的花素丝织物,根据提花与否,分为素纱和花纱。花纱指在地组织上提绞经花组织,或在绞经地组织上提平纹等花组织。

1. 莨纱绸 又名香云纱、黑胶绸或拷绸,是经茨莨液浸渍处理的桑蚕丝生织的提花绞纱丝织物。莨纱绸有莨纱与莨绸之分。在平纹地上以绞纱组织提出满地小花纹,并有均匀细密小孔眼的丝织物,经上胶晒制而成的称莨纱;用平纹组织制织绸坯,经上胶晒制而成的称莨绸。

莨纱绸原产广东省南海(今佛山市南海区)一带,已有近百年的生产历史,采用传统手工浸晒。原为荔核似的茶棕色,故又称为荔枝绸。现在已开发出两面异色、彩色、印花莨纱绸等品种,此外,也有用市布或丝绸拷制仿莨纱品种。

莨纱纱绸表面乌黑发亮、细滑平挺,耐晒、耐洗、耐穿,干后不需熨烫,具有挺爽柔滑、透凉舒适的特点,其缺点是表面漆状物耐磨性较差,揉搓后易脱落,因此,洗涤时宜用清水浸泡洗涤,莨纱绸宜作东南亚亚热带地区的各种夏季便服、旗袍、唐装等。

2. 夏夜纱 夏夜纱是以桑蚕丝作经,粘胶丝、金银线作纬,平纹为地组织,绞纱组织作花的色织提花纱组织织物。织物地部亮而平挺,花部暗而透孔,花地相映宛若夏夜繁星。织物质地平整挺爽,花纹纱孔清晰,地纹金银光闪烁,高贵华丽,宜作妇女高档衣料、装饰品等。

3. 涤纶纱 以纯涤纶半光丝白织的绞纱类丝织物,绸面孔松透明,质地松薄柔软,宜作服装、窗帘、装饰绸等。

六、罗类织物

罗类织物是指以罗组织构成等距或不等距的条状纱孔的花素织物。提花者为花罗,不提花者为素罗。根据纱孔排列方向又分为横罗、直罗。

1. 杭罗 是产于浙江杭州的传统丝织物,有横罗、直罗之分,其绸面有等距平行的纵条或横条纱孔,呈纵条的称直罗,呈横条的称横罗。杭罗为纯桑蚕丝白织罗织物,质地紧密结实,孔眼清晰,手感挺括、滑爽,穿着凉爽透气。宜作夏令男女衬衫、深色宜作夏季裤料。

2. 帘锦罗 桑蚕丝色织的提花罗类丝织物,地部采用平纹组织,每隔50经配有直罗一条,在有规律的直条罗纹中缀织经花和少量陪衬纬花。帘锦罗表面具有直条形罗纹孔眼,质地轻薄挺括,悬垂性好,主要作夏季服装或窗帘装饰等。

七、绫类织物

绫类织物是以斜纹或变化斜纹组织为地,织物表面有明显斜纹纹路或由不同斜向纹路构成各种几何形花纹的花素丝织物。素绫由斜纹或变化斜纹构成;花绫则在斜纹地上起斜纹暗花,花纹常为传统的吉祥动物、文字、环花等。

1. 桑丝绫 又称真丝斜纹绸,一般用$\frac{2}{2}$斜纹组织交织,质地柔软光滑,光泽柔和,手感轻盈,花色丰富多彩,桑丝绫有薄型和中型之分,大多用作衬衫、连衣裙、睡衣、围巾等。

2. 美丽绸 美丽绸又称美丽绫,是纯粘胶丝平经平纬丝织物。采用$\frac{3}{1}$斜纹或山形斜纹组织制织。织坯经练染,织物纹路细密清晰,手感平挺光滑,色泽鲜艳光亮,但缩水率大,是一种高级的服装里子绸。

3. 羽纱 羽纱是用有光粘胶丝作经、棉纱作纬,以斜纹组织制织的丝织物,又称棉纬绫,纬向用棉股线的称棉线绫,织后经练染。织物纹路清晰,手感柔软,富有光泽,缩水率大,常用作服装里子。

4. 桑䌷绫 纯桑䌷丝白织平素绫类丝织物,以四枚斜纹组织制织。䌷丝纱表面具有不规则的绵粒,绸面满布细小疙瘩,质地丰厚坚牢,光泽柔和,斜纹纹路隐约可见,宜用作各种服装或装饰面料。

5. 尼丝绫 纯锦纶丝白织平素绫类丝织物,采用$\frac{1}{2}$斜纹组织。绸面织纹清晰,质地柔软光滑,拒水性能好,经防水处理常用作滑雪衣、雨衣、雨具面料等。

八、绢类织物

绢类织物是采用平纹或重平组织作地制织的色织或半色织花素丝织物,常采用桑蚕丝、粘胶丝纯织,也用桑蚕丝与粘胶丝或其他化纤长丝交织,经纬丝不加捻或加弱捻。绢类织物绸面细密、平整,质地轻薄,布身挺括。

1. 塔夫绸 塔夫绸又称塔夫绢,是一种以平纹组织制织的熟织高档丝织品。经纱采用复捻熟丝,纬丝采用并合单捻熟丝,以平纹组织为地,织品密度大,是绸类织品中最紧密的一个品种。塔夫绸的特点是绸面细洁光滑、平挺美观、光泽好,织品紧密,手感硬挺,但折皱后易产生永久性折痕。因此不宜折叠和重压,常用卷筒式包装。塔夫绸的品种很多,根据所用原料分为真丝塔夫绸、双宫丝塔夫绸、丝棉交织塔夫绸、绢纬塔夫绸、人造丝塔夫绸、涤丝塔夫绸等。根据制织工艺分为素色塔夫绸、闪色塔夫绸、条格塔夫绸、提花塔夫绸等。素色塔夫绸用单一颜色的染色熟丝织造;闪光塔夫绸利用经纬丝的颜色不同,织成织品后形成闪光效应;条格塔夫绸是利用不同颜色的经丝和纬丝按规律间隔排列,织成织品后,形成条格效应;提花塔夫绸简称花塔夫绸,是在素塔夫绸的平纹地上,提织缎纹经花。塔夫绸紧密细洁,绸面平挺,光滑细致,手感硬挺,色泽鲜艳,色光柔和明亮,不易沾灰。主要用作妇女春、秋服装,节日礼服,羽绒服面料等。

2. 天香绢 天香绢又称双纬花绸,是一种桑蚕丝与粘胶丝交织的半色织提花丝织物。经丝为桑蚕丝,纬丝一种为染色粘胶丝,另一种为本色粘胶丝。地部为平纹组织,花部为缎纹组织。常以中型写实或变形花卉为提花纹样。绸面有闪光明亮的缎花。织后再经精练、套染。天香绢绸面细洁雅致,织纹层次较丰富,质地紧密,轻薄柔软。主要用作春、秋、冬季妇女服装,婴儿斗篷面料等。

3. 桑格绢 纯桑蚕丝色织绢类丝织物,经纬均采用 A 级桑蚕线,经线用两色以上条子排列,纬线用两色按格形排列,采用平纹组织制织,质地细洁精致,爽滑平挺,格形图案美观大方,是一种高级熟丝织物,常用作外衣、礼服或毛毯镶嵌滚边等。

4. 画绢 用未脱胶的桑蚕丝制织的不需精练的绢类丝织物。结构紧密,表面平洁,专用于书画、裱糊扇面、扎刷彩灯等,在古代常用作抄诗写赋、记载文献等。

九、呢类织物

呢类织物是以绉组织、平纹组织、浮点较小的斜纹组织或其他混合组织作地,采用较粗的有捻或无捻经纬丝制织的花素丝织品,呢类织物质地丰满、布面无光泽。

1. 博士呢 桑蚕丝平经、绉纬白织呢类丝织物。纬线按 2S2Z 排列,以四枚变化浮组织制织。素博士呢织纹精致,光泽柔和,富有弹性。提花博士呢地部光泽柔和,织纹雅致;花部缎面光亮,图案古朴端庄,手感爽挺弹性好,是优秀传统品种之一。织后经精练、染色、呢毯或单滚筒机整理,多用作春秋服装和棉袄面料。

2. 大伟呢 大伟呢是桑蚕丝平经、绉纬白织小提花呢类丝织物,是中国传统品种之一。采用变化斜纹组织制织,织物经精练、染色后,形成光泽柔和、隐约可见且具有雕刻效果的绉地暗花。大伟呢花纹素静,光泽柔和,质地紧密,手感厚实柔软,有毛料感,坚实耐用。主要用作秋、冬季男女夹衣、棉衣面料等。

3. 丝毛呢　柞蚕丝、羊毛混纺纱制织的呢类丝织物。混纺比一般为 S/W 55/45，以 $\frac{2}{2}$ 方平组织制织。织物质地厚实而富有弹性，有较强的毛型感。宜用作西服面料或套装。

十、绒类织物

绒类织物采用起绒组织，表面呈现耸立或平排的紧密绒毛，是一种高级丝织物。绒类织物品种繁多，按织造方式分为：采用双层组织，织成后分割为上下两层丝绒的双层起绒织物；将织物表面的绒经或绒纬浮长线割断而形成的通割绒；用起毛杆使绒经形成毛圈或绒毛的杆起绒等。

1. 漳绒（天鹅绒）　是中国传统丝织物之一，因起源于福建漳州而得名，它是采用杆起绒织造法制织，表面有绒圈或绒毛的单层经起绒丝织物。所用原料为纯桑蚕丝，或以桑蚕丝、棉纱作地经、地纬，桑蚕丝作绒经。织造中每织入 4 纬或 3 纬织入一根起绒杆，有绒杆处绒经绕于绒杆而高出地组织，若织后绒杆全部抽出，则有绒杆处便形成绒圈，成为素漳绒；若先在绒杆处按设计的花纹图案进行绘印，然后将花纹部分绒圈割开成绒毛，再抽出绒杆，便形成绒毛、绒圈相互衬托的花漳绒。这种织物的绒毛或绒圈浓密耸立，光泽柔和，质地坚牢，色光文雅，手感厚实。主要用作妇女高级服装、帽子的面料等。

2. 乔其绒　乔其绒是用桑蚕丝与粘胶丝交织的双层经起绒丝织物。地经、地纬均为两种捻向的强捻桑蚕丝，绒经为有光粘胶丝。经纬交织形成双层织物，经割绒后分成两片织物。地组织一般采用经重平组织，烂花乔其绒则采用平纹组织。乔其绒绒毛长度为 2mm 左右，绒毛按纬向顺伏。若绒坯在染色前经剪绒，且在染色后进行树脂整理，使绒毛耸立，称乔其立绒。乔其绒、乔其立绒的绒坯经练染或印花后可加工成染色乔其绒或印花乔其绒。乔其绒织物的绒毛浓密，手感柔软，富有弹性，光泽柔和，色泽鲜艳。主要用作妇女晚礼服、长裙、围巾等服饰面料。

3. 金丝绒　金丝绒是用通割绒法加工，由桑蚕丝和粘胶丝交织的单层经起绒丝织物。地经、地纬采用桑蚕丝，绒经为有光粘胶丝。以平纹为地组织，绒经按一定规律固结于地组织，并在织物表面形成浮长。织物下机后经通割，再经精练、染色、刷绒等加工，使绒毛耸立。金丝绒是一种高档丝织物，质地柔软而富有弹性，色光柔和，绒毛浓密耸立略显倾伏。主要用作妇女衣、裙及服饰镶边等。

十一、葛类织物

葛类织物采用平纹、经重平或急斜纹组织制织，织物横向有明显横棱凸纹。经纱常采用粘胶丝，纬纱采用棉纱或混纺纱；也有的经纬均采用桑蚕丝或粘胶丝。葛类织物一般经细纬粗，经密纬稀，质地较厚实。葛有不起花的素织葛和提花葛两类。提花葛是在有横棱纹的地组织上起经缎花，花型突出别具风格。

1. 文尚葛　文尚葛是粘胶丝与丝光棉纱交织的丝织物，外观具有明显的横棱纹。素文尚葛采用急斜纹组织制织，花文尚葛在 $\frac{1}{2}$ 斜纹基础上提 $\frac{2}{1}$ 经斜纹花，纹样常为龙、凤、寿字等团花。花纹明亮突出,织物质地精致紧密且较厚实,宜用作春、秋、冬季服装面料等。

2. 金星葛 金星葛是桑蚕丝和粘胶丝、金银丝交织的填芯双层高花葛类丝织物。地部里层为平纹,表层为变化组织,地部外观具有粗犷的横棱纹,花部为双层袋织填芯组织结构,使织物表面形成立体感较强的高花效果。织物质地坚牢,花地凹凸分明,金银丝闪烁炫目,是一种高级装饰沙发面料。

3. 素毛葛 素毛葛是粘胶丝与人造毛纱或棉纱交织的葛类丝织物。采用平纹组织,经细纬粗,经密纬稀,呈现横棱纹效应。织物质地厚实,光泽柔和,类似于文尚葛。

4. 印花葛 纯桑蚕丝单经单纬白织的提花葛类丝织物,其表面具有横棱纹路,织纹精致,光泽悦目,质地柔软。组织为平纹地上起八枚经花,多用作衬衣、睡衣等服装面料。

十二、绨类织物

绨类织物是采用有光粘胶丝作经、棉纱(棉线、蜡线)作纬,以平纹组织作地制织的花素织物。根据所用纬纱不同,可以分为线绨(丝光棉纱作纬)、蜡线绨(蜡线作纬)等;根据提花与否,又分为素线绨和花线绨。

1. 花线绨 又称花绨,是粘胶丝与棉纱交织的白织小提花绨类丝织物,采用粘胶丝作经、棉纱作纬,在平纹变化组织地上提出小经花,织物平整紧密,花点清晰,色泽匀净。主要用作夹衣袄面料等。

2. 蜡线绨 粘胶丝与蜡纱交织的白织提花绨类丝织物。经丝为粘胶丝,纬丝为蜡棉纱,在平纹地上起八枚经缎花。蜡线绨绸面光洁,手感滑爽。多用作秋、冬季服装或被面、装饰绸等。

3. 素线绨 铜氨丝与蜡纱交织的平素绨类丝织物。经丝为铜氨丝,纬丝为蜡棉纱,平纹组织织物质地粗厚密,织纹简洁清晰,光泽柔和,宜用作男女袄面料等。

十三、绡类织物

绡类织物一般是采用平纹或变化平纹组织制织的轻薄透明、有清晰孔眼的丝织物。绡类织物按原料不同,可分为真丝绡、尼巾绡等;按加工方法不同,可分为平素绡、条花绡、提花绡、烂花绡和修花绡等。

1. 真丝绡(素绡) 是纯桑蚕丝半精练的绡类丝织物。经纬丝均加一定捻度,以平纹组织制织,经纬密均较稀疏,织物轻薄透明,孔眼清晰。坯绸经半精练(仅脱去部分丝胶)后再染色或印花,使纱身刚柔糯爽,手感平挺略带硬性。主要用作妇女晚礼服、婚纱、戏装等。

2. 尼巾绡(锦丝绡) 是单纤锦纶丝作经纬的平纹组织白织绡类丝织物,坯绸经印染成各种鲜艳的色泽,织物轻薄透明,孔眼方正,晶莹闪亮,质地平挺细洁,手感柔软有弹性。主要用作妇女头巾、围巾、婚纱等。

3. 烂花绡 锦纶丝和有光粘胶丝交织的烂花绡类丝织物,地经与纬丝均为单纤锦纶丝,花经为有光粘胶丝。采用平纹地起五枚经缎花组织,坯绸经烂花处理后,部分花经烂掉,使织物花地分明,地布轻薄透明,花纹光泽明亮,宜用作窗纱、披纱、裙料等。

4. 条花绡 纯粘胶丝白织提花绡类丝织物。在平纹内绡地上织入条带状小花形经缎花,

织物质地平挺,绡地孔眼清晰,条子图案大方,光泽鲜艳。宜用作妇女衣裙料,主要销往阿拉伯
国家和我国新疆等少数民族地区。

十四、锦类织物

锦类织物是中国传统的高级多彩熟织提花丝织物。经纬无捻或加弱捻,采用斜纹、缎纹为
基础,重经组织经纱起经花称经锦,重纬组织纬纱起纬花称纬锦,双层组织起花称双层锦。锦类
织物常采用精练、染色的桑蚕丝为主要原料,也常与彩色粘胶丝、金银丝交织。锦类织物质地较
丰满厚实,外观五彩缤纷,富丽堂皇,花纹精致古朴。其中,宋锦、蜀锦、云锦、壮锦被称为中国四
大名锦。

1. 宋锦　是中国传统丝织物之一,为纯桑蚕丝或桑蚕丝经纱和有光粘胶丝彩纬色织彩纬
显花的锦类丝织物。宋锦主产地在苏州,多以斜纹或平纹作地制织纬起花花纹。宋锦采用的经
丝一般有2组,均为色丝;纬丝有2~3组,也均为色丝。花纹图案一般采用在圆形、多边形几何
图案中添入传统的吉祥动物、装饰花朵、文字等。织物结构精细,古色古香,淳朴雅典,华丽端
庄,光泽柔和,绸面平挺,富有民族特色。主要用作名贵字画、高级书籍的封面装饰,也可用于服
装面料。

2. 蜀锦　桑蚕丝色织提花锦类丝织物,是古蜀郡(即今四川地区)生产的具有民族特色和
地方风格的多彩织锦,蜀锦包括经锦和纬锦,常以经向彩条为基础,织出五彩缤纷的图案。多采
用几何图案填花,配以明快、鲜艳的色彩。图案布局严谨庄重,纹样变化简洁,典雅古朴。蜀锦
品种繁多,质地坚韧丰满,织纹细腻,光泽柔和。常作为高级服饰和其他装饰用料,我国西南地
区少数民族极为喜爱。

3. 云锦　是在缎纹组织提花的色织锦类丝织物。图案中配有祥云飞霞,宛如天空中瑰丽
的云彩,故名云锦。云锦在明清时代非常流行,主要用作贡品。云锦主要包括库缎、库锦、妆花
三大类,代表品种是妆花缎。所用原料有桑蚕丝、棉纱、绢丝、金银丝(线)等,现代也有用粘胶
丝、薄膜金银丝作为替代品。织物纹样布局严谨,题材广泛,有大朵缠枝花和各种传统吉祥动
物、植物、文字以及各种姿态、变幻莫测的云彩等纹样。云锦大多使用手工木机生产,采用各色
小梭子挖花,20世纪80年代,库锦等品种开始用现代提花机生产。主要用于蒙古族、满族、藏
族等少数民族的服装和装饰材料,也远销各国作高级服装和装饰用品。

4. 壮锦　是广西壮族自治区的民族传统织锦工艺品。采用棉纱作经,丝线作纬,近代采用
染色桑蚕丝、粘胶丝、金银丝为原料。壮锦花纹图案千姿百态,常以梅花、蝴蝶、鲤鱼、水波纹等
为题材,色泽艳丽,显示了壮族人民热爱生活、热爱大自然的本色,壮锦品种繁多,有花边绸、腰
带绸、头巾、围巾、被面、台布、背带、背包、坐垫、床毯、壁挂、屏风等。

5. 织锦缎　由一组经丝和三组纬丝色织的重纬提花丝织物,是我国丝织品中的佼佼者。
按原料不同可分为:桑粘交织织锦缎、人丝织锦缎、金银人丝织锦缎等。纹样多采用梅、兰、竹、
菊、八仙、福、禄、寿、禽鸟动物和波斯纹样,造型古朴端庄而又不失活泼,质地丰满,绸面光洁精
致、富丽豪华。常用作棉袄、旗袍以及各种服饰面料等。

第三节　桑蚕丝织品的包装与标志

在桑蚕丝织物标准 GB/T 15551—2007 中,规定并简化了对丝织物包装材料和包装方法的要求。

一、包装

(一)包装分类

丝织物包装根据用户要求分为卷筒、卷板及折叠三类。

(二)包装材料

卷筒纸管规格:螺旋斜开机制管,内径 3.0～3.5cm,外径 4cm,长度为纸箱长减去 2cm,纸管要圆整、挺直。卷板用双瓦楞纸板。卷板的宽度为 15cm,长度根据丝织物的幅宽或对折后的宽度决定。包装用纸箱采用高强度牛皮纸制成的双瓦楞叠盖式纸箱。要求坚韧、牢固、整洁,并涂防潮剂。

(三)包装要求

同件(箱)内优等品、一等品匹与匹之间色差不低于 4 级。卷筒、卷板包装的内外层边的相对位移不大于 2cm。绸匹外包装采用纸箱时,纸箱内应加衬塑料内衬袋或拖蜡防潮纸,用胶带封口。纸箱外用塑料打包带和铁皮轧扣箍紧打箱。包装应牢固、防潮,便于仓储及运输。绸匹成包时,每匹实测回潮率不高于 13%。

二、标志

标志应明确、清晰、耐久、便于识别。每匹或每段丝织物两端距绸边 3cm 以内、幅边 10cm以内盖一检验章及等级标记。每匹或每段丝织物应吊标签一张,内容按 GB 5296.4—1998 规定,包括品名、品号、原料名称及成分、幅宽、色别、长度、等级、执行标准编号、企业名称。每箱(件)应附装箱单。纸箱(布包)刷唛要正确、整齐、清晰。纸箱唛头内容包括合同号、箱号、品名、品号、花色号、幅宽、等级、匹数、毛重、净重及运输标志、企业名称、地址。每批产品出厂应附品质检验结果单。

对桑蚕丝织物的品质、包装和标志另有特殊要求者,供需双方可另订协议或合同,并按其执行。

☞ 思考题

1. 按商业习惯,丝织品分哪几类?
2. 按织物结构形态,丝织品分哪几类? 各是什么含义?
3. 丝织品是如何编号的?

4. 分述绸类、缎类丝织物的组织结构、使用原料、制织工艺、品种、质地外观及主要用途。

5. 分述纺类、绉类丝织物的组织结构、使用原料、制织工艺、品种、质地外观及主要用途。

6. 分述纱类、罗类丝织物的组织结构、使用原料、制织工艺、品种、质地外观及主要用途。

7. 分述绫类、绢类丝织物的组织结构、使用原料、制织工艺、品种、质地外观及主要用途。

8. 分述呢类、绒类丝织物的组织结构、使用原料、制织工艺、品种、质地外观及主要用途。

9. 分述葛类、绨类丝织物的组织结构、使用原料、制织工艺、品种、质地外观及主要用途。

10. 分述绡类、锦类丝织物的组织结构、使用原料、制织工艺、品种、质地外观及主要用途。

11. 十四大类丝织品品种的名称与含义是什么？

12. 比较碧绉、双绉、乔其纱以及罗的特点。

13. 比较绸、绢、绌的异同。

14. 比较四大名锦的特点。

第十一章　麻织品

● 本章知识点 ●

1. 麻织品的分类。

2. 苎麻和亚麻织物主要品种的特点。

第一节　麻织品分类

麻织品是指用麻纤维加工而成的织物,也包括麻与其他纤维混纺或交织的织物。麻织品具有干爽、利汗、自然、古朴、高强以及抗皱性差等特点。通常可根据组成麻织品的原料、加工方法和外观色泽来对其进行分类。

一、按使用原料分类

1. 苎麻织物　可分为纯苎麻织物、苎麻交织物和苎麻混纺织物。如麻粘混纺织物、麻涤混纺织物、麻棉混纺或交织织物等。

2. 亚麻织物　纯亚麻织物,涤麻混纺织物,棉经麻纬交织织物等。

3. 其他麻类织物　洋麻织物、黄麻织物、大麻织物、剑麻织物等。

二、按加工方法分类

1. 手工麻织物　又名夏布,指手工纺麻成纱,再用人工木织机织成的麻织物。

2. 机制麻织物　经机器纺纱和织造加工而成的麻织物。

三、按外观色泽分类

1. 原色麻织物　用未经漂白而带有原麻天然色素的麻纤维织成的麻织物。内销麻织物多为原色麻织物。

2. 漂白麻织物　经过漂练加工而成的本白麻织物或漂白麻织物。外销多为本白或漂白麻织物。

3. 染色麻织物　将麻匹经漂练后进行染色加工的麻织物。

4. 印花麻织物　经手工或机器印花加工的麻织物。

第二节　麻织品的主要商品品种

一、苎麻织物

(一)夏布

夏布生产历史悠久,以半脱胶苎麻为原料、手工纺织而成,因用作夏季服装和蚊帐而得名。以原色和漂白为主,也有染色和印花的,多为平纹组织。因是土纺土织,故幅宽不等,一般在36~315cm之间。质量也参差不齐,优质的可制作夏季衬衫、裤料,质差的可制作蚊帐和服装衬里等。夏布随着机织工业的发展衰落了,现仅在四川隆昌、江西万载和湖南浏阳还有生产。

(二)爽丽纱

爽丽纱为纯苎麻细薄型织物。因其挺爽、薄如蝉翼,并有丝般光泽,故而得名爽丽纱,它是麻织物中的名贵产品。

爽丽纱一般使用精梳苎麻长纤维为原料,成品单纱线密度为10~16.7tex(60~100公支)。为改善可纺性,也可用水溶性维纶混纺制成爽丽纱织物。该织物主要用作高档衬衣、裙料以及抽绣、台布、茶巾、窗帘和其他装饰织品。

(三)麻的确良

麻的确良一般为涤/麻65/35制成的织物,也有用麻/涤55/45或麻/涤60/40混纺而成的织物,称为倒比例混纺布。涤麻混纺后,两种纤维性能可取长补短,既保持了麻织物的挺爽感,又克服了其易折皱、弹性差的缺点。成衣穿着舒适,易洗快干,是夏令衬衫、上衣及春秋季外衣等的高档衣料。

(四)涤麻混纺花呢

用苎麻精梳落麻或中长型精干麻等苎麻纤维与涤纶短纤维混纺的纱线织成的中厚型织物,成品具有纺毛型花呢风格,同时又具有苎麻织物的凉爽感、"洗可穿"及免烫等特点。适宜用作春秋季男女服装面料,其单纱织物也可用作衬衫面料。

除上述苎麻织物外,还有涤/麻派力司、麻交布(麻棉交织物)、鱼冻布、麻棉混纺织品以及苎麻工业用纺织品。

二、亚麻织物

亚麻织物分为亚麻细布、亚麻帆布和水龙带三大类。亚麻细布指细特、中特亚麻纱织制的麻织物,包括棉麻交织布、麻涤混纺布。亚麻帆布则为粗厚亚麻织物。

(一)亚麻细布

1. 亚麻外衣用布　外衣用亚麻织物用纱较粗,一般在70tex以上,或35tex×2以上股线。要求纱的条干均匀,麻粒少。另要求外观风格粗犷的,可用200tex短麻干纺纱(不经任何煮漂工艺的纱)织成,对条干要求则稍低。

2. 亚麻内衣用布　亚麻内衣用布为专供制内衣用的亚麻织物。一般用40tex以下的细特纱制织。要求纱的条干均匀、麻粒少。常用平纹组织,经纬向紧度均为50%左右。为增加紧度和改善尺寸稳定性,可用碱缩工艺进行丝光处理。除用纯麻外,也可采用棉麻交织,以改善触感(尤其是刺痒感)。

亚麻细布除上述产品外,尚有抽绣工艺用布、巾类用布、装饰布、亚麻床单布以及亚麻贴墙布等。

(二)亚麻帆布

1. 亚麻苫布、帐篷布 亚麻苫布、帐篷布均为较厚重的品种,具有透气性好、撕破强力高等特点,但稍笨重。

一般为160~180tex干纺纱作经,300tex左右干纺短麻纱作纬,以双经单纱经重平组织制织。紧度是拒水苫布的关建,织物经向紧度约110%,纬向紧度约60%。苫布和帐篷布因在露天使用,所以需经防腐、防霉和拒水整理。帐篷布还需经防火整理。

2. 亚麻油画布 采用120~200tex干纺纱,平纹组织。要求布面平整,只作干整理、剪毛与轻压光等。因其具有强度大、不变形、易上油色等特点,所以为油画布中最好的品种。

亚麻帆布除上述两种外,尚有地毯布、麻衬布、橡胶衬布和包装布等。

三、其他麻类织物

(一)黄麻织物

1. 麻袋 麻袋是黄麻纺织品中最大宗的产品,近年来约占世界黄麻纺织品的5%左右,在我国约占90%以上。经纱常用两根平行的333.3tex纱,纬纱为单根666.7tex纱,织物组织为双经平纹,当用于装载小颗粒物品时,则采用双经$\frac{2}{1}$斜纹组织。

2. 地毯底布 用作簇绒地毯的主底布和次底布,也用于其他地毯的黏合底布。经纬纱线密度一般在285.7tex以下,以平纹织成。织物细薄,组织紧密,织物幅宽在3m甚至5m以上。

(二)大麻类织麻

目前,大麻尚未成为我国纺织工业的主要纤维原料。在欧洲则视为亚麻的代用品,以亚麻的工艺设备生产较粗的大麻织物。还有罗布麻、蕉麻、剑麻等织物。

第三节 麻织品的包装与标志

一、生麻的包装与标志

生苎麻成包前需分清季别、等级。离根端20cm处扎成1kg左右的小把,由5~7个小把根部朝同一方向扎成简易小捆,由若干同等级的小捆梢部朝内折叠,用同质量的原麻作捆索。打包成件,每件捆索4~5道。机械打包,每件重量75kg,体积0.18m³(100cm×45cm×40cm)。麻捆两端悬吊标准硬纸板(或麻布)标签,分红、黄、蓝三色,分别代表一等、二等、三等。标签上印有产地、季别、等级、批次、重量等。

出口苎麻球,每个球应有重量标志,外套圆底塑料袋,袋口用麻线或棉线扎紧。每两个球沿轴线方向重叠用 80g 牛皮纸包紧,外用麻线十字形捆扎,再沿轴线方向重叠 4 个球(两个牛皮纸包)组成一包,外套麻布袋。每包 4 个球重量应搭配正确,净重不少于 30kg,每 40 包为一批。

亚麻包装的目的主要是使纤维保持自然状态而不混乱,可压缩体积以节约运费和便于堆放。

出口亚麻一般刷有卖方标志、样品编号、目的港、生产批号、包号等。

二、苎麻布的包装与标志

(一)包装

包装应保证整齐、牢固,使包内产品品质不受损伤,便于运输。产品平幅折叠,每幅为 1m,每幅 3 折,产品的反面向外,防止沾污。卷筒要求按商定长度将布匹卷绕在规定尺寸的卷轴上,平整紧密,布边整齐无折皱,布的正面朝外,内外端折头不超过 10cm。同包一个等级产品内,段与段之间的色差,不低于 3 级。零布和其他降等产品的成包不在此规定范围内。

产品成包分定长和拼件两种。定长成包规定匹长为 30m;拼件成包规定段长为 18m 及以上,但拼件时,每件允许搭入 5~9.9m 一段和 10~17.9m 两段,包内应附有拼件单。因特殊需要而不能开剪的产品,其长度及段数可按当地纺织工业主管部门的规定或供需双方另行协议。

产品的包装形式和选用材料,应根据品种特点和用户的要求,一般为布包(如有特殊要求,供需双方另订协议)。深色产品衬牛皮纸,漂白、浅色产品上套下衬薄膜塑料袋。包外用粗布(棉或麻),以麻绳或化纤绳捆扎。不同幅宽的织物绳捆道数有不同要求,幅宽在 100cm 以下的产品双转 5 道,幅宽在 100cm 及以上的产品双转 6 道。零布长度及疵零布的规定为:大零布 10~17.9m,中零布 5~9.9m,小零布 1~4.9m,疵零布 0.2~0.9m,以及疵点特别严重的产品(长度不限)。

(二)标志

标志应明确、清楚,便于识别。产品标志出厂时应粘贴在每匹或每段产品的 5cm 布角内,并加盖骑缝章。每匹或每段产品的反面两端角上,各距边 5cm 以下,应加盖明显梢印,梢印为圆形印章,直径在 4cm 以内。包外标志刷在包的两端,刷字尺寸可按不同产品的成包体积适当调整。

产品标志说明色泽规定:优等品白纸红字,一等品白纸红字,二等品白纸绿字,三等品白纸蓝字,等外品白纸黑字。水洗尺寸变化率栏内标明水洗尺寸变化率规定指标。属内在质量降等的,应在产品标志上说明且产品两端标明所降品等。例如,"断裂强力降二等品"。

☞ **思考题**

1. 麻织物的外观与手感有哪些特点?

2. 何为夏布?有何特点?

第十二章 针织品与其他织品

● 本章知识点 ●

1. 针织品的生产、包装、标志。
2. 针织品的几何特征、力学性质。
3. 纬编和纬编针织品主要品种的特点。
4. 毯类、毡类、非织造布、抽纱织物及涂层织物的特点。

第一节 针织品生产

针织品是织针等成圈机件使纱线形成线圈依次串套而成的织物。因织针是最主要的成圈机件,故称针织物。线圈是针织物的基本结构单元,也是针织物有别于其他织物的标志。

针织物按生产方式不同可分为经编针织物和纬编针织物两大类;按照线圈结构形态及相互间的排列方式,又可分为基本组织、变化组织和花色组织三大类。

一、针织品的生产

针织是使纱线构成线圈并串套而成针织物的工艺过程。针织工业是用针织的方法形成产品的一种工业。

针织所用的针各式各样,编织的方法各不相同。但就其纺织方法而言,可分为纬编和经编两大类。纬编的机种主要有:圆纬机(如台车、棉毛机、提花圆机等)、袜机及横机等。经编的机种主要有:经编机、缝编机、花边机等。

针织生产流程可分为针织准备、编织、染整、裁缝四大工序。针织主要产品有:内衣、羊毛衫、外衣、袜品、手套、各种家庭用针织物以及各种产业用针织物等。

针织企业就其企业类型,可分为针织厂(包括纬编厂和经编厂)、袜厂、羊毛衫厂、手套厂等。

(一)针织品的形成
针织物在针织机上的形成过程可以分为三个阶段:

(1)纱线以一定的张力输送到针织机的成圈编织区域,这一阶段称为给纱。

(2)纱线在编织区域,按照各种不同的成圈方法形成针织物或形成一定形状的针织品,这一阶段称为成圈。

（3）将针织物从成圈区域引出或卷绕成为一定形状的卷装，这一阶段称为牵拉卷取阶段。

（二）针织品的特征

1. 线圈长度　线圈长度是指一个线圈的长度。图 12-1 为纬平针织物的线圈结构。线圈是由圈干 1—2—3—4—5 和延展线 5—6—7 组成。圈干的直线部分 1—2 和 4—5 为圈柱，弧线部分 2—3—4 为针编弧，延展线 5—6—7 为沉降弧，由它来连接相邻的两个线圈。

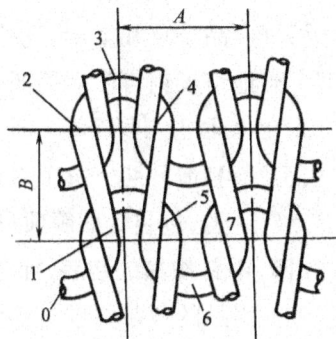

图 12-1　纬平针织物的线圈结构

线圈长度对针织物的性质有很大影响，所以它是评定针织物的一项重要物理指标。

2. 密度　针织物的密度是用规定长度内的线圈数表示的，分为纵密与横密。纵密是指沿线圈纵行方向 5cm 内的线圈横列数，用符号 P_B 表示；横密是指沿线圈横列方向 5cm 内的线圈纵列数，用符号 P_A 表示。针织物密度是考核针织物的一项重要指标。

3. 未充满系数　未充满系数等于线圈长度与纱线直径之比。

针织物的稀密度，除与密度有关外，还随纱线的粗细不同而异。因此为了确切反映针织物紧密程度，必须将线圈长度 l 和纱线直径 f 联系起来。未充满系数即可以说明在不同纱线特数时针织物的稀密程度。

4. 单位面积干燥重量　即干燥后每平方米针织物的重量克数。

5. 厚度　针织物的厚度取决于它的组织结构、线密度、蓬松性等因素。一般用织物厚度仪测量。

6. 延伸度　针织物的延伸度是指针织物在受到外力拉伸时，其尺寸伸长的特性。延伸度一般与针织物的组织结构、线圈长度、纱线性质和线密度有关。

7. 脱散性　针织物的脱散性是指线圈断裂或失去串套联系时，线圈在横向外力作用下依次由串套的线圈中脱出，使针织物线圈解体的现象。针织物的脱散性与它的组织结构、纱线的摩擦因数、抗弯刚度、线圈长度及未充满系数等因素有关。

8. 卷边性　在自由状态下，针织物边缘发生包卷的现象，叫卷边性。这种现象是由于构成线圈的弯曲纱线力图伸直而造成的。卷边性与织物组织、纱线线密度、线圈长度等因素有关。

9. 勾丝与起毛起球　针织物在使用过程中，织物中的纤维或纱线被勾出或勾断而露出于织物表面的现象，叫勾丝。织物在使用过程中经受摩擦，纤维端伸出织物表面形成绒毛及小球状突起的现象，叫起毛起球。勾丝与起毛起球主要在合纤产品中较突出。它们与原料品种、纱线结构、织物组织结构、后整理加工及成品的服用条件等因素有关。

（三）棉针织品的包装、标志

1. 装箱要求　各种产品装箱必须丰满、平整，并具备合格证。同一地区的同一品种，用箱规格要相同。同类产品中有两个包装含量的，根据产品的大、小、厚、薄，由企业选定其中一个含量。漂白、浅色的汗布产品,纸包内加衬中性 pH 值白纸或用塑料袋,并加衬白板纸。

第一种封口:纸箱上下口各衬防潮纸或牛皮纸 1 张或纸板,纸箱的各个箱盖之间要用黏合剂黏合,箱外上下口用宽度为 8～10cm 的 80g 牛皮纸或纸胶带封合,纸条长度超过纸箱两端下垂 5cm,不得覆盖包装标志。

第二种封口:纸箱内上下口各衬瓦楞纸板 1 张,先与两端的箱盖黏合,然后再黏合两侧的箱盖。根据产品特点和重量、流通过程和用户要求,纸箱外使用塑料捆扎带,捆扎 2 道或工字、井字型。当地市场销售产品的捆扎由供需双方协议。

2. 包装标志 每个单一产品必须有商标或标志、规格、等级、厂名,并按需要注明品名、货号、线密度、制造日期。每个内包装(纸包、纸盒、纸袋等)标明商标或标志、品名、规格、数量、花色、等级、厂名、包装日期等项目。各等级品均应在纸箱左上角标明等级。

(四)毛针织品的包装、标志

毛针织品的包装要求与棉针织品的相同。每一单件毛针织品的标志按 GB 5296.4—1998《消费品使用说明 纺织品和服装使用说明》执行。规格尺寸的标注规定:普通毛针织成衣以厘米表示主要规格尺寸。上衣标注胸围,裤子标注裤子规格(相当于 4 倍横裆);裙子标注臀围。紧身或时装款毛针织成衣标注适穿范围。例如,上衣标注 95～105,表示适穿范围为胸围 95～105cm;裤子标注 100～110,表示适穿范围为裤子规格 100～110cm。围巾类标注长×宽,以厘米表示。

二、纬编针织品的结构特征

纬编针织品是由一根或几根纱线沿针织物的纬向顺序弯曲成圈,并由线圈依次串套而成的针织物。纬编针织品质地柔软,具有较大的延伸性、弹性以及良好的透气性。

纬编针织品有单面与双面之分。单面织物的一面显露圈柱覆盖圈弧的为织物正面,反之,圈弧覆盖圈柱的一面为织物反面;双面针织物则两面均有正面线圈分布。

纬编针织品的组织有纬平针、罗纹、双反面等基本组织和双罗纹、变化平针等变化组织以及提花、集圈、衬垫、毛圈、长毛绒、波纹、菠萝、纱罗、衬经衬纬等花色组织,还有用上述组织复合而成的复合组织。

1. 纬平组织 又称纬平针组织,是由连续的单元线圈单向相互串套而成。如图 12－2 所示。

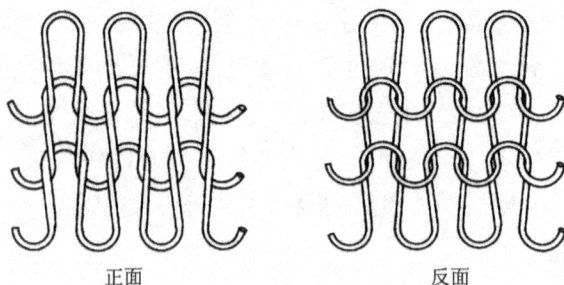

正面　　　　　　　　反面

图 12－2　纬平组织

纬平组织是针织物中最简单、最基本的单面组织。正面外观显出纵向条纹,是由纵向纱线圈柱组成的,反面显露出横向的圈弧。由于圈弧圈柱对光线有较大的散射作用,故织物反面较正面光泽暗一些。当织物受外力拉伸时,线圈形态会产生变化,纵横向都有较好的延伸性,且横向比纵向更大。另外,该织物有易脱散性和较严重的卷边性。纬平组织广泛用于内衣、T恤、毛衣和手套等。

2. 罗纹组织　罗纹组织的种类很多,它取决于正反面线圈纵行数不同的配置,通常用数字代表,如1+1、2+2或5+3罗纹等。图12-3为1+1罗纹组织。

1+1罗纹是由一个正面线圈纵行和一个反面线圈纵行相互配置而组成的。图12-3(a)是自由状态时的结构,图12-3(b)是在横向拉伸时的结构。

罗纹组织的最大特点是具有较大的横向延伸性和弹性,密度越大则弹性越大,且不易脱散,只能逆编结方向脱散,不卷边。由于上述特点,罗纹常用于制织棉毛衫裤、羊毛衫以及服装的袖口、领口、袜口和下摆等。

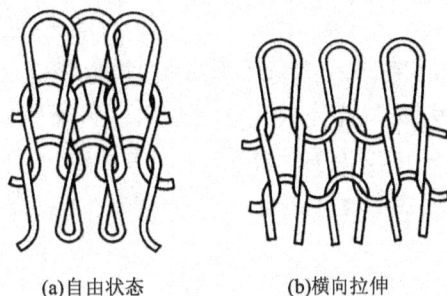

(a)自由状态　　(b)横向拉伸

图12-3　1+1罗纹组织

3. 双罗纹组织　又称棉毛组织、双正面组织,由两个罗纹组织彼此复合而成,即在一个罗纹组织的线圈纵行之间,配置另一个罗纹组织的线圈纵行,它是罗纹组织的变化组织之一。

4. 毛圈组织　用一种纱线编织地组织线圈,另一种纱线编织毛圈线圈的组织。该组织有单面毛圈和双面毛圈之分。

毛圈组织织物柔软、厚实,有良好的保暖性和舒适性,经剪毛等后整理可制得绒类织物。

5. 长毛绒组织　纬编长毛绒组织有毛圈割绒式和纤维束喂入式两种。一般都是在平针组织的基础上形成的。在编织过程中,将纤维束或毛绒纱同地纱一起喂入和编织成圈,同时使纤维束或毛绒纱的头端露出于织物表面,形成绒毛状。

从组织结构上看,长毛绒组织同毛圈组织相似,它们都是由地组织作骨架,都是将两种纱即地纱与毛圈纱(或毛绒纱、纤维束)一起喂入针口编织成圈的。所不同的是,毛圈组织中没有拉长的沉降弧,而是将毛绒纱线圈的沉降弧剪割或将编入的纤维束拉成竖立的毛绒。

长毛绒织物的表面均附有毛绒,可以是比较整齐的平绒,也可以是长短不一的毛绒。长毛绒织物手感柔软,弹性和延伸性好,耐磨性好,单位面积重量比天然毛皮轻,特别是用腈纶的纤维束制成的人造毛皮,其单位面积重量比天然毛皮轻一半左右。

三、经编针织品的结构特征

经编针织品是由一组或几组平行排列的纱线分别垫在平行排列的织针上,同时沿纵向编织而成。一般来说,经编针织品的脱散性和延伸性比纬编针织品小,其结构和外形的稳定性较好。习惯上以圈柱在上的一面为工艺正面,延展线在上的一面为工艺反面。

经编针织品的基本组织有编链、经平和经缎组织等,这些都是单梳栉经编组织,因为这类组

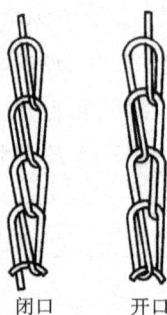

闭口　　开口

图 12-4　编链组织

织的织物稳定性差,线圈有歪斜,且花纹效应少,故很少单独使用。但是,这些基本组织又是构成多梳栉经编针织品的基础。

1. 编链组织　每根经纱始终在同一枚织针上垫纱成圈的组织叫编链组织。它只能形成互相没有联系的纵行条,如图 12-4 所示。

编链组织一般是同其他组织结合而形成织物,以减小织物的纵向延伸性。该组织常用于外衣和衬衫类织物。

2. 经平组织　每根经纱在相邻两根织针上交替垫纱成圈的组织叫经平组织。经平组织在纵向或横向受拉伸时,由于线圈倾斜角的改变,线圈中纱线的转移和纱线本身的伸长,使织物具有一定的延伸性。该组织在一个线圈破裂后,如果横向受到拉伸时,线圈会沿纵向在相邻的两纵行上逆编织方向脱散,从而使织物分裂成两块。该组织坯布两面的外观相似,卷边性不明显,常与其他组织复合,广泛用于内外衣、衬衫等针织物。

3. 经缎组织　是指每根经纱顺序地在 3 根或 3 根以上织针上垫纱而织成的一种织物。

第二节　针织品的主要品种

一、汗布

汗布因主要用于制作汗衫、背心而得名,属纬平针织物。一般用于制作内衣、T 恤、手套、袜子等穿着用品,也可制作包装用布等。

汗布可以是本色原料编织成坯布,经过不同加工可得到漂白、特白、精漂、烧毛丝光、素色、印花等各类汗布;也可以是经漂染加工后的原料进行编织得到彩横条汗布等色织品种。

1. 漂白汗布　由纬平针针织物经过精练、漂白等工艺加工后,再加用微量的碱性或酸性染料着色,以覆盖织物上残留的微量色素,从而获得白度较好的一种汗布。该品种由于白度不如特白汗布,所以曾被特白汗布所取代。但由于它更环保,所以近年有回归的趋势。

2. 特白汗布　是漂白汗布加工后,再经增白上蓝加工的一种汗布。用荧光增白剂和微量蓝、紫色染料处理的为增白上蓝工艺,由于荧光增白剂能吸收紫外光波,其中部分转变成可见光波而增强了织物的白度,上蓝能加强视觉的白度感。

3. 精漂汗布　是纬平针织物在漂、染加工过程中,经过碱缩工艺加工的汗布(织物在松弛状态下,用一定浓度的烧碱溶液处理称为碱缩,又称为无张力丝光)。经碱缩加工后的织物,其纵向、横向密度收缩得较紧密,坯布表面平滑,弹性增加,断裂强度、吸汗性、尺寸稳定性均有提高,强化了针织物的特性,并改善了产品的服用性能。

4. 精梳精漂汗布　是精梳纱编织的经碱缩、漂白加工的纬平针织物,用于制作汗衫类产品(若以普梳纱取代精梳纱为原料,则称为精漂汗布)。精梳精漂汗布的光洁度、弹性、吸汗性和尺寸稳定性均较好。采用细特、中特棉纱为原料,坯布在练、漂等加工中,采用松弛状态下经烧碱溶液处理的碱缩工艺,从而改善了织物的质地。

5. 烧毛丝光汗布　纬平针织物在漂、染加工中,经过烧毛、丝光等工艺加工,统称烧毛丝光汗布。织物或纱线以较高的速度通过高温火焰,将表面的茸毛烧去,称为烧毛工艺。烧毛工艺有纱线烧毛和坯布烧毛两种形式。纱线或坯布在有张力的条件下,用一定浓度的烧碱溶液处理的加工工艺,称为丝光。经烧毛、丝光工艺加工的针织物,具有良好的光泽,手感平滑,染色后色泽鲜艳,坯布的弹性和强力增加,吸湿性好,缩水变形较小。一般高档针织品均采用这种加工工艺。

6. 素色汗布　是纬平针织物经练、漂工艺加工后,再经染色加工,获得某种单一色泽的汗布。

7. 印花汗布　是素色或特白汗布经印花工艺加工,表面具有花纹图案的汗布。

8. 彩横条汗布　是将纱、线染成各种不同的色泽,然后根据预先设计好的横条宽窄及色泽配置,将色纱分组喂入单面纬编针织机中编织成的纬平针织物,然后再根据对产品的要求进行汽蒸定幅整理或其他后整理,即成为彩横条汗布。

二、棉毛布

棉毛布是指主要用于缝制棉毛衫裤的双罗纹针织物,包括本色棉毛布、染色棉毛布、印花棉毛布、色织棉毛布、抽条棉毛布、横楞棉毛布和凹凸纹网眼棉毛布等。

1. 本色棉毛布　是坯布经汽蒸、定幅整理的双面针织物。编织后的坯布不经漂、染工艺加工,保持了棉纤维本来的天然色泽,故称本色棉毛布。其特点是织物丰满,针圈纹路清晰,保暖性好,弹性较优良。一般用来制作棉毛衫、裤等内衣。

2. 染色棉毛布　是坯布经练、漂、染色工艺加工后,获得的色泽均匀一致的双面针织物。

3. 印花棉毛布　是特白或染色棉毛布经印花工艺加工,表面具有花纹图案的棉毛布。印花方式有衣片印花和坯布印花两种。衣片印花是将裁剪成一定规格尺寸的衣片,用筛网印花法在所需要的部位印上花纹或图案。坯布印花用筛网印花或滚筒印花均可。

4. 色织棉毛布　是用有色纱线编织的双面针织物。用不同的色纱搭配和不同的编织工艺,可织出闪色、夹色、小方格等不同风格品种的色织棉毛布。

5. 抽条棉毛布　是采用抽去一些针的棉毛机编织,在棉毛布上形成相应的下凹纵条纹。不同的抽针方案,可形成不同分布规律的凹条纹。产品广泛用作棉毛衫、裤,运动衫、裤和各种外衣等面料。

6. 横楞棉毛布　是在双罗纹组织基础上,与集圈组织或单面平针组织、变化平针组织相复合,使织物表面呈现明显凸出横条纹的纬编针织物。产品用以制作各种外衣、裙子等,也可制作运动衫及棉毛衫、裤等。

7. 凹凸纹网眼棉毛布　是双罗纹组织与集圈组织复合的纬编针织物,表面呈现蜂巢状的凹凸网眼。织物比较挺括,尺寸较稳定。产品可用作内外衣面料。

三、起绒针织物

起绒针织物是经拉毛起绒整理,织物的一面或两面形成一层稠密短细绒毛的纬编针织物。

手感柔软,织物厚实,保暖性好,并有一定的弹性和延伸性,有单面绒和双面绒两种。单面绒通常由衬垫针织物的反面经拉毛整理而成,采用粗特、捻度小的纱线作为起绒用衬垫纱,根据纱线线密度和绒面厚度的不同,又可分为薄绒和厚绒;双面绒需在双面纬编针织物的两面进行拉毛整理。成品的用途较广,可制作运动衣、针织外衣、绒衣衫裤以及装饰和工业用品等。

1. 针织厚绒布 又称 1 号绒布,是起绒针织物中最厚的一种,一般分纯棉产品和腈纶产品,其干燥质量为 545 ~ 570g/m²。绒面疏松,保暖性好,常用来制作冬季穿着的绒衫裤。

2. 针织薄绒布 又称 2 号绒布,一般纯棉产品的干燥质量为 370 ~ 390g/m²,腈纶产品为 380g/m² 以下。常用来制作春秋季穿着的绒衫裤。

3. 针织细绒布 又称 3 号绒布,一般纯棉类细绒布的干燥质量为 270g/m² 左右,常用于缝制妇女和儿童的内衣;腈纶类细绒布为 220g/m² 左右,常用于缝制运动衣和外衣。

四、丝盖棉针织物

丝盖棉针织物一般指织物的一面是化学纤维,另一面是天然纤维,用两种原料交织而成的针织品。该产品在服用时接触皮肤的一面是棉纤维,具有柔软、吸湿性好、透气性好等特点,而织物的正面一般是涤纶或锦纶。其中涤盖棉针织物集涤纶的挺括抗皱、耐磨坚牢及棉的柔软贴身、吸湿透气等特点为一体,适宜于制作衬衣、夹克衫及运动服等。

丝盖棉产品在纬编机和经编机上均可制织。纬编丝盖棉产品又可分为两种:单面针织物和双面针织物。单面针织物主要是采用添纱组织,双面针织物中采用双层组织和罗纹式复合组织或双罗纹式复合组织,其组织结构非常丰富。

五、毛圈针织物

毛圈针织物是指一面或两面有环状纱圈(又称毛圈)覆盖的针织物。可分纬编毛圈针织物和经编毛圈针织物两种,其中每种又有单面毛圈织物和双面毛圈织物之分。其特点是手感松软,质地厚实,有良好的保暖性。毛圈针织物如经剪毛和其他后整理,便可获得针织绒类织物。

单面毛巾布织物的一面竖立着环状纱圈的针织物,它是由平针线圈和具有拉长沉降弧的毛圈线圈组合而成。双面毛巾布织物的两面竖立着环状纱圈的针织物,一般由平针线圈或罗纹线圈与带有拉长沉降弧的毛圈线圈一起组合而成。织物两面的毛圈若用不同颜色或不同纤维的纱线组成,可以制成两面都可穿的衣服;若接触皮肤一面的毛圈用疏水性纤维的纱线组成,另一面的毛圈用亲水性纤维的纱线组成,可将潮气引离皮肤,增加穿着舒适感,这类织物适宜制作浴衣、干爽尿布、婴儿衣服等。

六、天鹅绒针织物

凡是一面被直立纤维或纱形成的绒面所覆盖,且绒毛细密、手感柔软、类似天鹅的里绒毛的织物,都可称为天鹅绒织物,天鹅绒织物有针织与机织之分。天鹅绒针织物是长毛绒针织物的一种,手感柔软,绒毛紧密而直立,色光柔和,织物厚实,坚牢耐磨。

天鹅绒针织物可由毛圈组织经割圈而形成,也可将起绒纱按衬垫纱编入地组织,并经割圈而形成。后面一种织物毛纱用量少,手感柔软,应用较多。纬编织物表面直立绒毛长度一般为1.5～5mm,经编天鹅绒绒毛长度为4～5mm。地纱一般用棉纱、涤纶长丝、锦纶长丝或涤棉混纺纱等,起绒纱一般用棉纱、涤纶长丝、涤纶变形丝、涤棉混纺纱或醋酯纤维纱,其中用醋酯纤维制成的天鹅绒织物,绒毛光泽好,绒头直立,外观效应较好。天鹅绒针织物常用来制作外衣、帽子、衣领、玩具、家用装饰物等。

七、人造毛皮针织物

人造毛皮针织物是指织物的一面被一层绒毛所覆盖,其外观类似于动物毛皮的针织物,分纬编和经编两类,其中纬编人造毛皮应用较广。该织物的手感柔软、厚实、保暖性好,适于缝制冬季御寒服装,如大衣、服装衬里、帽子、衣领等,也可用作褥垫、玩具、室内装饰织物和地毯等。若在人造毛皮针织物的背面粘贴一层人造麂皮或锦纶纺等织物,可制成两面均可用的织物,更适合缝制服装。

八、袜子

袜子一般在袜机上编织成具有脚形状或管状的袜坯,然后经过缝头、漂染、整烫等工序加工而成,要求弹性和伸缩性好,手感柔软,穿着贴体舒适。

袜子花色品种变化很多,规格各异。棉纱线袜是采用纯棉纱线编织而成的,棉袜具有吸湿透气、柔软、舒适等优点,但摩擦牢度较差,故在袜子的袜头、袜跟和袜脚底部位等用锦纶长丝加固,以提高袜子的服用性能,延长穿着寿命。

锦纶长丝袜采用锦纶长丝原料制织,也称卡普隆丝袜,简称长丝袜。锦纶长丝袜具有美观、耐磨、易洗快干等优点,但吸湿性、透气性较差,洗涤时勿用沸水泡洗,切忌日光曝晒(易老化),使用时避免与尖硬物体接触摩擦(易勾丝),以免袜品被破坏。

运动袜的主要特点是柔软、吸汗、透气、快干、不易下垂,能适应各种体育运动项目的特殊需要,并能与运动衣配套。运动袜以白色为基调色,配以彩横条组织和罗口提花组织的居多。

九、针织手套

针织手套柔软、富有弹性、透气性好,在小型横机和纬编机上直接编织而成,没有缝筋,穿戴舒适。原料常使用棉纱、兔毛、羊毛、羊绒、弹力锦纶、腈纶、丙纶等的针织纱。如果采用各种高档原料织成,再经过各种缩绒、拉绒后整理以及绣花、上皮、镶珠等艺术性加工,即为高档工艺品。针织手套主要用作防寒保暖、劳动保护、礼仪装饰等用品。

十、蚊帐

蚊帐是因悬挂在床上预防蚊虫叮咬而得名的纺织品,要求质地稀疏轻薄、具有良好的透气性和悬垂性等。按制织方法不同,分针织和机织两大类。针织蚊帐的织物组织为网眼组织,目前一般在双梳栉经编机上制织;机织蚊帐的织物组织大多为纱罗组织,也有采用平纹组织的夏布蚊帐和纯棉蚊帐。目前由于针织蚊帐的通透性和观赏性都较佳,故目前市场上以针织蚊帐为主。

经编蚊帐织物普遍采用3.3~5.6tex的涤纶或丙纶长丝来编织,少数也有用人造丝的。织物基本组织是方形和六角形网眼,已发展到花色蚊帐,即在方形和六角形组织的基础上再配上绣纹组织或提花花纹,既有素色蚊帐,也有彩色蚊帐。

十一、羊毛衫

广义的羊毛衫泛指具有羊毛针织物风格的服装,包括狭义的羊绒衫、兔毛衫、腈纶毛衫等。羊毛衫一般在横机上生产出衣片,经裁剪、缝制而成。若在横机上直接编织出无须裁剪和缝制的整体服装,则称为无缝服装或整体服装(在内衣中运用更普遍);若对羊毛衫进行了防缩绒整理(可以是树脂整理或去鳞片整理),则称为机可洗羊毛衫;若对羊毛衫进行了更彻底的去鳞片整理,使毛衫具有丝一般的光泽,则称为丝光羊毛衫。

第三节 其他纺织品

一、毯类、毡类织品

(一)毛毯

凡是两面都具有丰厚绒毛和一定保暖率的粗纺毛织物,都可称为毛毯。其原料可以是动物纤维、仿毛纤维或化纤与动物纤维混纺。

毛毯的品种很多,大致可按如下方法分类:

1. 按使用原料分类 纯毛毛毯、混纺毛毯、纯化纤毛毯。

2. 按加工方法分类 机织毛毯(包括毛经毛纬和棉经毛纬)、针织毛毯(如簇绒毛毯、拉舍尔经编毛毯等)。

3. 按毯面图案构成分类 提花毛毯、印花毛毯、道毯、格子毛毯及素毯。

4. 按毯面绒毛类型分类 绒面型、立绒型、滚球型、顺毛型(包括水波纹型、刷花型等)。

5. 按使用对象分类 童毯、单人毯、双人毯及特殊规格毛毯等。

毛毯的命名,一般仅以主要特征称之,如"机织全毛水波纹提花双人床毯"称为"全毛提花毛毯"。它可以是棉经毛纬或毛经毛纬,棉经毛纬的经纱常用28tex×2、28tex×3、14tex×2的纯棉纱或涤/棉纱,纬纱则都采用125~1000tex(1~8公支)粗梳毛纱。常以$\frac{1}{3}$破斜纹或八枚缎纹制织棉经毛纬纬二重产品。后整理主要经过钢丝起毛、湿刺果起毛等而成。

毛毯主要用作床毯,亦可兼作床罩、壁毯或其他旅游用品。

(二)棉毯

棉毯为绒毯的一种,一般是指用废棉纺成的棉纱为原料,织成平纹单层的起绒织物。重量≥1.35kg的为重磅毯,有1.5kg,1.8kg和2.2kg三种;重量<1.35kg的为轻磅毯,有1kg和0.7kg两种。

棉毯价格低廉,用途也广,可作为铺垫用、被盖用,也可作为门帘、披肩、包裹行李用等。特别是在我国西南、西北的少数民族地区,已成为传统用品。

(三)毛毡

毛毡是利用羊毛纤维独特的缩绒性,在湿热状态下通过手工或机械的挤压作用使纤维与纤维毡合而成的片状物。

毡是最古老的羊毛制品,是继兽皮后的护身之物。现仍为各地人民尤其是牧区少数民族的防风御寒服饰用品。

毛毡的工业用途极广,由于毡的弹性、绝热、消音、防震、过滤、护油、密封等性能,它已成为机械、仪表、交通、电信、文体等行业不可缺少的材料。按用途和特性可分为工业用毡(封严毡、过滤毡、消音毡、汽车毡等)、民用毡(毡帽、毡靴、炕毡、帐篷毡等)、特种行业用毡、钢琴毡、针布毡、抛光毡以及各种形状和厚薄的毡零件等。

毛毡的生产工艺流程为:原毛准备→梳毛→挤压成形→缩呢→去酸→烘燥→整理→成品(包装)。

二、非织造布

非织造布又名非织造织物、无纺布、无纺织物、不织布等。

(一)定义与分类

非织造布的定义有许多说法,并随着非织造布技术的发展而被不断修改和完善。按我国较新的 GB/T5709—1997 中的规定,定义如下:

定向或随机排列的纤维通过摩擦、抱合、黏合或者这些方法的组合而相互结合制成的片状物、纤网或絮垫。不包括纸、机织物、针织物、簇绒织物、带有缝编纱线的缝编织物和湿法缩绒的毡制品(不论这种制品是否经过针刺加固)。纤维可以是天然的或者是化学加工的,也可以是短纤维、长丝或当场形成的纤维状物。

(1)湿法非织造布与湿法造纸的区别在于,非织造布应符合下列条件之一:

①其纤维成分中长度与直径之比大于 300 的纤维(不包括经化学蒸煮的植物纤维)占 50%以上的质量。

②其纤维成分中长度与直径之比大于 300 的纤维(不包括化学蒸煮的植物纤维)占 30%以上的质量,并且其密度小于 0.40g/cm^3。

(2)粘胶纤维不属于经过化学蒸煮的植物纤维。

(二)非织造布商品

1. 热熔衬　又名黏合衬、热熔黏合衬。一般是选用涤纶或涤粘混纺纤维为原料,用热轧法非织造布为底布,经过涂层工艺,在布面上涂上热熔性树脂而成。根据涂层工艺和涂层树脂的不同,各种热熔衬分别适用于不同种类和不同档次的服装。使用时,通过熨烫,热熔衬上的树脂熔融,使衬料与面料黏合,从而使服装定形、挺括,增加服装样式的美感和稳定性。

2. 喷胶棉　又名喷浆絮棉。一般选用中空高卷曲涤纶、腈纶等纤维为原料,经过开松、混合、成网、喷黏合剂和烘燥等工序制得。具有结构疏松、弹性好、手感柔软、耐水洗和保暖性好等特点。主要用于服装(如防寒服、滑雪衫、登山服等)、床上用品等的保暖填充材料。

3. 非织造墙布 常用棉、麻、涤纶、维纶等为原料,采用浸渍黏合法、泡沫黏合法或热轧法生产非织造底布,再经过轧光、印花、切边、后处理、整理等工序加工而成。具有质地挺括、富有弹性、不易折断、纤维不老化、不散失、对皮肤无过敏刺激等特点,并具有便于粘贴施工和价廉物美的优点。

4. 卫生巾、尿布 用薄型非织造布为基布或包覆材料,内含各种高吸水性物质。卫生巾面料所用的纤维主要是粘胶纤维、脱脂棉,也有采用涤纶或其他纤维的,但触感可能欠佳。制造方法常用热轧黏合法或湿法、浸渍黏合法生产。而热轧黏合法避免了黏合剂中游离化学物质对人体的影响,所以是生产卫生巾面料的主要方法之一。

5. 土工布 是应用于土木工程中的纺织品,其中非织造布约占80%,机织物占15%,其他约占5%。土工布现已同水泥、钢材、木材一起成为"四大建筑材料"。广义上的土工布包括土工工程中可渗透的土工布和不可渗透的土工膜。

土工布的用途多种多样,主要用于道路路基的增强,治理铁路翻浆冒泥,应急公路的铺设,解决软土地区的施工,水利岸坡的防护,水库水坝排水沟的反滤层,发电厂灰坝,矿山矿坝,矿井的支柱成形,保护植被,治理水土流失,治理环境污染等。使用土工布,可以起到提高工程质量、缩短施工时间、降低工程造价、延长工程寿命和简化工程维护等作用。

6. 非织造布过滤材料 过滤就是将异物从气体或液体中分离出来。前者为干式过滤,后者为湿式过滤。非织造过滤材料(滤材)可以是针刺法、黏合法或缝编法等生产而得。针刺法滤材可以制成管状滤筒,应用范围广泛,处理粉尘的能力一般大于机织物和针织物;黏合法滤材生产简便、产量高、造价低,过滤阻力较小;缝编法滤材结构紧密、强度大。

下面介绍几种常见的非织造过滤材料。

(1)纺织滤尘材料:以异形涤纶为原料,用针刺法或黏合法工艺生产而得。常用规格:平方米重量为350~400g/m²,初阻力为90Pa,滤速为1m/s,除尘率>96%。

(2)发动机空气过滤材料:以涤纶和维纶短纤为原料,用针刺与浸渍黏合相结合的工艺生产而得。常用规格:平方米重量为140~160g/m²,初阻力为3.5Pa,滤速为0.13m/s,除尘率>75%。

(3)防毒过滤材料:以粘胶纤维或腈纶为原料,用针刺法制成毡,浸药后再经炭化而成。广泛用于医药、制药、矿山等的防护罩,以及放射性微粒、细微粉尘、异味和毒气的吸附材料。

三、线、带、绳、索类纺织品

(一)编结线

编结线用于手工编结装饰品与实用工艺品。大量使用的是供编抽纱制品的棉编结线,因呈绞状卷装,故又叫工艺绞线。

主要规格与用途举例如下:

(1)规格7.5tex×6的线,可编抽纱制品万缕丝和山东的即墨镶拼等。

(2)规格14tex×3的线,可用于钩编帽子等。

(3)规格18tex×3的线,可用于钩编万缕丝、台布、茶巾等。

（4）规格 28tex×3 的线,可用于钩编手套等。

（5）规格 30tex×4 的线,可用于钩编服装外套、工艺衫等。

（6）规格 50tex×3 的线,可用于钩编台布、茶巾、鞋面等。

（7）规格 66tex×2 的线,可用于编织各种工艺品和刺绣品等。

（二）医用缝合线

医用缝合线是在医疗中供外科手术缝合使用的线。医用缝合线分吸收性和非吸收性两种。吸收性缝合线可用聚羟基乙酸、聚羟基丙酸等制得;非吸收性缝合线可用锦纶 6、锦纶 66、涤纶、丙纶等单丝或复丝线制得,也可用棉、丝、羊肠线制得,国内常用锦纶与涤纶,在使用较细缝合线的地方可采用锦纶 6 或锦纶 66 单丝(0.91～5tex),在使用较粗缝合线的地方可采用涤纶长丝。

（三）消防带

消防带又名水龙带,是一种能承受一定液体压力的管状带织物。按所用原料,可分为棉、苎麻、亚麻、合纤衬胶等消防带;按耐压大小,可分为普通型和高压型消防带(工作压力大于 $10kg/cm^2$）。

高压消防带常用高强低伸型涤纶长丝为原料,用双梭圆织机织成管坯,内衬 1～3mm 厚的橡胶或将管坯内外涂一层较薄的高分子合成材料,使其具有能承受高压且不渗漏、耐腐蚀、耐磨、轻便等特点。消防带常用的公称口径有 65mm、80mm、90mm 和 100mm 等规格,每条定长为 20m。口径在 100～150mm 的用于低压排水或供水。

（四）安全带

安全带所用纤维主要是锦纶,其次是涤纶,常用机织法以 $\frac{2}{2}$ 斜纹制得。近年来,为提高生产效率,针织机已被越来越多地使用,热定形条件(张力、湿度、时间)对安全带的力学性能有非常重要的影响,如低伸度的安全带需在高张力下进行处理等。

（五）传送带

产业用传送带可分为传送物品用和传送动力用两大类。其主要原料都是各种纤维与橡胶,根据用途,采用不同的纤维和不同的橡胶黏合。传送物品用传送带的常用纤维有锦纶 6、锦纶 66、维纶、涤纶、人造丝和棉,其中锦纶 6 为普通传送带最常用的纤维材料;传送动力用传送带常用纤维有人造丝、锦纶、涤纶、玻璃纤维、金属纤维、芳香族聚酰胺纤维和棉,其中以涤纶在 V 型传送带使用最多,棉用于平型传送带。

（六）绳、索纺织品

根据我国国家标准,直径为 1～4mm 的称绳或绳线,直径不小于 4mm 的称绳索,直径大于 40mm 的称缆(粗绳)。

1. 登山绳索、防护用绳索　登山时为了保证身体的承载,绳索直径应为 9～12mm,原料以锦纶、涤纶为主。其对冲击强度要求很高,而且要轻便,在特殊情况下,还要求有一定的耐寒性。

一般消防员、警察等使用的为防护绳索,其性能要求与登山用绳索相同。

2. 缆绳　用于系结船舶的多股绳索。原料为丙纶、维纶、锦纶的缆绳逐渐代替了钢索、麻绳和棉绳。其制作方法通常为拧绞或编绞,多为 3 股或 8 股,直径在 40～120mm。具有强度高、耐磨、耐腐蚀、耐霉变、耐虫蛀等特点。丙纶缆绳的比重小于水,可浮于水面,操作安全方便。

　　缆绳除用于船舶系船外,还广泛用于交通运输、渔业、矿山起重、体育项目等方面。

四、抽纱制品

　　抽纱是指在面料上将经纱或纬纱抽去,再加针工绣制,固定经纬纱,使面料经过抽绣后形成新的艺术效果。现在人们习惯将抽纱一词作为刺绣行业的统称。抽纱行业的主要产区有汕头产区、上海江浙产区、山东产区和北京产区,还有河北、天津、福建、辽宁等产区,各产区的产品和品种特色各有千秋。

　　汕头产区的抽纱工艺特色是工种繁多,针法丰富,做工精巧,图案既柔美秀丽又严谨大方。大台布重工抽绣为其代表之一,可在一张大台布上绣几百只凤凰图案,花型精细,色泽柔和绚丽,综合运用多种绣法,其产品曾获莱比锡国际博览会金奖。

　　上海江浙抽纱,即上海和江苏、浙江抽纱。上海抽纱以万缕丝较著名,其特色是厚实紧密,层次分明,富有镂空效果。张家港的针法工艺独树一帜,制作者手中既有棒针又有钩针,二者根据工设计配合运用,产品具有棒针与钩针结合的特殊效果和风格。

　　山东抽纱的工艺特色是品种、工种多样,多用棉麻面料,做工粗犷厚实、风格朴实无华。

　　北京抽纱的独特代表为凤尾纱补花,成品花型胖圆丰满,为北京抽纱之独有。

五、涂层织物

　　涂层织物是进行了涂层处理的织物。其种类非常多,用途也很广。如防雨风衣、防水尿布、防水台布、淋浴防水帷幔、防雨帐篷、防火耐热服、阻燃墙壁装饰材料、阻燃耐磨地面装饰材料、涂层遮阳布,以及电影屏幕、反射落板等。

　　用于织物涂层的材料,也有很多种,其中最常用的有氯乙烯树脂、丙烯酸树脂和聚氨酯树脂等,还有聚乙烯、天然橡胶和合成橡胶等热塑性树脂。涂层的方法多种多样,常用的有刮刀式涂层法(多刮浮刮涂层法、贴滚涂层法和贴滚刮胶涂层法)、罗拉涂层法(直接罗拉涂层法、反转罗拉涂层法、凹纹罗拉涂层法、转移罗拉涂层法和浸渍涂层法)、气体刮刀涂层法、棒状涂层法、静电涂层法、喷雾涂层法、真空蒸着法等。

☞ 思考题

　　1. 何为纬编针织物? 何为经编针织物? 试举几例。

　　2. 比较针织物与机织物的服用特点。

第四篇 服装商品

第十三章 服装的种类、主要品种与号型

● 本章知识点 ●

1. 服装的分类。
2. 服装的号型与应用。
3. 服装主要品种的特点。

第一节 服装的种类

　　服装是穿于人体起保护和装饰作用的制品。服装的种类很多,因服装的起源历史不同,服装的基本形态、品种、用途、制作方法不同,各类服装亦表现出不同的风格与特色,变化万千,十分丰富。目前,服装大致有以下几种分类方法。

一、根据服装的起源历史分类

(一)史氏分类法(根据气候分类)

　　1. 原始服装　远古时期,服装只是围在腰部的掩盖物或装饰物。最初面积极小,仅限于生殖器部分,后逐步扩展,围住臀部或长至膝盖。

　　2. 热带服装　热带服装的特点是采用较薄的面料披缠在身上,肩、臂等部位则大多袒露在外。

　　3. 寒带服装　寒带服装的特点是将衣服紧紧包裹住身体,因此下部需要开衩以便于行走,后逐渐演变成上衣和裤子,并开始产生袖口和帽子。

(二)缪氏分类法(根据时代分类)

　　1. 固定服装　固定服装是一定历史时期所形成的服装,或是沿袭传统的、标志某个国家和民族的服装。

2. 时派服装 时派服装是在竞争中产生的并不断变化和翻新的服装,这种新奇别致的服装又被称为时装。

二、根据服装的基本形态与造型结构分类

(一)体型型

体型型服装是符合人体形状、结构的服装,起源于寒带地区。体型型服装的一般穿着形式分为上装与下装两部分。上装与人体胸围、项颈、手臂的形态相适应;下装则符合于腰、臀、腿的形状。体型型服装裁剪、缝制较为严谨,注重服装的轮廓造型和主体效果。

(二)样式型

样式型服装是以宽松、舒展的形式将衣料覆盖在人体上,是起源于热带地区的一种服装样式。这类服装不拘泥于人体的形态,较为自由随意。样式型服装在穿着形式上可分为腰衣式、袈裟式和贯头式三种。

(三)混合型

混合型结构的服装是寒带体型型和热带样式型混合的形式。中国、日本、朝鲜等地的民族服装均属此类型,如中国的旗袍、日本的和服等。

三、根据服装的穿着组合、用途、面料分类

(一)按穿着形式和组合分类

1. 整件装 上、下两部分相连的服装称为整件装。日常穿着十分普遍的各种连衣裙以及华美高贵的晚礼服即为整件装的形式。

2. 套装 这是上衣与下装分开的衣着形式。有两件套(外衣、裙或裤)、三件套(外衣、背心、裙或裤)、四件套(大衣、外衣、背心、裙或裤)等。

3. 外套 这是穿在衣服最外层的服装。外套的品种繁多,有大衣、风衣、雨衣、披风、短外套等。

4. 上衣 上衣范围可从衬衣到短夹克,从工作服到礼仪服装,形式变化多样,穿着普遍。

5. 背心 一般穿在衬衣外,并与套装配合穿着。如呢背心、羊毛背心、皮背心等,是作为调节身体温湿度用的外穿衣着。

6. 裙 裙是女装设计中变化甚多的品种之一。按面料分为毛呢裙、皮革裙、丝绸裙、棉布裙等;按形状分为连衣裙、旗袍裙、斜裙、喇叭裙、超短裙、褶裙、节裙、筒裙和西服裙等。

7. 裤 裤是服装中的大类品种之一。裤按腿的长短部位分为短裤、中裤、长裤;按造型分为灯笼裤、窄裤、喇叭裤;按功用分为西裤、工装裤、田径裤等。

(二)按用途分类

日常的服装包括内衣与外衣两大类。内衣紧贴人体,起护体、保暖、整形的作用;外衣则由于穿着场所不同,用途各异,品种很多。

1. 礼仪服 这是在社交场合穿着的礼仪性服装,有新娘礼服、晚礼服、燕尾服等。在很多场合,西服套装也是最常见的礼仪服。

2. 休闲服　人们在闲暇生活中从事各种活动所穿的服装。休闲服包括的范围较广,有户内服、户外服,也有上班服、娱乐服、旅游服等。由于穿着环境不同,有略带正统严肃意味的服装,也有轻松、时尚的服装。

3. 职业服　社团或行业成员在工作时,为展示整体形象需要和劳动动作需要所穿着的服装,它应能反映出不同职业的特色。职业服可分为三大类:职业标志服、防护服和职业时装。

4. 运动服　这是体育活动时所穿的服装,可分为运动竞赛服和活动服两类。运动竞赛服的款式各具特色,根据运动项目分,有田径服、游泳服、网球服、体操服、花样溜冰服等。活动服即是人们进行一般性体育活动时的衣着,如晨间锻炼的运动衣裤、滑雪服等。

5. 家居服　一般仅限于室内穿而不宜进入公众场合,如睡衣、浴衣、晨袍、吸烟衣、便服等。

6. 舞台服　也称演出服,它是根据剧目的需要或是强调演员个性与风格而设计的一种展示性服装。

(三)按服装面料分类

1. 棉类服装　由纯棉、棉混纺、棉交织织物为主要面料制成的服装。其从薄型到厚型的服装都有,以日常服和工作服为主。棉类服装的社会需求量很大,服装具体品种繁多。

2. 麻类服装　由纯麻、麻混纺、麻交织织物为主要面料制成的服装。其从薄型到厚型的服装都有,以日常服、休闲服和时装居多。麻类服装粗犷、透气、风格独特、休闲自然。

3. 毛呢服装　由纯毛、毛混纺、毛交织织物为主要面料制成的服装。毛质面料制作的服装,分男装与女装,毛呢服装属于服装中的高档品种,这类服装有大衣、西装、套装等。

4. 丝绸服装　以丝绸为主要面料制成的服装,有各种高档次的薄型、柔软的真丝绸或仿真绸服装。丝绸服装包括日常衬衣、裙、裤、连衣裙及晚装等。

5. 毛皮和皮革服装　毛皮服装即裘皮服装,它是指以天然毛皮为主要面料制成的服装,主要有男女大衣、外套。由于其价格贵,保养难,穿着者较少。相应的有人造毛皮服装,是以天然纤维或化学纤维仿制成的毛皮为面料制成的服装。皮革服装是采用动物的皮制成光洁或起绒的革为面料,再缝制成服装,有皮夹克、派克大衣、军用皮大衣等。相应的有人造革服装,是以天然纤维或化学纤维仿制成的皮革为面料制成的服装。

6. 化纤服装　化纤服装是以纯化学纤维为原料,经过纺织印染加工制成仿棉、仿麻、仿毛、仿丝、皮革并具有独特服用性的面料,而制成的具有各种风格特征的服装。随着化学纤维品种的增加、性能的不断改善,化纤服装也越来越多。

(四)其他

除上述几种服装分类方法外,服装界又常按性别(男装、女装)、季节(春装、秋装、冬装、夏装)、年龄(婴儿服、儿童服、成人服、青年服与中老年服)、民族、特殊功用等方面的不同对服装进行分类。

按民族分类,有本国民族服装及本国少数民族服装,如汉族服装、藏族服装、维吾尔族服装等;外国民族及外国少数民族服装,如墨西哥服装、印第安服装、爱斯基摩人服装等。

按特殊功用分类,有耐热的消防服、高温作业服,不透水的潜水服,高空穿着的飞行服、宇航服,高山穿着的登山服,抗静电、防辐射服等。

四、机织与针织服装

机织服装也称为梭织服装，是以机织物为主要面料制成的服装。几千年来，人们穿着的服装主要是机织服装。针织服装是以针织物为主要面料制成的服装。针织服装是近二百年发展起来的，现在品种日益增多，可分为针织毛衣、内衣、内衣外穿、外衣和配件等。

（一）针织毛衣类

针织毛衣是指用毛线编结的服装，习惯称为毛衣。毛衣的品种极为丰富，有背心、套衫、开衫、裙、连衣裙、外套、大衣等。毛衣通常在横机上生产，也有用棒针手工编结的毛衣。

（二）针织内衣类

针织内衣通常分普通内衣、补整与装饰内衣和保暖内衣等品种。

1. 普通内衣 包括传统针织服装的"三衫"，即汗衫背心、棉毛衫裤、绒布衫裤。

2. 补整与装饰内衣 主要指女用的各种胸罩、束腰、女衬裙、喇叭形内裤、乳罩式紧身衣等。

3. 保暖内衣 加有保暖层，以保暖为目的的针织内衣。

（三）内衣外穿类

近年来，随着内衣外穿的服饰潮流，针织内衣一改以往的单调形式，呈现出新潮化、时装化的发展趋势。

1. T恤 由针织汗衫发展而来，原料有涤/棉、涤/麻、全棉纱线和全棉丝光线。另有一种饰以商标、徽记或文字装饰的"广告衫"，是T恤的变化品种。

2. 棉毛衫裤新品种 这是在棉毛衫裤的基础上发展而来的针织服装。常见的有各式毛巾衫、天鹅绒衫、涤盖棉衫裤等。

3. 外套化的绒衫裤 以往作为保暖服装穿在外衣里面的绒衫、绒裤，现在则作为便服或运动服穿在外面，如薄绒运动衣等。这类外套化的绒衫裤经镶拼、饰彩道或印花、绣花、拷扣、钉鞋眼扣再穿绳带等装饰设计，表现出刚健、豪放、洒脱、活泼的服装风格。

（四）针织外衣类

随着针织技术的发展，针织外衣的品种日益增多，有各种上衣、外裤、连衣裙、罩衣、大衣、套装等，能满足社交、居家、运动和休闲等不同场合使用。针织外衣的面料通常以化纤纯纺、化纤与天然纤维混纺或交织的针织花色居多，质地挺括、抗皱、稳定性好。款式追随流行，较为时髦，以套装和裙装为主。

（五）针织配件类

作为服装配套用品，针织配件具有不可或缺的重要作用，主要品种有针织袜类、针织手套、针织帽、针织围巾和针织领带。

第二节　服装的号型

制定和使用服装号型，目的是便于消费者选用，搞好服装营销，使不同体型的人都能及时穿上舒适合体,美观大方的服装。要做到这一点,就需要按照人体发育规律,制定好服装规格标准,满足绝大多数人的穿衣需要。我国于 1981 年制定了服装号型标准,后经多次修改,现最新版是 GB/T 1335.1—2008《服装号型　男子》、GB/T 1335.2—2008《服装号型　女子》和 GB/T 1335.3—2009《服装号型　儿童》标准。本节主要介绍最新的服装号型标准。

一、中国人体体型分类

1. 划分人体体型的依据　以身高、胸围、腰围作为制定号型的人体的 3 个基本部位,且以胸围与腰围差的数值作为划分体型的依据。

2. 体型划分及命名　男子与女子各制定一个标准,且男女都分为 4 种体型,以胸围与腰围差从大到小的顺序依次命名为代号 Y 型、A 型、B 型、C 型。其中,A 型是人数最多的普通人的体型,Y 型是中腰较小的人的体型,B 型与 C 型表示稍胖和相当胖人的体型。考虑到女子胸围和腰围差的值比男子的平均高 1cm 多,因此确定女子与男子同型的分类值相差 2cm,标准中体型分类的具体数值见表 13-1。表 13-1 中 A 型、B 型、C 型三种体型胸围与腰围落差的跨度为5cm,Y 型为 6cm,这是基于上、下装配套的考虑。

表 13-1　中国人体型分类代号　　　　　　　　单位:cm

胸腰围差 / 性别 \ 体型	Y 型	A 型	B 型	C 型
男子	22~17	16~12	11~7	6~2
女子	24~19	18~14	13~9	8~4

二、《服装号型》标准的主要内容

(一)号型定义

身高、胸围和腰围是人体的有代表性的基本部位,用这些部位的尺寸来推算其他各部位的尺寸,误差最小,身高命名为"号",胸围和腰围为"型"。

所以,"号"指人体的身高,是设计服装长度的依据。人体身高与颈椎点、坐姿颈椎点高、腰围高和全臂长等密切相关,它们随身高的增长而增长。"型"指人体的净体胸围或腰围,是设计服装围度的依据。它们与臀围、颈围和总肩宽密切相关。号与型分别统辖长度和围度方面的各部位,体型代号 Y 型、A 型、B 型、C 型则控制特征,服装号型的关键要素是:身高、净胸围、净腰围和体型代号。

(二)号型标志

标准规定,成品服装上必须标明号、型,号、型之间用斜线/分开,后接体型分类代号。

例如,160/84A。其中:160 表示身高为 160cm,84 表示净体胸围为 84cm,A 表示体型代号,即胸腰围差为 18~14cm 女子,或为 16~12cm 男子。

号型标志是服装规格的代号。套装系列服装,上、下装必须分别标有号型标志。儿童因不分体型,号型标志不带体型分类代号。

（三）号型系列

把人体的号和型进行有规则的分档排列即为号型系列,身高以 5cm 分档;胸围以 4cm 分档;腰围以 4cm、2cm 分档。上装是以身高和胸围构成"号"和"型",所以上装组成 5·4 系列。下装是以身高和腰围构成"号"和"型",所以下装组成 5·4 系列和 5·2 系列。在上、下装配套时,上装在系列表中按需选一档胸围尺寸,下装可选用一档腰围尺寸,做一条裤子或裙子,也可以按系列表选二档或三档腰围尺寸,分别做 2 条或 3 条裤子或裙子。例如,170/88A 号型,它的净体胸围为 88cm,由于是 A 型体型,它的胸腰围差为 16~12cm,所以腰围尺寸应在 88 - 16 = 72cm 和 88 - 12 = 76cm 之间,即腰围为 72cm、73cm、74cm、75cm、76cm。我们选用腰围分档数为 2cm,那么可以选用的腰围尺寸为 72cm、74cm、76cm 这 3 个尺寸,也就是说,如果在为上下装配套时,可以根据 88 型在上述 3 个腰围尺寸中任选。参见表 13 - 2。

表 13 - 2　成人号型系列分档范围和分档间距　　　　　　　　单位:cm

型　　　号		男 155~190	女 145~180	分档间距 5
胸围	Y 型	76~104	72~100	4
	A 型	72~104	72~100	4
	B 型	72~112	68~108	4
	C 型	76~116	68~112	4
	Y 型	56~86	50~80	2 和 4
	A 型	56~92	54~86	2 和 4
	B 型	62~104	56~98	2 和 4
	C 型	70~112	60~106	2 和 4

儿童服装号型把身高划分成三段组成系列。第一段,身高 52~80cm 的婴幼儿,不分性别,身高以 7cm 分档,胸围以 4cm 分档,腰围以 3cm 分档,分别组成上、下装号型系列,上装组成 7·4 号型系列,下装组成 7·3 号型系列。第二段,80~130cm 身高的儿童,不分性别,身高以 10cm 分档;胸围以 4cm 分档;腰围以 3cm 分档,将上装组成 10·4 号型系列,下装组成 10·3 号型系列。第三段,身高 130~160cm 的儿童,分男童和女童号型系列,男童身高范围 135~160cm,女童身高范围 135~155cm;身高都以 5cm 分档,胸围以 4cm 分档,腰围以 3cm 分档,分别组成上装 5·4 系列和下装 5·3 系列,参见表 13 - 3。

表 13 - 3　儿童号型系列分档范围和分档间距表

项　　目	号	型	
		上装	下装
婴幼儿	52~80cm 7cm 档距	40~48cm 4cm 档距 共 3 型	41~47cm 3cm 档距 共 3 型

续表

项　　目	号	型	
		上装	下装
儿童	80~130cm 10cm 档距 共 6 个号	48~64cm 4cm 档距 共 5 个型	47~59cm 3cm 档距 共 5 个型
男童	135~160cm 5cm 档距 共 6 个号	60~80cm 4cm 档距 共 6 个型	54~69cm 3cm 档距 共 6 个型
女童	135~155cm 5cm 档距 共 5 个号	56~76cm 4cm 档距 共 6 个型	49~64cm 3cm 档距 共 6 个型

(四) 中间体

在设置号型时,各体型的覆盖率即人口比例≥0.3% 时,就设置号型。所以在设置号型系列时,增设了一些比例虽小但具有一定实际意义的号型,使得系列表更加完整,更加切合实际。验证表明,服装号型覆盖面,男子达到 96.15%,女子达到 94.72%,总群体覆盖面为 95.46%。

根据大量实测的人体数据,通过计算,求出均值,即为中间体。它反映了我国男女成人各类体型的身高、胸围、腰围等部位的平均水平,具有一定的代表性。在设计服装规格时必须以中间体为中心,按一定分档数值,向上下、左右推档组成规格系列。

(五) 号型的应用

号型实际应用时,对于每一个人来讲,首先要了解自己是属于哪一种体型,然后看身高和净体胸围(腰围)是否和号型设置一致。如果一致,则可对号入座,如有差异则采用近距靠拢法,具体方法见表 13 - 4。

表 13 - 4　号型的应用

身高(cm)	163~167	168~172	173~177
选用号	165	170	175
胸围(cm)	82~85	86~89	90~93
选用型	84	88	92

例如,175/88A 号型的男子上装,适合于身高在 173~177cm,胸围在 86~89cm,且胸围与腰围差在 12~16cm,属于 A 型体型的男子。对于确定体型和胸围的人,其腰围也只能在一定范围内变化,对于胸围为 88cm 的 A 型,我们选定 3 种腰围,即 72cm、74cm、76cm。

再如,175/74A 号型的下装适合于身高在 173~177cm,腰围在 73~75cm 的 A 型男子,其他号型以此类推。

考虑到服装造型和穿着的习惯,某些矮胖或瘦长体型的人,也可选大一档的号或大一档的型。

儿童正处于长身体阶段,特点是身高的增长速度大于胸围、腰围的增长速度,选择服装时"号"可大1~2档,"型"可不动或大1档。

童装的上装型(指胸围)均以4cm分档,下装型(指腰围)均以3cm分档。型的适用范围很容易记,上装型只要下限减2cm,上限加1cm即可,下装型只要上下各加减1cm就可以了,型与型之间正好衔接。例如,上装56型适用于净胸围在54~57cm的儿童,60型适用于净胸围58~61cm之间的儿童。女童下装52型,适用于腰围在51~53cm之间的女童,男童下装57型,适用于腰围56~58cm之间的男童。

在设计服装规格时,必须依据的主要部位,称控制部位。控制部位的数值是通过它们与身高、胸围及腰围这些基本部位的内在关系由公式换算得到的。服装规格中的衣长、胸围、领围、袖长、总肩宽、裤长、腰围、臀围等,是用控制部位的数值加上不同加放量而制定的。标准中给出了男子4种体型、不同号型系列的控制部位数值,以供将控制部位数值转化为服装规格时使用。

第三节　服装的主要品种

服装是人们生活用品中的一个大类,品种、式样很多,对其加以区分,对生产、保管和销售都有好处。目前我国还没有一个统一、明确的服装品种界定,这里仅从目前商业的服装品种进行介绍。

一、内衣

贴身穿着的服装,统称内衣。内衣具有保护皮肤、吸湿保暖的功能,并能保持外衣清洁美观。内衣款式简单,以合体为宜,套穿形式居多,极少使用扣子和拉链。内衣选用的材料大多为富有弹性的全棉针织物或真丝针织物。内衣分为儿童内衣、成人男子内衣、成人女子内衣。

1. 儿童内衣　男童的内衣主要有短裤、背心、短袖或长袖套头式内衣(棉毛衣裤);女童的内衣主要有内裤、背心、棉毛衣裤。此外,还有睡衣、睡裤、睡袍和女童睡裙和衬裙等。

2. 成人男子内衣　包括汗背心、田径衫、圆领或V领短袖汗衫、棉毛衫、内裤、平脚裤、田径裤、针织三角裤、棉毛裤、睡衣、睡裤等。

3. 成人女子内衣　女子内衣在保护肌肤、显示优美体态与修正体型缺陷等方面,具有十分重要的作用,为此,女子内衣可分为贴身内衣、补整内衣和装饰内衣三类。

贴身内衣包括汗衫、汗背心、棉毛衫、三角形内裤、平角形内裤、棉毛裤等。补整内衣又称为整形内衣或补正内衣,主要有胸罩、束腰、裙撑等。装饰内衣是穿在内衣裤与外衣裙之间的一种衬装,既能保持外衣的完美造型,又能使外衣裙不致贴体,在行走和活动时使身体舒适。主要有连衣式衬裙、连胸罩式长衬裙、喇叭形内裤等。

二、运动服

运动服是适于运动时穿着的服装,也称为运动装。这类服装最重要的条件是需适应特定运动项目的要求,必须考虑面料的保暖性、透气性、吸湿性及摩擦、牵引、洗涤等的坚柔度。因此,常选用具有弹性的针织面料制作。运动服色彩艳丽、醒目,并因运动的需要不同而有多种款式,如足球服、篮球服、网球服、登山服、滑雪服等。

三、衬衫与 T 恤

1. 衬衫　是穿在内外上衣之间或单独穿着的上衣,男衬衫通常胸前有口袋,袖口有袖头。衬衫是一年四季都可穿的常用服装,可用棉、麻、丝绸、毛、化纤及混纺面料等。

衬衫最早出现于 11～12 世纪欧洲民族大迁移时,那是农民穿着的将衣摆塞入裤内的一种衬衣。后来宫廷内男子将它作为内衣,与套装搭配穿着,称为衬衫。20 世纪,妇女开始走向社会,因而女衬衫迅速发展为女性日常服装之一,并在款式造型上不断更新变化,形成了丰富多彩的女装类别。男衬衫的款式变化很多,具体表现在领子、袖子、袋及门襟的变化。另外,男衬衫在材料、花纹、色彩的选用上也很丰富。男衬衫分为礼服、日常、运动、刺绣四类。女衬衫款式变化更多,也更丰富多彩,仅领子就有开领、立领、无领、联领、驳领、关领、带式领和小圆领等,另外,还有外形、结构、袖子、工艺加工等的变化。根据形态风格上的不同,女衬衫分为适体型、宽松型和夹克型。

2. T 恤　是 T－shirt 的音译名。

T 恤的结构设计简单,款式变化通常在领口、下摆、袖口、色彩、图案、面料和造型上,T 恤可以分为有袖式、背心式、露腹式三种。T 恤是夏季服装最活跃的品类,从家居服到流行装,T 恤都可自由地搭配,只要选择好同一风格的下装,就能穿出流行的款式和不同的情调。

四、裤子

裤是指人们腰部及下肢穿着的服饰用品,俗称裤子。裤子是男子下装的固定形式。由于穿着的时间、场合、用途不同,裤子的种类繁多,有西装裤、工作裤、滑雪裤、牛仔裤、马裤、高尔夫球裤、西装短裤、中国大裆裤、土耳其灯笼裤等。从裤子总体选型看,则可归纳为三类,即适中型、紧身型和宽松型。女裤的长短变化很多,有长及脚踝的、至腓部的、刚及膝盖的及至膝上的各种形态。裤子要求穿着方便,适合人体臀部、腰部等部位,在面料、款式和色泽上要与上衣相协调。

男子西装裤(即男西裤)近些年来一直很受欢迎,其特点是裆高、紧身、裤脚小、裤长长及鞋面,其造型雅致清晰,人穿着后显得神采奕奕。男西裤的主要选用精纺呢绒、毛/麻、涤/麻、涤纶花呢、棉卡其、中长纤维等面料。

除此之外,还有畅销不衰的牛仔裤。1850 年,美国人利维·斯特劳斯创制了牛仔裤。牛仔裤一般紧包臀部,裤脚较瘦,明线加工,线条分明,可充分体现出人体的自然形态美,身材较好的女青年穿着牛仔裤,更能突出线条美,而个子不高的人穿着牛仔裤,则显得苗条修长。从质料来看,牛仔裤结实耐磨。所以,无论从审美性或实用性来看,牛仔裤都能令人满意。

五、夹克

夹克衣长较短,是一种宽胸围、紧袖口、紧下摆式的上衣,也称便装,来源于工作服。夹克长度较短,一般在腰、胯之间;腰部和袖口以克夹或松紧带收缩;后背、肩部装有育克,并加褶裥;胸围和袖子宽松适度,以便于活动。夹克具有式样轻便、线条流畅、潇洒飘逸、合身舒适,且男女皆宜、造型灵活的特点。夹克的种类很多,有春、秋、冬季不同厚薄的单夹克、皮夹克、腈纶棉中空夹克、羽绒夹克;有根据不同功能需要,适合不同工作者,适应不同时间、场合穿着且款式各异的日常夹克、工作服、休闲夹克。夹克的面料一般采用防雨府绸、卡其、中长涤纶花呢、绒布、灯芯绒、涤纶弹力呢等。

六、西服

西服起源于欧洲,18 世纪中叶,西服的雏形形成,而后发展为欧洲型、英国型和美国型等多种流派。西服面料讲究、工艺精致、外观挺拔,适合不同国籍、肤色、年龄、性别的人穿着,服饰效果稳重高雅、舒适合体,因此自问世至今,历久不衰,已成为当今国际性服装。根据款式特点和用途不同,西服可分为日常西服、礼服西服和西服便装三类。日常男子西服包括西装背心、西装和西裤三部分,女子西服包括西装、西裤和西装裙三部分,它们用相同的面料制成,形成组合套装。男子三件配套穿得严肃庄重,男女西服日常更多的是只穿两件,西装和西裤;或只穿西装或者西裤、西裙。男子的礼服西服包括夜间穿着的燕尾服、白天穿着的晨礼服、夜间半正式礼服。由于现代生活方式与礼仪时尚的从简,衣着场合与衣着方式的要求已不再十分严格,男子们对于衣着,也更注重舒适与随意,西服便装正适应了这种时代与生活的需求,西服便装穿着时不必系领带,甚至可穿 T 恤或套头衫,门襟纽扣也无须扣上,可任其敞开或自由飘动,给人洒脱、轻松和帅气之感。但一般讲西服仍指正规的日常西服。

西服既富于庄重感,又可通过式样的变化、不同面料的选用,体现出活跃、潇洒之感。西服式样的变化多半表现在领驳头、纽扣、开衩和口袋等部位处。就男西装的扣子的装订部位和粒数来说,西装可分为单排一粒扣、单排两粒扣、单排三粒扣和双排两粒扣、双排四粒扣、双排六粒扣。其中单排三粒扣近年来较为流行。西服宜以服用性能优良的全毛呢绒、混纺呢绒及仿毛呢绒为面料,以吸汗透湿的人造丝绸为里,并以富有身骨、弹性好、透气性好的毛衬(黑炭衬和马尾衬)为衬,以富有身骨、弹性好、透气性好的材料做垫肩。

七、裙

人类最古老的衣服形式是袍或裙,上衣、下裙连在一起,腰间用带子系缚,古埃及人将腰布缠在下半身,是最早期的裙子。直到 20 世纪初期,法国著名的设计大师夏奈尔倡导职业妇女装,才开始了上下衣裙分开穿着的时代。中国妇女一直穿长至小腿的衫,明清时代出现了凤尾裙、如意裙等一些裙式。20 世纪 20 年代后,西方的裙传入中国并逐渐得到普及。时至今日,裙的款式可谓琳琅满目,丰富多彩,裙已成为家庭、上班、运动、社交等各种场合不可缺少的基本女装了。女装的裙分为连衣裙、旗袍裙、斜裙、喇叭裙、超短裙、褶裙、节裙、筒裙和西服裙。

连衣裙是女性的传统服装,历经变化,款式极多,至今仍是女装中最具有特色与活力的一种。连衣裙是上衣与裙子相连的形式,造型灵活适体,能展现女性优美的身姿,穿着方便自如,能适应不同的穿着需要。因此,无论东方女性还是西方女性,都视连衣裙为日常主要的服饰,并随季节与流行的更换,不断变化求新。连衣裙以实用、优雅的服饰风格在女装中独树一帜,现已成为女子必备的国际性服装了。连衣裙造型与设计不同,可分为标准型、宽松型、高腰设计型、中腰设计型、低腰设计型、高低腰位结合型。

一般来讲各种面料都可以来缝制裙子。但一般是按裙子的款式特点、穿着场合和季节来选择面料。如女衣呢和轻、薄、软的呢料做成西服裙、褶裙较为合适;真丝面料做的喇叭裙,自然飘逸,富有节奏,令人心驰神往;灯芯绒做的"A"字裙、西服裙等,挺拔潇洒,瑰丽迷人。在服装的宫殿里,形形色色的服装万象纷呈,群芳争艳,而裙最能体现女性的风采和魅力。

八、风衣

防风的长外衣称为风衣。风衣原是英国士兵所穿的防风、防雨的外衣。由于这种服装具有防风、防雨的特点,现已风靡全球。风衣有穿着、活动和携带都较方便,既防风雨又保暖,冬、春、秋三季皆宜的特点,式样有短款、紧腰、直身、带帽和不带帽等多种;其主要款式有运动式、斗篷式、军用式、浴袍式、衬衣式、大外套式等。男子穿着风衣,显得粗犷、豪迈;而女子穿着女式风衣,则显得线条明快,身材均称,倍增风采。用作风衣的面料有涤/棉府绸、全毛织物、涤/棉华达呢、防雨涤丝、锦纶丝绸以及各类针织化纤织物。近年来,国外的风衣已趋于时装化,甚至可穿着它参加盛大宴会。

九、晚礼服

晚礼服是在晚上社交场合穿着的有华丽感的礼服。晚礼服最初为西欧宫廷盛行的服饰,后不断变化,现已发展成为出席盛大晚宴、舞会,去歌剧院、音乐会以及夜总会、酒吧等场所的礼仪性或娱乐性的服装了。晚礼服比日常服显得更为华丽、高贵,多采用传统与流行相结合的款式,女晚礼服往往袒露肩、背部,以显示女性美丽的肌肤和颈、胸线条美。

十、大衣

大衣是穿在一般衣服外面具有防御风寒功能的外衣。在穿着西服时,由于西服领驳口开得较低,领口敞开,保暖性较差;且穿西服时,即使是寒冬,里面只能穿 1～2 件羊毛衫,为了保暖御寒,大衣成了不可缺少的服装。大衣主要在室外穿着,有男式、女式两种,男式大衣的特点是庄重、气派;女式大衣款式繁多,都以结构简洁、潇洒大方、富有时代气息为特点。男式大衣面料一般采用人字呢、钢花呢、大衣呢、麦尔登、法兰绒、海军呢等。女式大衣多用女衣呢、法兰绒、格子呢、深灰银枪呢、羊毛绒大衣呢等。根据不同需要,大衣又有长、短、中式、西式等。长度在臀围部位或略下者为短大衣,长度在膝盖或膝盖以上 10cm 者称为中大衣,长度超过膝盖以下者称为长大衣。按照选用的材质不同或穿着用途不同,还有棉大衣、呢大衣、春秋大衣、裘皮大衣等。

十一、其他

除了上述服装品种外,还有羽绒服装、毛衫、棉服装、旗袍、泳装、各式童装等。

☞ **思考题**

1. 服装按基本形态是如何分类的,我们现在穿着的服装属于哪一类?

2. 服装按用途和面料是如何分类的?

3. 名词解释:服装、针织服装、机织服装、160/84A、裤子、衬衫。

4. 中国人体型划分为几类? 依据是什么?

5. 号型为 175/88A 的上装适合什么样的身高和体型的人穿着?

第十四章　服装的加工生产与标志

● 本章知识点 ●

1. 服装加工生产的主要工序。
2. 服装检验与包装的基本内容。
3. 服装标志的主要内容。

第一节　服装的加工生产

　　服装的加工制作要根据不同品种、款式和要求制订特定的加工手段和生产工序。随着新材料、新技术的不断涌现,加工方法和顺序也越来越复杂多变,但它的生产过程及工序基本是一致的。服装生产工序大致有以下几个生产工序和环节组成,如图 14 - 1 所示。

　　准　备:材料采购→材料检测→预缩整理→样品试制→样板制作→裁剪
　　裁　剪:裁剪方案的制订→排料划样→铺料→划板裁剪→验片→打号、包扎→缝制
　　缝　制:缝制工序分析与制订→零部件缝制→衬里、里布的缝制→组装缝制→熨烫
　　熨　烫:产前、黏合熨烫→中间熨烫→成品熨烫→后整理
　　后整理:成品检验→包装→储运

图 14 - 1　服装生产工序图

一、准备

　　作为生产前的一项准备工作,要对生产某一产品所需的面料、辅料、缝纫线等材料进行选择配用,并作出预算,同时对各种材料进行必要的物理、化学检验及测试,包括材料的预缩和整理、样品的试制等工作,保证其投产的可行性。

二、裁剪

　　裁剪是服装投入正式生产的第一道工序。裁剪的任务是把整匹服装材料按所要投产的服装样板切割成不同形状的裁片,以供缝制工序缝制成服装。裁剪主要包括裁剪方案的制订、排料划样、铺料、划板裁剪、验片、打号、包扎等工艺过程。

（一）裁剪方案的制订

在服装生产中,裁剪直接影响产品的好坏。如果裁剪质量不高,不能使衣片准确地按样板成形,就会给缝制加工造成很多困难,甚至使产品达不到设计要求。而且裁剪的质量问题影响的不只是一两件产品,往往是一大批。裁剪还决定着用料的消耗,如果裁剪方案设计不当,就会增加面料的消耗,提高产品的成本,直接影响生产的经济效益。因此,裁剪是服装生产中的关键工序,制订裁剪方案要遵循"符合生产条件、提高生产效率和节约面料"的原则。

（二）排料划样和铺料

裁剪方案确定以后,就要进行排料划样。排料实际是一个解决材料如何使用的问题,而材料的使用方法在服装加工制作中是非常重要的。如果材料使用不当,不仅会给制作加工造成困难,而且会直接影响服装的质量和效果,难以达到产品的设计要求。因此,排料前必须对产品的设计要求和制作工艺了解清楚,对使用的材料性能特点要有所认识。

铺料是按照裁剪方案所确定的层数和排料划样所确定的长度,将面料重叠平铺在裁剪床上,以备裁剪。铺料要做到布面平整,布边对齐,减小张力,方向一致,对正条格,铺料长度要准确。

（三）划板裁剪

划板裁剪在整个加工过程中,具有承上启下的作用,因此裁剪工序不论对工艺还是对加工设备都有很高的要求。

传统的手工裁剪是单纯用剪刀进行的。而在服装工业中,为了实现优质生产,必须采用更加科学的加工工艺,使用各种先进的加工设备。目前服装生产中常用的剪裁方式及设备有以下几种。

1. 电剪裁剪　这是目前服装生产中最为普遍的一种裁剪方式。其使用的设备主要是电动裁剪机,简称为电剪。

2. 台式裁剪　这种裁刀使用的设备是台式裁剪机。裁剪时,将铺好的面料靠近运动的带状裁刀,推动面料按要求的形状通过裁刀,面料便被切割成所需的衣片。这种裁刀类似木材加工中用的电锯。

3. 冲压裁剪　在机械加工中可利用冲压床将金属材料冲压加工成需要的各种形状。将这种加工方法运用到服装裁剪中,便是冲压裁剪。

4. 非机械裁剪　以上几种裁剪方式均属机械裁剪,是利用金属刀对面料进行切割的。随着科学技术的发展,一些新技术也开始应用于服装生产中,出现了一些新的裁剪方式。它们改变了传统的机械切割方式,而是利用光、电、水等其他能量进行切割,称为非机械裁剪。

（四）验片、打号、包扎

裁剪之后,为了保证服装的质量,必须对裁剪后的衣片质量进行检验,并将不符合质量要求的衣片查出,即验片。打号是把裁好的衣片按铺料的层次由第一层至最后一层打上顺序数码,以避免在服装上出现色差。因为面料在印染时很难保证各匹之间的颜色完全一致,有的甚至同一匹的前后段颜色也会有差异。如果不同匹的裁片制成一件服装,各部位很可能会出现色差。为了缝制工艺顺利进行,裁剪之后要将裁片部件配套进行包扎。

三、缝制

缝制是按不同的服装材料、不同的款式要求,通过科学的缝合,把平面衣片组合成为适合穿着的立体服装的一种加工过程。缝制主要包括缝制工序分析与制订、零部件缝制、衬料、里料的缝制、组装缝制等。

(一)缝制工序分析与制订

缝制不是单纯地衣片缝合,而是要经过对缝制工序的分析、工序的制订等程序,然后再根据不同的衣料性能和服装样式,采用不同的缝制工序。缝制工序制订得合理与否,将直接影响工作效率和产品的质量。合理的缝制工序能使各个具体工序在时间上安排合理,使产品在全部生产过程中处于运动状态,达到时间省、行程短、耗费小、效率高的目的。

(二)零部件缝制

服装一般是由各类衣片和部件组合而成。常见的部件有衣领、衣袖、口袋、腰袋等。服装款式的变化常取决于这些部件的变化,部件造型的变化又往往会产生不同的缝制要求和方法。要缝制好整件服装,必须先缝制好各部件。

(三)衬里、里布的缝制

为了使服装在穿着过程中能保持挺括、美观、耐穿,并增加其保暖性,常在腰、领、袖口、驳头、后背、侧缝等部位垫进衬里并缝制里布。

(四)组装缝制

一件服装各部件分别缝制好之后,还需进行组装缝制。在上衣组装缝制中,装缝领、袖是较关键的工序,其工序要求比较高,装缝方法也有多种。

服装的种类很多,除了上面介绍的机织服装缝制外,还有针织服装、皮革服装、羽绒服装等的缝制,对于这些服装的缝制,其缝制方法也因其材料的性能特点不同而有所不同。

(五)缝制新工艺、新技术

随着服装工业日益发展,缝制新工艺、新技术和小工具也不断出现,从而加速了服装工业发展的进程。

1. 服装吊挂传输缝制 是由一系列专门输送系统、作业点和吊架组合而成的。吊挂传输缝制工艺的作业是将服装的裁片、部件挂在一个独立的吊架上,然后放进系统的进口处。通过传动,每个吊架便会自动顺着作业工序抵达作业人员手中。一个缝制工序完成后,吊架和缝制完成的服装便会传送到系统的出口处。服装吊挂传输缝制工艺比传统的平板加工缝制加工方法生产效率高。

2. 全自动缝纫系统 一些工业发达的国家,目前还在研究开发一种全自动缝纫系统(立体缝纫系统),以适应未来服装加工业的需要。

四、熨烫

熨烫定形是将成品或者半成品,通过施加一定的温度、湿度、压力、时间等条件的操作,使织物按照要求改变其经纬密度及衣片外形,进一步改善服装立体外形,以表现人体曲线。比如裤子的后片,没有经过熨烫时,沿挺缝线折叠后,臀部与裤口成为一条直线,这样穿在人身上后显然是不会合乎人体的。熨烫后臀部突出,穿在人身上不仅美观,而且舒适。

熨烫定形在服装加工过程中主要有三大作用:

(1)通过喷雾熨烫使衣料得到预缩,并去掉皱痕。

(2)经过熨烫定形使服装外形平整,褶裥和线条挺直。

(3)利用纺织纤维的可塑性,适当改变纤维的伸缩度与织物经纬组织的密度和方向,塑造服装的立体造型,以适应人体体型与活动状况的要求,达到使服装外形美观、穿着舒适的目的。

熨烫定形按其在工艺流程中的作用可分为产前熨烫、黏合熨烫、中间熨烫、成品熨烫。熨烫定形按其定形效果所维持的时间长短又可分为暂时性定形、半永久性定形和永久性定形。熨烫定形按其所采用的作业方式也可分为手工熨烫和机械熨烫。

(一)产前熨烫、黏合熨烫、中间熨烫和成品熨烫

产前熨烫是在裁剪之前对服装的面料或里料进行的预处理,以使服装面料或里料获得一定的热缩并去掉皱褶,保证裁剪衣片的质量。黏合熨烫是对需用黏合衬的衣片进行黏合处理,一般在裁片编号之后进行。使用黏合衬既简化了做衬、敷衬工序,又使缝制的服装挺括、不变形。中间熨烫包括部件熨烫、分缝熨烫和归拔熨烫,一般在缝纫工序之间进行。成品熨烫又称整烫,它是对缝制完成的服装进行最后的定形和保形处理,并兼有成品检验和整理的功能。成品熨烫时将缝好的衣服放在依据人体各部位的形状合理设计的各个烫模或平台上,然后对其施加合适的温度、水分、压力,待去湿冷却后,服装的形状就固定下来了。成品熨烫质量的好坏,会直接反映到成品上,其技术要求是使服装线条流畅,外形丰满,平服合体,不易变形,有较好的服用效果。

(二)熨烫的基本条件

实现熨烫定形的基本条件有:熨烫定形时的温度、湿度、压力、时间和冷却方式。

织物在低温时,纤维分子结构比较稳定,其分子链的相对运动是困难的。但在高温条件下,分子链的相对运动就要容易得多,此时的织物变得柔软,如及时按要求使其变形加以冷却,则织物就会被固定在新的形态上。

湿度的作用是使纤维润湿、膨胀伸展,在潮湿情况下,水分子进入纤维内部改变了纤维分子间的结合状态,使织物的塑性变形增加,并且变得柔软,容易变形。

熨烫压力也是一个必不可少的条件,因为大多数纤维都有一个明显的屈服应变力点,如果外力超过这一点,就会使织物产生变形。

熨烫时间,由于织物的导热性差,即使是对很薄的织物,上下面(层)的受热都有一定的时间差,因此熨烫时都要有一定的延续时间,才能达到熨平或定形的目的。

五、后整理

后整理包括成品检验、包装、储运等内容,是整个生产工程中的最后一道工序,也称后处理工程。

(一)成品检验

成品检验是使服装质量在整个加工过程中得到保证的十分必要的措施和手段。成品检验

包括三大方面:成品规格检验、外观检验和理化性能检验。

1. 成品规格检验　主要是通过抽样,测量服装的衣长、袖长、总肩宽、裤长(裙长)、腰围等数值,看它们是不是在相应尺寸规格的允许误差范围之内。

2. 外观检验　包括对裁剪质量、缝份量、布料的折边量、黏合衬质量、缝线、针迹、裁边处理方法、缝迹、止口、套结、熨烫等缝制质量检验;色差、成品各部位疵点和可能的对条对格检验。

3. 理化性能检验　依据 GB 18401—2003《国家纺织产品基本安全技术规范》,理化性能检验项目主要有甲醛含量、pH 值、可分解芳香胺染料、异味检验。而对于西服等高档服装的理化性能检验项目还有纤维含量、尺寸变化率、干洗后起皱、覆黏合衬部位剥离强度、面料与里料色牢度、装饰件和绣花耐皂洗、耐干沾色、面料起毛起球、纰裂和面料撕破强力等检验。

通过以上检验,依据规格符合程度和外观质量的符合程度,确定服装有没有缺陷,再依据缺陷程度和理化性能指标确定服装的品等。服装一般分为优等品、一等品和合格品。

此外,后整理还必须根据成品服装的不同材料、款式和特定的要求采取不同的折叠和整理形式;同时研究不同产品所选用的包装、储运方法,还需要考虑在储藏和运输过程中可能发生的对产品造成的损坏和质量影响,以保证产品的外观效果及内在质量。

(二)包装

1. 包装的概念与种类　服装的包装是为了保护服装在储存、保管、运输过程中品质完好和数量完整的一种必不可少的手段,同时,包装也美化了服装、宣传了服装、促进了服装销售、方便了顾客使用。服装的包装按其作用可分为销售包装和运输包装。

销售包装又称内包装、单件包装、直接包装,是服装生产过程的最后工序,主要起美化和保护商品的作用。销售包装按包装形式可分为折叠简装、折叠纸盒装和挂装。

运输包装又称外包装,是指服装在运输过程中作为一个计件单位的包装,它的主要作用是保护商品,便于运输、储存、计数等。常用的包装有纸箱装,每箱 25kg;木箱装,每箱 25kg;集装箱装,国际上常用的集装箱有 6m(20 英尺)和 12m(40 英尺)两种,国际上以 6m 为"标准箱"。

2. 包装标志　是指在服装的运输包装中用文字、图形和数字等书写和印刷的标志。主要是为了方便在运输、保管、装卸和检验的过程中对服装的识别及加强对服装的管理,针对不同的服装而采取的必要的保护措施。其主要有运输标志和指示性、警告性标志。

运输标志又称唛头,常由一个简单的几何图形和一些字母、数字及简单的文字组成。其组成具体包括:收货人代号、发货人代号、目的港、件号。指示性、警告性标志是根据服装的特点,提示人们在装卸、搬运、储存等过程中应引起注意的事项,保障货物和操作人员的安全。

服装加工制作的进步是人类文明进程的缩影,从最早的骨针到目前大量广泛使用各种先进的缝纫机器设备,服装加工制作已发生了质的飞跃。但服装加工制作从整个生产过程来看,仍是劳动力密集的制作加工产业,随着电子计算机和自动化技术逐步运用于服装工业中,服装加工制作业必将从劳动力密集产业转化为技术密集的产业,服装行业必将进入一个从设计到成衣的加工制作高速化、自动化、高效化的新时代。

第二节　服装标志

服装的标志是用来说明服装的性质、用途、来源及使用方法等一系列指导性的文字或图案。正确认识和理解服装标志的种类及意义,对于引导消费、拉动消费、提高企业知名度和满足消费者心理需求,都具有重要的意义。

按国际上通常的做法,服装标志包括:商标及纸吊牌,纤维成分标志,原产地(国)标志,规格(号型)标志,洗涤熨烫标志,条形码,安全、环保标志。

一、商标及纸吊牌

商标又称布标、织唛,主要用于领标或其他装饰。商标是商品生产者、经销者为使自己生产、制造、加工、拣选或经销的商品区别于其他生产者、经销者的商品而置于商品表面或包装上的一种特殊标志。

商标可表示商品出处、保证商品质量并具有广告宣传作用。服装上的商标,通常以优质丝线通过电脑提花织机织成,具有色彩鲜艳、图案线条精细、豪华典雅、耐久性好的特点。织唛可以热切、超声切和激光切加工为各种宽度(1～20cm),也可以加金银丝,使织唛可随光标线变化产生效果。

商标可以用文字、图形、记号及几者相互组合构成,很多商标往往把企业的标志包含在其中,图14－2为常用于服装领口处的商标式样。服装标志为品牌、企业无形资产的一种表达方式,是企业让消费者识别品牌所做的标志性记号或图案。

图14－2　商标式样

用纤维织成的商标带上,除了标明服装的商标牌号外,有的还标示面料、里料的纤维成分、规格、号型及洗涤整烫标志等,商标一般车缝在衣领、袖口部位,或清楚地放置在服装上规定的其他显著位置。

除了商标外,现普遍使用的是悬挂在服装正面第二颗纽扣上的各种颜色的纸吊牌,纸吊牌也称纸牌。吊牌多为纸类印刷制品,也有丝网印刷的塑料制品等。吊牌的制作材料大多为纸质,也有塑料、金属、纤维织品等材料。另外,近年还出现了用全息防伪材料制成的新型吊牌。从造型上看,吊牌有长条形、对折形、圆形、三角形、插袋式以及其他特殊造型。服装吊牌的设计、印制往往都是很精美的,而且内涵也是很广泛的。尽管每个服装企业的吊牌各具特色,但大多在吊牌上印有厂名、厂址、电话、邮编、徽标等。图14-3为吊牌的正面图案示例。

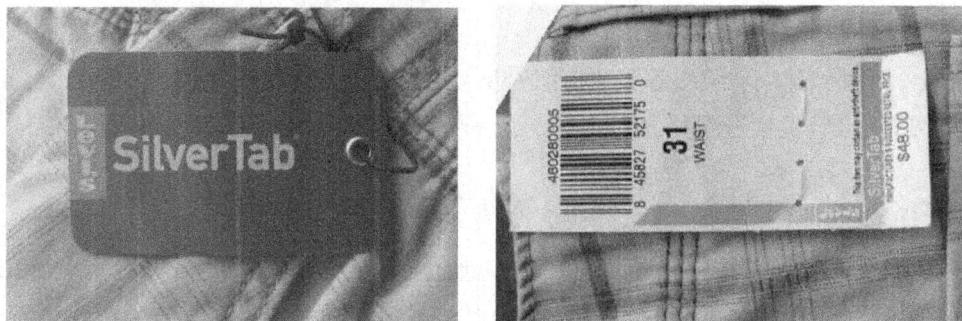

图14-3　吊牌式样

二、纤维成分标志

纤维成分标志表示使用了何种纤维及其用量多少,以便于消费者在购买商品时判断该商品价格是否合适、有哪些优缺点,同时可作为当前国外海关对进口产品的征税依据并满足外贸公司申请出口配额的需要。对于如何统一使用纤维名称、使用比例,以及出具标志厂家的名称等,在法律上均有所规定。

(一)纤维名称的统一文字

若任意表达纤维的名称会引起混乱,所以一般要按规定使用统一的名称。

例如,棉——cotton,COTTON;毛——wool,WOOL;丝——silk,SILK

对于无法明确纤维的种类或混纺比不足5%时,可统一使用"其他纤维"或"其他"来表述。

(二)混纺比的标记

混纺比是用产品纤维重量的百分比来标记的,并从混纺比大的纤维开始,依次排列。

三、原产地标志

产地和生产单位,一般置于商标画面底部或用标签标明。在国际贸易中,多数国家之间订有不同的互惠协定,大多数服装须按配额进口,标明国别可使进口国根据不同的互惠原则,规定不同税率。

也有不使用产地标志的,称中性包装,它是指商品的内外标志以及包装材料无任何产地以及暗示产地的一种包装方式,是一种符合国际惯例的通行做法。

四、规格标志

每一个国家和地区对服装的规格都有相应的标准,我国称之为服装号型,"号"指高度,以厘米表示人体的身高,是设计服装长度的依据;"型"指围度,以厘米表示人体胸围或腰围,是设计服装围度的依据。人体体型也属于"型"的范围,以胸腰落差为依据把人体划分成:Y 型、A 型、B 型、C 型四种体型。按照"服装号型系列"标准规定在服装上必须标明号型。号与型之间用斜线分开,后接体型分类代号。例如,170/88A,其中 170 表示身高为 170cm,88 表示净体胸围为 88cm,体型分类代号为 A 型。

规格标志通常在领口商标下,并且常与洗涤标、吊牌甚至商标结合在一起,多处增加规格标志可便于消费者查对服装规格。

习惯上,西服、毛衫、羽绒衫等服装标明号型外,还相应注明其适穿的规格档次:小号"small size"或英文缩写"S"及中号"M"、大号"L"等;衬衫也一般以领围来表示规格大小。

五、洗涤熨烫标志

服装在服用或使用过程中会遇到洗涤、熨烫或干洗等问题,为了让消费者掌握所用服装面辅料各种织物原料的性能,在使用、洗涤、整理和保养过程中不受损坏,一般会在后领中、后腰中主唛下面或旁边,或者是侧缝的位置,缝上洗涤熨烫标志。

洗涤熨烫标志主要标注衣服的面料成分和正确的洗涤方法,比如干洗、机洗、手洗,是否可以漂白,晾干方法,熨烫温度要求等。国外洗涤熨烫标志大致有五个方面:槽形图案的水洗标志,圆圈图案的干洗标志,三角形或锥形瓶图案的漂白标志,衣服图案的晾干标志,熨斗图案的熨烫标志,如图 14 - 4 所示。

标　志	含　义	标　志	含　义
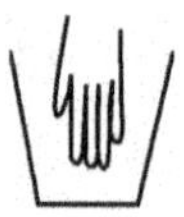	只能手工洗涤		脱水后吊挂晾干
	可以干洗,A 表示所有类型的干洗剂均可以使用	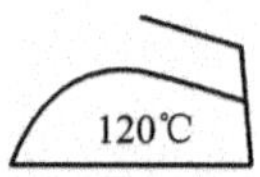	可熨烫,最高温度不超过 120℃
	可以使用含氯洗涤剂或用含氯漂白剂漂白,要加倍小心		不能拧干,宜悬挂起来滴干

图 14 - 4　洗涤熨烫标志

六、条形码

EAN 商品条形码亦称通用商品条形码,由国际物品编码协会制定,通用于世界各地,是目前国际上使用最广泛的一种商品条形码。我国目前在国内推行使用的也是这种商品条形码。EAN 商品条形码分为 EAN—13(标准版)和 EAN—8(缩短版)两种。EAN—13 通用商品条形码一般由前缀部分、制造厂商代码、商品代码和校验码组成。其数字标准式有 13 位数字,其构成为:国别代号(3 位数字)、厂家代号(4 位数字)、产品代号(5 位数字)和校对号(1 位数字)。

以条形码 6936983800013 为例,此条形码分为 4 部分,从左到右分别为:

第 1~3 位:共 3 位,对应该条码的 693,是中国的国家代码之一(690~695 都是中国的代码,由国际上分配)。

第 4~8 位:共 5 位,对应该条码的 69838,代表着生产厂商代码,由厂商申请,国家分配。

第 9~12 位:共 4 位,对应该条码的 0001,代表着厂内商品代码,由厂商自行确定。

第 13 位:共 1 位,对应该条码的 3,是校验码,依据一定的算法,由前面 12 位数字计算而得到。其条码标志是一组粗细和间隔不等的线条所组成的,其结构和作用是通过电子扫描,将本产品符号的内容及信息库存的数据相结合,在销售服装时,立即计算出价格,同时为销售单位提供必要的进、销、存等营业资料,如图 14-5。

图 14-5　条形码

商品条形码的编码遵循唯一性原则,以保证商品条形码在全世界范围内不重复,即一个商品项目只能有一个代码,或者说一个代码只能标志一种商品项目。不同规格、不同包装、不同品种、不同价格、不同颜色的商品,只能使用不同的商品代码。

七、安全、环保标志

随着科学技术的进步和全人类对环境保护的深入,消费者越来越注意保护有限的自然资源、生态环境及自身环境的安全,从而产生了一些被特别认证的标志,例如,反映产品质量保证的 ISO 9001/9002、环保 ISO 14000、全棉标志、纯羊毛标志、欧洲绿色标签 Oeko - Tex Standard 100、欧洲生态标签 E - co - label。我国 2003 年制定了强制性国家标准《国家纺织产品基本安全技术规范》要求,服装必须标明"GB 18401—2003"的标志,没有取得相关安全标志的服装禁止销售。《国家纺织产品基本安全技术规范》将纺织产品分为 A、B、C 三大类,A 类为婴幼儿用品,B 类为直接接触皮肤的产品,C 类则为非直接接触皮肤的产品,纺织商品的吊牌上应直接注明产品安全类别,或标明"安全等级:GB 18401—1003A 类"字样,这样才属于合格产品,若产品吊牌上只写明"A 类"、"B 类"或"C 类"字样,则属于标志不规范产品;而无任何安全标志的产品,肯定属于不合格产品。

☞ **思考题**

1. 服装加工的主要工序有哪些?
2. 服装裁剪后验片、打号的目的是什么?
3. 服装成品从哪几个方面检验?服装成品检验后将服装分成几等品?
4. 服装包装的主要内容是什么?
5. 服装标志的主要内容是什么?

第十五章　服装的性能与质量检测

● 本章知识点 ●

1. 服装舒适性的主要内容。
2. 服装美的主要内容。
3. 服装安全卫生性的主要内容。
4. 服装质量检验的主要内容。

第一节　服装的服用性能

一、服装的舒适性

服装的舒适性直接关系到穿着者的舒适感觉和作业能力的发挥,是服装功能的重要组成部分。服装的舒适性主要体现为三方面,一是视觉舒适,即服装穿着合体,雅致美观,使人看起来觉得舒适;二是触觉舒适,即服装在与人体接触时,使人感觉舒适;三是热湿舒适,人在着衣时的热湿舒适,是舒适性研究的主要方面。人要维持生命,就要不断地新陈代谢,散发热量和水分。根据人体卫生学的要求,一个安静状态的人体,一昼夜的基础代谢需要消耗5024kJ左右的热量和900g左右的水分。为了维持人体的热和水分平衡,就要依靠衣物来进行调节。

几十年来,人们从不同学科领域对服装舒适性进行了研究,其方法之一是衣内微气候科学,并提出了"衣内微气候"理论。

所谓衣内微气候,是指衣服与皮肤之间的微小空间的温湿度和风速的总称。根据穿着试验的研究成果得出,穿衣时所感到的湿润感和冷暖感与衣内微气候的范围并不宽,一般是指温度(32±1)℃,相对湿度50%±10%,风速25cm/s左右。理想的服装应能根据外界环境条件和人体活动状态不同,挡住或协助水和热的散失,具有使衣内微气候经常保持在舒适范围内的调节功能。如果衣服内的温度和湿度急剧上升,而服装又不能将其及时散失,那么衣内温湿度就高,身体就有闷热感,温湿度越高,闷热感越大;相反,如果外界温湿度低,服装又不能隔热、挡风、保暖,衣内的温湿度就低,身体就会有寒冷感。可见,服装的气候调节能力,主要取决于服装的保温性和通透性。

1. 服装的保温性　散热有传导、辐射、对流三大主要方式,服装的保温作用与服装材料的导热系数,服装材料中空气的含量、流动性,以及服装材料的吸湿性紧密相关。如果服装材料的导热系数小,服装材料中的空气的含量多且不流动,服装材料的吸湿性差,则服装的保温性就好,否则,服装的保温性就差。

2. 服装的通透性 服装材料一般都要具有透气、透汽的能力,这样夏季的服装才通风凉爽。要达到这一要求,服装材料就要具有一定的吸湿能力。同时夏季的服装要薄、颜色要淡、织物的紧密程度要小。人造革、合成革之所以没有真皮受欢迎,其中重要的原因就是它们的透湿性差,穿着闷热。服装的透气、透汽能力还直接影响服装的换气。服装内的空气会因为皮肤不断放出二氧化碳和其他物质而受到污染,如果服装内的空气不能及时更换,并保持清洁的空气,人就会感到不舒适或受到其他损害。

衣内微气候及其调节,应根据防寒、防暑、劳动条件等的要求来选择服装材料和服装结构。

二、服装的审美性

人类最初穿着服装,是为了适应大自然的不同季节变化、防暑御寒和遮风避雨。之后,人类渐渐产生审美意识,出现了人与服装的审美关系。这种审美关系在现实生活中已成为人与服装的各种关系中很重要的关系。服装可以成为一个人各方面情况的形象标志,这大大促进了人对服装审美的深化与发展。服装被选择、穿着,人们评议其能否给穿者增添美感,服装的这一性质称为服装的审美性,它集中体现在服装与美的关系上。关于服装与美的关系,主要表现为以下几方面。

1. 服装美必须为人体美服务 任何一件服装都是为了给人们穿着而设计制作的,服装必须是为人体服务的。应该说,人体本身就是一个很优美的形象:人的各个肢体比例适中,左右两边对称,男性肌肉发达,宽肩阔背,魁梧刚健,显示出粗犷、豪放的阳刚之美。女性肌肉圆润柔和,胸部丰满,腰部纤细,富有曲线变化,显示出清秀、典雅的阴柔之美。但任何体型都可能会有美中不足,而不可能十全十美。这就需要通过服装进行修饰或掩盖,使之能显长掩短。服装的美必须通过人体穿着以后,由人体的美来反映。一味追求服装的造型美,在穿着时不能显示穿着者本身人体美的服装,不是真正美的服装。因此,服装美必须为人体美服务。

2. 服装美的表现形式 比较集中的有四种,即服装的材质美、色彩美、造型美和工艺制作美。服装的材质美主要是通过服装面料的质地、手感、光泽、特性等多方面组成并反映的;服装的色彩美主要是通过面料或配件的色彩选择,以及用几种色调的相互配合而反映的;服装的造型美主要是指服装的外形轮廓设计和内部的衣缝分割和组合,附件及附件的设置等;服装的工艺制作美,要求服装在裁制过程中达到工艺制作精细、穿着贴体合身,成品的外形挺括、圆顺,衣缝线条流畅。促成服装美的因素还有装饰美、姿态美、化妆美等。而所有这一切都只能构成服装的外表美,要使服装穿着者真正给人以美感,穿着者本身的内在美也是非常重要的。内在美除了人的思想意识和心灵以外,也包括一个人的风度气质。因此,服装美是一种综合的整体美,如图 15-1 所示。

材质美（服装面料的美感）

色彩美（服装色彩的美感）

造型美（服装式样的美感）

工艺美（服装裁制技艺的美感）

服装的整体美 { 装饰美（服装附加饰物的美感）

姿态美（人体穿着服装后的动作美感）

化妆美（人体经过美容后的美感）

内在美

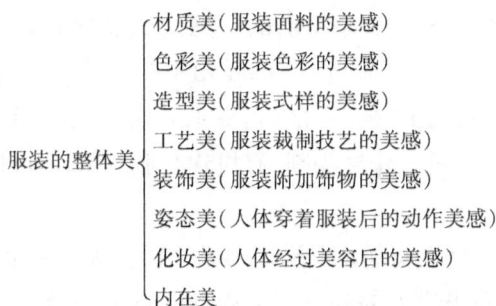

图 15 - 1　影响服装整体美的因素

3. 服装美与旁观者的关系　如果仅以服装 A 和穿着者 B 的关系是说不清服装的本质含义的。旁观者 C 对服装的感受也是一个重要的因素，如图 15 - 2 所示。假如只考虑服装 A 和穿着者 B 而不注意旁观者 C，势必会使服装美的意义陷入主观主义和自以为是的状态中。如果穿的衣服不想让别人看或怕给别人看，那么服装美的意义也就不完整了。只有站在旁观者的立场上来评价服装，所反映出来的才是服装美的真正含义。再进一步推想，就不难理解服装美是社会潮流和道德观相结合的产物，并能悟出服装与社会意识形态、服装与穿着者的文化艺术素养、服装与精神文明建设之间的关系了。

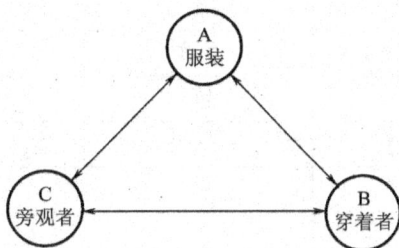

A
服装

C
旁观者

B
穿着者

图 15 - 2　服装、穿着者与旁观者的关系

三、服装的安全卫生性

随着人们生活水平的日益提高，人们对服装不仅要求遮体、保暖、舒适，而且还要求美观大方、有益健康。因此，现代服装应以舒适、美观为基础，以安全、卫生为前提，在其材料中至少不能含有或者不能超过某一限量可能对人体产生危害的物质，在穿着过程中不能隐藏着不安全因素。服装的安全卫生性主要涉及纺织品服装的有害物质微含量、燃烧性和卫生性。

1. 有害物质微含量　生态环境是人类在 21 世纪关注的首要问题之一，随着人们对生态和环境关注程度的加深，清洁生产、绿色产品、生态纺织品等概念已大范围进入国际纺织品服装贸易领域。某些防皱和洗可穿整理的活性树脂用交联剂是游离甲醛的主要来源，含有甲醛的整理仍然应用于纺织品服装的染整加工过程中，可分解芳香胺的染料可能还有使用，纺织品上可能残留的重金属主要来源于部分染料等。这些物质会不同程度地对人体构成伤害，轻则导致过敏、减弱人体的免疫功能，重则可诱发各种疾病，甚至是癌症。因此，许多国家在生产和进口服装时，对可能含有的有害物质做了严格的限制。

Oeko - Tex Standard 100 是全球最早推出的生态纺织品标签认证标准,已成为有一定知名度的国际生态纺织品标签认证。Oeko - Tex Standard 100 标准禁止和限制使用纺织品上已知的可能存在的有害物质,具体包括:pH 值、甲醛、可萃取重金属、镍、杀虫剂/除草剂,含氯苯酚,可分解芳香胺染料、致敏染料、有机氯化导染剂,有机锡化物(TBT/DBT),PVC 增塑剂、色牢度、有机挥发气体、气味。

Oeko - Tex Standard 100 标准将纺织品分为婴儿用、直接与皮肤接触、不直接与皮肤接触、装饰用四个等级,由于婴儿皮肤非常娇嫩、敏感,因此,Oeko - Tex Standard 100 中所有的测试项目对婴儿产品都有最严格的规定。

我国于 2003 年颁发实施了《国家纺织产品基本安全技术规范》,其中对各种染料、助剂等整理剂中对人体有害的物质提出了明确要求,见表 15 - 1。

表 15 - 1   纺织产品的基本安全技术要求

项　　目		A 类	B 类	C 类
甲醛含量(mg/kg)		≤20	≤75	≤300
pH 值		4.0~7.5	4.0~7.5	4.0~9.0
色牢度	耐水(变色、沾色)	3~4	3	3
	耐酸汗渍(变色、沾色)	3~4	3	3
	耐碱汗渍(变色、沾色)	3~4	3	3
	耐干摩擦	4	3	3
	耐唾液(变色、沾色)	4	—	—
异味		无		
可分解芳香胺染料		禁用		

该技术规范中将服装分成三类,其中 A 类纺织产品是指婴幼儿用品,B 类纺织产品是指直接接触皮肤的产品,C 类纺织产品是指非直接接触皮肤的产品。

2. 燃烧性   除了有害物质以外,燃烧和阻燃性能也是纺织品服装环境安全的重要指标之一。各种纤维的燃烧性能差别较大,常见纤维除石棉、玻璃纤维不燃外,其他纤维都是易燃和可燃的。服装燃烧时,不仅会严重伤害皮肤,还可能引起火灾。因此对于容易引起火灾的易燃纺织品一般需进行阻燃处理或是防火整理。美国、日本等国家法律规定,在高层建筑、公共场所、航空、海运、公路、铁路运输以及工矿企业的易燃区都必须使用阻燃纺织品;对婴儿、老人的服装和特种工作服都提出了相应的阻燃指标。

3. 卫生性   服装生理卫生功能之一是抗御来自外界的各种危害,使人体不受伤害。随着人们社交范围不断扩大,许多细菌引起交叉感染的概率增加。纺织品是微生物附着、繁殖和传播的良好介质,一些微生物因接触人体而传染疾病,危害人体健康;同时有些危害来自人体本身,像人体分泌于皮肤表面的汗液、皮脂等容易使细菌繁殖,通过毛孔侵入肌体。据测定,在一般人的上半身上,每平方厘米的皮肤上有无害的、有害的微生物约 50~5000 个,如果条件适宜,这些微生物会产生异常的繁殖,使贴身内衣产生恶臭味。因此很有必要开发具有抗菌、防霉和防臭性能的卫生纺织品。

卫生纺织品要达到抗菌、防霉和防臭的目的,必须满足几个要求:具有高选择性,能有效地杀灭或抑制某些微生物;不应使产品失去固有性能,如透气透湿等;无毒无害,对人体没有危害和副作用;耐久性,是指经抗菌整理的织物抗菌活性、耐水洗、耐干洗和其他卫生处理的能力,另外还要考虑环境污染等问题。

四、服装的适应性

服装具有的适合穿着者生活和运动时的性能,称为服装的适应性。人们穿着服装,在白天工作时,处在不断活动状态中,即使晚上休息时或睡眠中,四肢、身体仍要活动,因此,设计合理的服装必须对人们的活动没有阻碍,要能伸、能缩、能弯、能直。工作服、运动服有这样的要求,睡衣也有这样的要求。为了适应活动需要,原则上考虑人体少覆盖,减少容量和重量,穿着简易实用,要满足体型及其变化的适应性,要选择具有伸缩性的材料等。服装的外观、大小、长短的形态特征,也要具有能适应人体穿着的性能。

服装的适应性最集中的表现是服装的运动适应性。在竞技运动中,服装要适应运动的特定动作、运动强度、运动环境及运动规则等,使运动者能够保持生理、心理的舒适感、安全感,达到最佳竞技水平,或者使其运动后能感受身心愉快的满足。服装的运动适应性主要包括热湿舒适性、特定动作的适应性、特定环境的适应性、防护性等四个方面。

1. 特定动作的适应性 每项体育运动都可以看做是人体一系列特定动作的有机组合或重复,所以服装要适应某项运动,必定要适应一些特定的人体动作。这种特定动作的适应性包括两个方面:一方面,要使服装不会阻碍人体特定动作的进行。这就要求服装的某些部位,如腰、袖窿、裤裆、臀部等处宽松或弹性伸缩能力好,使得人体运动时服装某些部位能随之适度移位、弯折和弹性伸缩,保证人体运动自如。另一方面,是服装要对人体局部的自然形态作一定程度的矫正,以利于运动。例如,人们利用弹性材料制作的运动服装,对人体腹部、臀部等处的脂肪加以束缚,有助于克服一些不利于运动的因素,提高运动水平。

2. 特定环境的适应性 体育运动要达到"更快、更高、更强"的运动水平,服装的设计就一定要结构简单、线条流畅、材料表面光滑,只有克服了跑步兜风、游泳兜水的弊病,减小服装与介质的摩擦,才能适应运动的要求。

服装对特定运动环境的适应性还包括色彩的适应性。色彩是影响运动中人的生理、心理状态的一个重要因素。合理利用服装色彩,对于提高运动水平很有帮助。例如,在排球比赛中,在服装正面印有对情绪有抑制或扰乱作用的色彩图案,在背面印有激发情绪的色彩图案,这样可使本队队员情绪激昂,而使对方状态不佳。

3. 防护性 体育运动常常是非常激烈的,保护身体在运动中免受伤害是非常重要的。人在运动中的伤害一般有肌体伤害、听力伤害、视力伤害等。这些伤害多是由于运动中发生撞击、摔倒等情况,导致皮肤、肌肉、骨骼、软组织、器官等遭到伤害。如果服装结构设计上增加一些缓冲撞击的能力,并保证一定的强度,就可减缓或避免伤害。视觉伤害除了眼部的器质性伤害外,还有一种伤害是雪盲,即由于长时间在雪原上的单一色彩刺激下,使视神经对色彩失去知觉。这一点很容易避免,如在服装上稍加注意,可以让运动员穿色彩鲜艳的服装、戴墨镜等。

伴随体育运动的发展,人们对服装的运动适应性方面的要求也越来越高。

五、服装的耐久性

服装经过反复穿着、洗涤、熨烫整理之后,总希望它所具有的各种性能指标能长期保持下去。但服装在使用过程中经受了外来的物理、化学和微生物等的作用后,服装的力学性能、保健卫生性能、适应活动性能和装饰美观性能都有不同程度的变化,服装的这种性能保持性称为耐久性。它是各种性能连续性的重要表现。服装耐久性包括力学性能耐久性、功能耐久性、结构耐久性和面料质地耐久性。

1. 力学耐久性 在通常的着衣环境下,织物不会发生剧烈的变形,只是在弱小外力下产生微小变形,但长期受这种变形后其耐久性将逐渐丧失。耐疲劳性是力学耐久性的主要评定指标。当微小外力反复作用于织物时,材料内部构造会发生细微变化,同时当这种变化还未恢复到原位而接着再加外力时,织物塑性变形将逐步积累,弹性逐步丧失,最后导致服装因疲劳而损坏或报废。

服装在穿着过程中,经常受到这种外力所给予的疲劳作用,而不穿着时,这种疲劳能得到恢复。利用弹性恢复原理,使疲劳充分恢复,能提高服装的耐久性。因此,几件衣服交替穿着的方法比一件衣服连续穿着能使服装疲劳恢复更好,从而提高服装的耐久性。此外,服装由于洗涤、熨烫等给予的温度和湿度作用,亦能使疲劳的恢复得到显著改善。

2. 功能耐久性 服装在一定时间内将充分发挥它的保健性、合体性和适应性,但随着服装的穿着使用,在外界作用下将引起服装形态和性能的变化,导致卫生保健和合体性等的变化,使之功能下降。

3. 结构耐久性 服装在一定时间内能保持其结构形状、附属品的坚牢度的性能。

4. 面料质地耐久性 由于服装材料本身的物理、化学性质的变化,导致面料质地变质、脆化和褪色等,使服装的形态、组成和功能受到直接影响。

第二节　服装的质量检验

服装质量检验分为规格检验、外观检验和理化项目检验。外观检验项目主要包括缝制质量检验、色差检验、外观质量和疵点检验、熨烫质量检验;理化性能检验主要有甲醛含量、pH 值、可分解芳香胺染料、异味检验等检验项目。由于西服的检验要求较高,本节以西服检验为例说明服装的质量检验,其他服装皆可参见相应的产品质量标准。

一、规格检验

用量尺测量成衣各部位的尺码,对照工艺单,按照各种服装的最大允许偏差规定,检查其是否符合要求。通常测量的部位和方法如下：衣长由前身左侧肩缝最高点垂直量至底边；胸围是扣好纽扣，前后身摊平，沿袖窿底缝横量（以周围计算）；袖长由袖山最高点量至袖口边中间；连肩袖由后领中沿袖山最高点量至袖口边中间；总肩宽由肩袖缝交叉处横量；领子摊平横量，搭门除外，开门领不考核；裤长（裙长）从腰上口沿侧缝摊平垂直量至脚口（底边）；腰围是扣上裤扣在腰头宽中间横量（以周围计算）。

2009 年西服和西裤的国家标准的公差范围见表 15－2。

表 15－2　西服和西裤的公差范围

序　号	部　位	公差（±）(cm)	序　号	部　位	公差（±）(cm)
1	衣长	1.0	5	领大	0.6
2	胸围	2.0	6	裤长	1.5
3	袖长	0.7	7	腰围	1.0
4	总肩宽	0.6	8	臀围	2.0

二、外观检验

（一）缝制质量检验

（1）针距密度：按表 15－3 检验，在成品任取 3cm 计量。

表 15－3　西服、大衣的针距密度规定

序　号	项　目		针距密度（针/3cm）	备　注
1	明暗线		11～13	—
2	三线包缝		不少于 9	—
3	手工针		不少于 7	肩缝、袖窿、领子不少于 9 针
4	手拱止口		不少于 5	—
5	三角针		不少于 5	以单面计算
6	锁眼	细线	36～42	机锁眼
		粗线	不少于 27	手工锁眼
5	钉纽扣	细线	每孔 8 根线	绕脚线高度与止口厚度相适应
		粗线	每孔 4 根线	

（2）线迹顺直，没有跳线、脱线，整齐牢固、平服美观。

（3）面、底线松紧适宜，起落针时应回针。

（4）不能有针板及送布牙所造成的痕迹。

（5）滚条、压条要平服，宽窄一致。

（6）袋布的垫料要折光边或包缝；袋口两端应打结，可采用套结机或平缝机回针。

（7）锁眼不偏斜。扣与眼位对齐，钉扣收线打结须牢固。

（8）商标位置端正，号型标志正确、清晰。

（9）对条、对格：面料有明显条、格1.0cm以上者，按表15-4规定进行检验。面料有明显条、格0.5cm以上的，手巾袋与前身条料对条，格料对格，互差不大于0.1cm。

（10）拼接范围：挂面、领里允许两接一拼，腰面允许两块一拼，拼缝应与侧缝或后裆缝对齐，避开扣眼位，在两眼距之间拼接。

（11）倒顺毛、阴阳格原料全身顺向一致。

表15-4　对条对格规定

序　号	部位名称	对条对格规定
1	左右前身	条料对条，格料对横，互差不大于0.3cm
2	手巾袋与前身	条料对条，格料对格，互差不大于0.2cm
3	大袋与前身	条料对条，格料对格，互差不大于0.3cm
4	袖与前身	袖肘线以上与前身格料对横，两袖互差不大于0.5cm
5	袖缝	袖肘线以下，前后袖缝格料对横，互差不大于0.3cm
6	背缝	以上部为准条料对称，格料对横，互差不大于0.2cm
7	背缝与后领面	条料对条，互差不大于0.2cm
8	领子、驳头	条格料左右对称，互差不大于0.2cm
9	摆缝	袖隆以下10cm处，格料对横，互差不大于0.3cm
10	袖子	条格顺直，以袖山为准，两袖互差不大于0.5cm

（二）色差检验

色差应按标准，用色卡在一定条件下对成衣进行色差对比检验。男西服的袖缝、摆缝色差不低于4级，其他表面部位高于4级；男、女西裤裆缝、腰头与大身色差不低于4级，其他表面部位高于4级。

（三）外观质量和疵点检验

外观质量和疵点检验是从整体上对成品进行检验，检验内容较多，各种服装检验的要领不一。以西服外观检验为例，其外观质量和疵点检验要点如下。

1. 外观质量的要求　见表15-5。

表15-5　西服外观质量的要求

部位名称	外观质量规定
领子	领子平服，领窝圆顺，左右领尖不翘
驳头	串口、驳头顺直，左右驳头宽窄、领嘴大小对称，领翘适宜
止口	顺直平挺、门襟不短于里襟，不搅不豁，止口缝缉线整齐一致
前身	胸部挺括、对称，面、里、衬服帖，省道顺直
袋、袋盖	左右袋高、低、前、后对称，袋盖与袋宽相适应，袋盖与衣身的花纹一致
后背	平服
肩	肩部平服，表面没有褶，肩缝顺直，左右对称
袖	缝袖圆顺，吃势均匀，两袖前后、长短一致

2. 每个部位最多允许疵点数　成品各部位允许疵点见表 15 - 6；各部位代号如图 15 - 3 所示。

表 15 - 6　西服、大衣每个独立部位允许疵点

疵点名称	各部位允许疵点（cm）		
	部位 1	部位 2	部位 3
纱疵	不允许	轻微，总长度 1.0cm 或总面积 0.3cm² 以下；明显的疵点不允许	轻微，总长度 1.5cm 或总面积 0.5cm² 以下；明显的疵点不允许
毛粒	1 个	3 个	5 个
条印、折痕	不允许	轻微，总长度 1.5cm 或总面积 1.0cm² 以下；明显的疵点不允许	轻微，总长度 2.0cm 或总面积 1.5cm² 以下；明显的疵点不允许
斑疵（油、锈、色斑、水渍）	不允许	轻微，总面积不大于 0.3cm²；明显的疵点不允许	轻微，总面积不大于 0.5cm²；明显的疵点不允许
破洞、磨损、蛛网	不允许	不允许	不允许

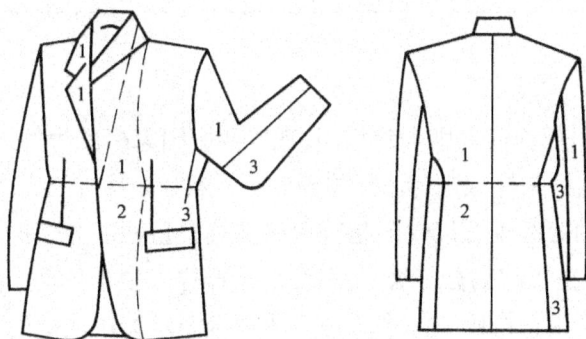

图 15 - 3　西服各部位图

（四）熨烫质量检验

要求各部位烫得平服、整洁，无烫黄、水渍、亮光。覆黏合衬部位不允许脱胶、渗胶及起皱，各部位表面不允许有沾胶。

三、理化项目检验

西服的理化项目检验主要有纤维含量、甲醛含量、pH 值、可分解芳香胺染料、异味、尺寸变化率、干洗后起皱、覆黏合衬部位剥离强度、面料与里料色牢度、装饰件和绣花耐皂洗、耐干沾色、面料起毛起球、纰裂和面料撕破强力。

（1）纤维含量要符合 FZ/T 01053—2007 规定。

（2）甲醛含量、pH 值、可分解芳香胺染料和异味要符合 GB 18401—2003 规定。

（3）尺寸变化率、干洗后起皱、覆黏合衬部位剥离强度、面料与里料色牢度、装饰件和绣花耐皂洗、耐干沾色、面料起毛起球、纰裂和面料撕破强力要求见表15－7。

表15－7　尺寸变化率等理化指标分等要求

项　　目		分等要求		
		优等品	一等品	合格品
尺寸变化率(%)	干洗	衣长 －1.0 ～ +1.0;胸围 －0.8 ～ +0.8		
	水洗	衣长 －1.5 ～ +1.5;胸围 －1.0 ～ +1.0		
干洗后起皱级差(级)		>4	4	≥3
复黏合衬部位剥离强度[N/(2.5cm×10cm)]		≥6		
面料与里料色牢度、装饰件和绣花耐皂洗、耐干沾色(级)		大多≥4	大多≥3～4	大多≥3
面料起毛起球(级)	精梳(绒面)	≥3～4	≥3	≥3
	精梳(光面)	≥4	≥3～4	≥3～4
	粗梳	≥3～4	≥3	≥3
纰裂(cm)		≤0.6		
面料撕破强力(N)		≥10		

四、检验规则

服装品种千差万别,但检验规则大致相同,现以西服国家标准为例,其检验规则如下。

1. 成品检验　根据国家标准进行出厂检验和型式检验。

2. 等级划分　成品等级划分以缺陷是否存在及其轻重程度为依据。抽样样本中的单件产品以缺陷的数量及其轻重程度划分等级,批等级以抽样样本中各单件产品的品等数量划分。

3. 缺陷　单件产品不符合国家标准所规定的技术要求即构成缺陷。按照产品不符合国家标准和对产品的使用性能、外观的影响程度,缺陷分成三类:严重降低产品使用性能,严重影响产品外观的缺陷,称为严重缺陷;不严重降低产品使用性能,不严重影响产品外观,但较严重不符合国家标准规定的缺陷,称为重缺陷;不符合国家标准规定,但对产品的使用性能和外观影响较小的缺陷,称为轻缺陷。质量缺陷判定依据可查阅服装的相关产品标准。

4. 抽样规则　抽样数量按产品批量。

（1）500 件(含 500 件)以下,抽验 10 件。

（2）500 件以上至 1000(含 1000 件)件,抽验 20 件。

（3）1000 件以上,抽验 30 件。

5. 判定规则

（1）单件判定。

优等品:严重缺陷数≤0,重缺陷数≤0,轻缺陷数≤4。

一等品:严重缺陷数≤0,重缺陷数≤0,轻缺陷数≤6;或严重缺陷数≤0,重缺陷数≤1,轻缺陷数≤3。

合格品:严重缺陷数≤0,重缺陷数≤0,轻缺陷数≤8;或严重缺陷数≤0,重缺陷数≤1,轻缺陷数≤6。

（2）批量判定。

优等品批:外观样本中的优等品数≥90%,一等品、合格品数≤10%（不含不合格品）;理化性能测试达到优等品指标要求。

一等品批:外观样本中的一等品以上的产品数≥90%,合格品数≤10%（不含不合格品）;理化性能测试达到一等品指标要求。

合格品批:外观样本中的合格品以上的产品数≥90%,不合格品数≤10%（不含严重缺陷不合格品）;理化性能测试达到合格品指标要求。

当外观缝制质量判定与理化性能判定不一致时,执行低等级判定。

☞ 思考题

1. 服装舒适性包括哪些内容?

2. 什么是 Oeko – Tex Standard 100? 它的主要内容是什么?

3.《国家纺织产品基本安全技术规范》的主要内容是什么?

4. 我国服装的理化性能检验项目一般有哪些? 外观质量检验项目有哪些?

第十六章　纺织品服装的维护保养

● 本章知识点 ●

1. 纺织品服装的洗涤与熨烫。
2. 纺织品服装的除渍。
3. 纺织品服装的科学存放。

商品的维护保养是商品学的重要内容之一。纺织商品的维护保养包括洗涤、熨烫保形、除渍、家庭保藏等,这些本身并不复杂,但是,使用保养不恰当,会加快纺织品的破损,甚至会使纺织品当即损坏或变色变形。

第一节　纺织品服装的洗涤与熨烫

一、纺织品服装的洗涤

各种用途的织物或服装,使用一段时间后就脏了,必须洗涤,否则纤维的弹性和织物的通气性、保暖性都会随之降低,并且脏污分解会产生有害成分,有碍卫生。因此,洗涤是纺织品服装保养的重要措施。

(一)洗涤方法

纺织品服装的洗涤方法有两种:水洗和干洗。

1. 水洗　指利用水及洗涤剂清洁纺织品服装的方法。现代家庭常用的水洗方法又可分为机洗和手洗两种。机械洗涤水和被洗物之间的摩擦力大,洗涤效果较好,但织物损伤较大。手洗是一种古老的洗涤方法,其劳动强度大,花时较多,但操作灵活,尤其对一些易损坏的纺织品仍以手洗为宜。

2. 干洗　指利用有机溶剂去除污物而不用水的洗涤方法。清洁用的干洗溶液是一些在常温下易蒸发的油溶剂,如石脑油、乙醚、丙酮、酒精等。由于不用水,洗涤物不湿,故干洗后服装不变形,整理容易而快干,对怕碱、色泽不耐洗的织物尤为适用。不足之处是整件服装的干洗需要庞大的浸润容器、溶液去除设备、晾干设备、溶剂回收设备等,所用的溶剂数量很大,花费也大,且有机溶剂有中毒的危险性,故一般家庭不宜自行干洗。干洗一般只限于不宜水洗的高档服装,如呢西装、呢大衣、丝绒服、天鹅绒呢、羊绒服装、薄丝织物等。

（二）洗涤剂的使用

洗涤剂对水洗效果的影响很大。选用洗涤剂的原则通常有三条：首先要能洗清污物，要在水洗条件下能随水漂去，不残留在织物表面或内部。其次，对织物不会损伤或损伤不大，不会发生褪色、沾色等后果，洗涤剂对洗涤机械和手不会产生损害。最后，还要考虑环保的要求。目前用的洗涤剂，基本上都能符合环保要求。

洗涤剂大致可分为三类：阴离子洗涤剂、阳离子洗涤剂、非离子洗涤剂。

1. 阴离子洗涤剂　属于碱性表面活性剂，主要品种有肥皂、烷基苯磺酸钠及很多有机碱类。这些洗涤剂适合于清洗棉、麻、化纤织物，也能洗丝、毛类织物，但洗时有轻微损伤。若在该类洗涤剂中加一些蛋白酶，洗涤效果会显著提高。

2. 阳离子洗涤剂　与阴离子型相反，溶于水中离解后是酸性的表面活性剂，对蛋白纤维损伤比较小，适合清洗羊毛、丝等蛋白质纤维。由于阳离子洗涤剂呈酸性，对棉、麻、粘胶纤维等损伤很大，故这类纤维的织物不能用阳离子洗涤剂洗涤。目前，由于阳离子洗涤剂研究较少，品种也少，价格也较贵。

3. 非离子洗涤剂　即在水中不会离解，只是以分子状态显示洗净效果，由于呈中性，对织物损伤最小，但洗涤效果不理想，应用也较少。

（三）洗涤要点

1. 浸泡　常言道："落水三分清"，这是有一定道理的。因为水本身就是一种洗涤剂，不仅可以洗掉织物表面的灰尘，而且有许多物质都能在水中溶解。浸泡衣物的水量要充足，浸泡时间可根据衣物品种、脏污程度和染色牢度而定，见表 16 - 1。

表 16 - 1　衣物浸泡时间

品　　种	浸泡时间（min）
丝绸和粘胶纤维织物	5
棉、麻织物	30
精纺毛织物	15 ~ 20
粗纺毛织物	20 ~ 30
合成纤维衣物	10 ~ 15
大件织物（被里、被单、棉麻蚊帐）	240 以上
易褪色、复染和细软的织物	随泡随洗

2. 洗涤　洗涤衣物应做到"三先三后"，即先洗浅色的后洗深色，先洗小件后洗大件，先洗较净的后洗较脏的。用洗衣粉洗衣物时，用量要适当，一般在 0.2% ~ 0.5% 浓度下，它所表现的去污效果最好。洗衣粉应预先用温水溶解，后将洗涤衣物放置浸泡。用肥皂洗衣服时，经揉搓后也需放入肥皂水中浸泡一段。手工洗涤的方法很多，有揉洗、捏洗、拍洗、荡洗、搓洗、刷洗、槌洗、踏洗等，个别较脏的棉麻白织物还可用煮洗。但不论采用何种洗法，对衣服的重点部位（如领、袖、裤脚、袋口等）或较脏的地方，都需抹些肥皂或洗衣粉作重点洗涤，直到污垢除去。

3. 投洗 经洗涤剂洗后的衣物,都需用清水投洗。如果洗涤剂未能洗净会留有洗涤剂味,甚至出现白霜一样的皂花,收藏后易于吸湿生霉,熨烫时易引起黄光、黄渍。所以衣物投洗一定要干净,以 3~4 次为宜。

4. 脱水 投洗清净后,需要进行脱水。除棉、麻织品的衣物可用拧绞方法外,其他织品的衣物均忌拧绞。因为拧绞易损伤纤维,并使衣物走样、破损。这时可用挤压方法脱水,也可用清洁干毛巾卷其湿的衣物压吸水分,或在适当地方任其自然沥水,待半干时再予拉挺。洗染店的脱水方式有压干、轧干、离心甩干、真空吸干等方法。

5. 温度 水温对洗涤效果有一定的影响,水温高可增强去污力,但各种纤维耐热性能和色泽牢度不相同,多数织品经受不了高的水温,此外,洗衣机械也不容许温度过高。因此,洗涤水温要与洗涤对象相适应(表 16 - 2)。

表 16 - 2　各类衣着物的洗涤水温

纤维种类	织物名称	洗涤水温(℃)
棉麻	白色、浅色	50~60
	印花、深色	40~50
	易褪色的	微温或冷水
丝	白色、浅色	40 左右
	印花、深色	35 左右
	人造丝及交织物	微温或冷水
	合成丝及交织物	35 左右
	黑色绸、丝绒物	微温或冷水
毛	粗纺类	40 左右
	精纺类	30~40
	长毛绒、驼线	微温或冷水
化纤	人造纤维织物	微温或冷水
	涤纶、锦纶、腈纶混纺	30~40
	维纶、丙纶、氯纶混纺	微温或冷水
	经树脂整理的化纤衣物	30 左右

6. 干燥 过去,人们往往将洗好的衣物置于阳光下晒干,这多出于生活习惯,但不是合理的干燥方法。因为纺织纤维在日光照射下,易发生光氧脆损或老化,特别是洗后处于湿状,衣物含有水分能加剧纤维裂解,使其强度降低,色织品更易于褪色变色。因此,除白色棉麻衣物可以在阳光下稍晒外,其他织品的衣物最好晾干,或放在阳光不太强的地方晒干(反面朝外)。在晾晒后需将衣物拉平整,尽量减少褶皱。高档外衣要用衣架晾晒,裤子要长挂晾晒。

7. 处理 洗涤后,有些衣物需要经过一些特殊处理,以获得良好的效果。常见的有:过酸处理,主要是为了中和残留在真丝织品和毛织品衣物内的皂碱,并使织品颜色鲜艳,富有光泽;上浆处理,即用稀薄淀粉浆或米汤对洗后衣物上浆,使其硬挺,不易揉皱;增白处理,即用荧光增白剂对白浅色衣物进行增白处理,以增加白度和亮度。

二、纺织品服装的熨烫

俗话说:"三分做工,七分烫工"。这句话虽有点言过其实,但却说明了熨烫对衣物养护的重要性。洗后衣物经熨烫,不仅外形平整、挺括、美观,而且还能起到杀菌的作用。

熨烫的原理是利用棉、毛、麻、丝纤维受热而弹性模量降低,使织物容易平挺,形成良好的外形。对合成纤维织物也是一个热定形过程。所以掌握各种织物热性能和熨烫温度(表16-3),就显得十分重要。

表16-3 各类纤维织物的熨烫温度

纤维织品类别	适当熨烫温度(℃)	危险温度(℃)	备 注
棉	180~200	240	—
麻类	140~200	240	—
毛	120~160	210	—
丝	120~150	200	柞丝不能喷水
粘胶纤维	120~160	200~230	短纤熨温可比人造丝略高
醋酯纤维	120~130	170	不宜在较湿状态下熨烫
锦纶	120~150	170	
涤纶	140~160	190	
腈纶	130~150	180	
维纶	120~150	180	不能给湿或覆湿布
丙纶	90~110	130	—
氯纶	70~80	90	—

注 表中危险温度是指在这个温度下熨烫30 s后,织物强力将下降10%,且变色程度可用肉眼辨别。

另外,熨烫时应注意以下几点:

(1)即使色泽不会变化的织物,也不宜过于频繁地熨烫,因为从纤维的耐用性来说,每熨烫一次,多少总会降低一些使用价值。

(2)有些难以熨平的吸湿性较大的织物,如呢绒、粘胶纤维织物等,需要喷水或上复湿布再熨,也可在半干时熨烫(从机理上说,水分子可作润滑剂,使纤维分子长链之间容易滑动而松弛)。但是,有些纤维如维纶、醋酯纤维等都不能在湿态下熨烫,柞丝织物上不能喷水熨烫。

(3)熨烫温度必须控制适当,否则会招致收缩、变色、变形、硬化、焦化或破损。混纺织物的熨烫温度主要以其中耐热性较差的纤维为准。

(4)熨烫台要铺毯子或布。衬垫物不可有凹凸不平或皱纹。

(5)手对熨斗的压力不宜过大,熨斗应不停地移动,否则会引起温度过高现象。

三、纺织品服装洗涤熨烫标志的识别

对一些高档纺织品和服装,通常在内衬或标签上都注有使用说明的符号或图案,这对保养纺织品和服装有重要的参考价值。科学地洗涤与熨烫纺织品,应以 2009 年实施的 GB/T 8685—2008《纺织品 维护标签规范 符号法》为依据。纺织品服装维护有五个基本符号和一些附加的具体描述符号,见表 16 - 4 ~ 表 16 - 10。

表 16 - 4　纺织品维护基本图形符号

名　　称	图形符号	说　　明
水洗		用洗涤槽表示水洗程序
漂白		用三角形表示漂白程序
干燥		用正方形表示干燥程序
熨烫		用手工熨斗表示熨烫程序
专业纺织品维护		用圆圈表示(不包括工业洗涤的)专业干洗和专业湿洗的维护程序

注 图形符号上若加"×",表示不可进行此图形符号所示操作;在基本符号下面添加一条横线,表示缓和处理;在基本符号下面添加两条横线,表示非常缓和处理;数字表示洗涤温度;圆点数量表示干燥熨烫温度。

表 16 - 5　纺织品水洗符号

符　　号	水洗程序	符　　号	水洗程序
95	——最高洗涤温度95℃ ——常规程序	40	——最高洗涤温度40℃ ——缓和程序
70	——最高洗涤温度70℃ ——常规程序	40	——最高洗涤温度40℃ ——非常缓和程序
60	——最高洗涤温度60℃ ——常规程序	30	——最高洗涤温度30℃ ——常规程序
60	——最高洗涤温度60℃ ——缓和程序	30	——最高洗涤温度30℃ ——缓和程序
50	——最高洗涤温度50℃ ——常规程序	30	——最高洗涤温度30℃ ——非常缓和程序
50	——最高洗涤温度50℃ ——缓和程序		——手洗 ——最高洗涤温度40℃
40	——最高洗涤温度40℃ ——常规工艺		——不可水洗

表 16 – 6 纺织品漂白符号

符 号	漂白程序	符 号	漂白程序
△	——允许任何漂白剂	⊠	——不可漂白
△(斜线)	——仅允许氧漂/非氯漂		

表 16 – 7 纺织品自然干燥符号

符 号	自然干燥程序	符 号	自然干燥程序
□|	——悬挂晾干	□|(斜线)	——在阴凉处悬挂晾干
□||	——悬挂滴干	□||(斜线)	——在阴凉处悬挂滴干
□—	——平摊晾干	□—(斜线)	——在阴凉处平摊晾干
□=	——平摊滴干	□=(斜线)	——在阴凉处平摊滴干

表 16 – 8 纺织品翻转干燥符号

符 号	翻转干燥程序	符 号	翻转干燥程序
⊙⊙	——可使用翻转干燥 ——常规温度，排气口最高温度80℃	⊠	——不可翻转干燥
⊙	——可使用翻转干燥 ——较低温度，排气口最高温度60℃		

表 16 – 9 纺织品熨烫符号

符 号	熨烫程序	符 号	熨烫程序
⊿•••⊿	——熨斗底板最高温度200℃	⊿•⊿	——熨斗底板最高温度110℃ ——蒸汽熨烫可能造成不可恢复的损伤
⊿••⊿	——熨斗底板最高温度150℃	⊠	——不可熨烫

表 16 – 10 专业纺织品维护符号

符 号	纺织品维护程序
Ⓟ	——使用四氯乙烯和符号 F 代表的所有溶剂的专业干洗 ——常规干洗
Ⓟ(下划线)	——使用四氯乙烯和符号 F 代表的所有溶剂的专业干洗 ——缓和干洗
Ⓕ	——使用碳氢化合物溶剂(蒸馏温度在150~210℃之间,闪点为38~70℃)的专业干洗 ——常规干洗

符　号	纺织品维护程序
Ⓕ	——使用碳氢化合物溶剂(蒸馏温度在 150~210℃之间,闪点为 38~70℃)的专业干洗 ——缓和干洗
⊗	——不可干洗
Ⓦ	——专业湿洗 ——常规湿洗
Ⓦ	——专业湿洗 ——缓和湿洗
Ⓦ	——专业湿洗 ——非常缓和湿洗

第二节　纺织品服装的除渍

各类纺织纤维的衣物,在使用过程中难免会沾上污渍。由于各种污渍的成分不同,有一些可用水和洗涤剂洗净,有一些则不易洗净,需用特殊化学材料将污渍除去。科学合理的除渍方法应该是因"渍"、因"色"、因"纤维"制宜。

一、除渍原则

(1)沾上污渍尽可能及时除渍。因为时间一长污渍渗透到纤维内部,与纤维紧密地沾住或与纤维发生化学反应,其渍就不易或不能去除。

(2)不同类型的污渍采取不同的措施,因此,最好事先知道沾上的是什么污渍。如果没法知道,只能凭视觉、嗅觉鉴别,必要时平悬在蒸汽上再嗅。

(3)某些除渍剂对部分纤维或色泽有损,因此,最好预先知道衣物是何种纤维所制。如难以判别,可以在不显眼的褶缝处试一试,看纤维是否经得住,同时也观察所染颜色是否会受影响。

(4)动作要轻快,切忌激烈硬刷。擦拭时,应从污渍的边缘向中心擦拭,以防污渍向外扩散。硬性污渍须待软化后再刷。

(5)污渍性质未明之前不宜用热水浸泡。因为有些污渍受热会凝固在衣物上更难以洗除。除渍剂一次不要用得太多,"多次少用"一般比"一次多用"有效,因为多数除渍剂需有一定的作用时间。

(6)除起绒织物外,宜将受渍面向下,放置在衬垫软布或草纸上,在织物反面加除渍剂,使污渍没有机会穿透织物,衬垫物要多换新处,必要时用软布沾些除渍剂轻揩,尽量不搓擦,以免发生"极光"。污渍去除后衣服必须清洗,不要让除渍剂残留在衣物上。

二、日常除渍三十种

日常生活中可能遇到的污渍很多,现列举如下,以供参考。

(1)红、蓝墨水:衣服上新沾的红蓝墨水,可用肥皂冷水立即洗涤,也可用少许温牛奶去除。如果是陈旧的红墨水迹,可先用洗涤剂洗,再放 10% 的酒精溶液去除;如果是陈旧的蓝墨水迹,可先把织物放在 2% 的草酸溶液里浸几分钟,然后用洗涤剂清洗。

(2)墨汁:新迹可用温皂液洗除,或用饭粒搓揉的方法去除,如果洗后,白色织物上还留有斑迹,可再用 10% 的草酸溶液、柠檬酸溶液或酒石酸液去除。之后,再用清水漂洗。

(3)圆珠笔油:先用冷水将污迹浸湿,然后再用苯或四氯化碳轻轻擦拭,最后用清水洗涤。

(4)印泥油迹:先用苯或汽油擦拭去掉油脂,再用洗涤剂清洗。如红色印泥,还要放在加有氢氧化钾的酒精溶液里洗涤。粘胶纤维、富强纤维织物只能用酒精,不能用氢氧化钾。有的去除污迹后还要漂白。

(5)复写纸色迹:先用温水洗后,再用汽油擦拭,最后用酒精去除。如果是蜡笔迹,也可用此方法。

(6)汗渍:可用淡的氨水溶液中和后去除。对于白色织物上的陈旧汗渍,可用硫化硫酸钠水溶液去除,再用清水漂洗。也可以用氨水或食盐的水溶液去除,或用生姜末、冬瓜汁搓洗,或用洗发香波刷洗,再用清水漂洗。

(7)尿迹:新的尿迹可用温水洗除。如果温水洗除有困难,用 10% 的氨液刷洗,洗水后再用 10% 的醋酸处理,再水洗;陈迹则先用酸液再用氨液,如仍洗不净,可用蛋白酶化剂处理或双氧水漂白。

(8)血迹:血液中的血浆、血球等蛋白质物质,受热会凝固而牢附在织物上,所以切忌用热水洗。棉、麻织物上的血迹可用冷水或肥皂的酒精溶液来洗,或用白萝卜丝加盐挤汁擦洗,或在稀氨液中浸 15min 后再用温皂液洗;丝绸、呢绒上可先用冷水浸湿,再用温水洗。

(9)果汁:如是新的果汁,可立即把食盐撒在斑迹上面,停一段时间后,再用清水洗除。由于果汁中含有有机酸,所以还可以用冲淡 20 倍的氨水洗,再用清水漂洗。

(10)油脂迹:可用松香水、汽油擦拭或用洗涤剂洗涤。

(11)油漆和沥青迹:新沾上的可用松节油或汽油洗除(汽油效果不如松节油好)。陈旧的油漆或沥青迹,可先把污迹处浸入 1:1 的乙醚、松节油的混合液中,待污迹浸软后,再用苯或汽油擦。

(12)皮鞋油迹:可用汽油、松节油或酒精擦拭去除。如果是白色织物上沾污了黑皮鞋油或棕色皮鞋油迹时,可先用汽油润湿,后用 10% 的氨水洗,再用酒精擦拭。

(13)烟草迹:也就是尼古丁迹。新的烟草迹可用温水洗涤。旧的烟草迹可用盐酸、亚硫酸钾的水溶液去除。白色织物上的烟草迹,还可用 3% 的双氧水、90% 的酒精、氨水以 18:4:1 的混合液擦拭,然后用清水洗涤。

(14)鱼迹:先用纯净的甘油将鱼迹润湿,再用刷子轻轻地刷洗、静置一会儿,用温水洗涤。

（15）酱油迹：新的酱油迹立即用冷水搓洗，再用肥皂等洗涤剂去除。陈旧酱油则要在温的洗涤剂洗液中，加入少量氨水或硼砂，洗涤去除。

（16）茶迹：先用洗涤剂洗后，再在水里加入几滴氨水和甘油的混合液洗涤。还可用10%的草酸溶液，润湿十几分钟后，用水洗涤。但是含有羊毛的混纺织物不宜用氨水，而应用10%的甘油溶液洗。

（17）酒迹：新迹可用洗涤剂去除，陈迹可在加放氨水、硼砂的溶液内洗，再用清水洗。

（18）碘酒迹：用冷水先润湿，再用一块面粉团在斑迹上擦拭，至污迹消失后，再放入洗涤剂中洗涤。也可用亚硫酸钠的水溶液擦拭，再用温水洗除。

（19）霉斑迹：新的霉斑迹，可先用刷子刷后，再用酒精洗除，旧的霉斑迹，可先在上面涂上氨水，再涂上高锰酸钾溶液，然后用亚硫酸钠溶液处理和水洗。

（20）呕吐液迹：先用汽油擦拭，再用5%的氨水擦拭，之后用水洗涤。或用10%的氨水将斑迹润湿，再用酒精和肥皂配制液擦拭，之后用洗涤剂洗净。

（21）铁锈迹：新迹用2%的草酸溶液擦拭后，再用清水漂洗。陈旧的铁锈迹，可用草酸、柠檬酸的混合水溶液微加热后，涂在铁锈上，再用清水洗除。

（22）糖渍：用汽油或酒精擦洗。

（23）番茄汁迹：浸水后，用温甘油浸润半小时，刷洗出水后，再用温皂液洗涤。

（24）蟹黄渍：从煮熟的蟹中取出白腮搓拭，再放入冷水内，用肥皂洗涤。

（25）柿子渍：用葡萄酒加浓盐水一起搓擦，用肥皂与清水洗净。

（26）橘子汁：因含单宁，日久或受热要附固。未固之前用热水可除去。已经附固者可先用甘油刷洗，再用冰醋酸和香蕉水的混合液揩洗，最后用清水洗净。

（27）咳嗽糖浆：先用水湿润以除糖分，再用加有几滴10%醋酸的酒精刷洗，必要时另用洗发香波洗。

（28）指甲油：先用四氯化碳或汽油湿润，再用含氨的浓皂液洗，再滴上香蕉水轻擦，最后用汽油揩净，必要时再用双氧水漂洗。

（29）铜绿：先温水洗，再用含甘油的皂液洗或用洗发香波洗。必要时可用稀草酸处理。

（30）黄泥渍：干刷或搓刷后，用生姜涂擦污处，再用清水漂洗。

第三节　纺织品服装的科学存放

纺织品服装若能科学地保养，对维护其使用价值有着重要的作用。

一、纺织品服装存放期间质量的异状变化

纺织品服装在收藏期间，不断发生各种各样的运动，引起质量变化的异状现象，这主要决定于织品本身的成分、性质和结构，其次受外界因素如霉菌、蛀虫、湿度、温度、空气、重压等的影响。纺织品服装在外界因素作用下，最易发生的变化有霉变、虫蛀、泛黄、褪色、脆损等。

1. 霉变　纺织品服装霉变是由霉菌引起的质变现象,霉菌是一种低等植物,在纺织品服装上繁殖生长,不断从其中吸取营养物质,导致其原有的成分被分解,其结构和外观就会发生质的变化。同时,霉菌在生长过程中所排出的排泄物,会使纺织品服装着色并散以霉味。

凡含有纤维素、蛋白质、脂肪类和有机酸等物质的商品,都是易霉变商品。纺织品服装原料成分各异,受霉变的影响也有区别。棉、麻、粘胶纤维等织品,主要成分是纤维素,霉菌能将纤维素分解成葡萄糖而获得最好的营养,故这些织品最易霉变。毛、丝织品是蛋白质纤维,霉菌能将蛋白质分解成氨基酸,故这些织品也会霉变。这些纤维与合成纤维混纺亦会霉变,只是程度稍轻一些。纯合成纤维本身不含霉菌的营养物料,所以不会霉变。但由于其在印染整理和使用中,附着霉菌生长的物质,如浆料、油脂等,也会引起霉变,只是其程度甚微。

2. 虫蛀　蛀虫是啮蚀衣物的害虫。天然纤维及其混纺织品,含有纤维素、蛋白质等营养物质,是皮蠹、衣蛾、衣鱼、白蚁等害虫的良好食料,因而易遭虫蛀,其中毛织品最易被蛀,因纯羊毛主要成分为角质蛋白质,是蛀虫最喜欢的食料。通常蛀虫不会蛀蚀合成纤维,因其没有蛀虫所需的养料。但如纺织品外包装物或储存地方已隐藏有蛀虫,则可能危害合成纤维织品。另外,蛀虫为了打通道,也可能咬穿合成纤维织品。

3. 泛黄　漂白的纺织品容易发生泛黄现象,使织物表面留下黄色或奶黄色的斑迹。泛黄的原因,主要是织品储存保管中,受真菌的分泌物污染,或织品接触空气中所含二氧化硫、硫化氢以及氮的各种氧化物所致;也可能由生产过程中遗留下来的潜在因素所形成,如煮练不当,未能除去原来的色素,日久显出本色而泛黄;残氯未尽,坯布使用含氯的漂白剂漂白后水洗不够。凡用含氯漂白剂漂白的织品,储存时间过久,泛黄现象是难免的。

4. 脆化　脆化是指纺织品的强力降低的现象,同时还伴随弹性下降、色泽发暗等。织品脆化的原因很多,除了在染色、漂白、丝光等加工过程中由于工艺不善带来脆化因素外,在使用保管过程中,由于储存过久、保管不良,使织品长期受到空气、潮气、闷热、日光等的影响而导致纤维遭到破坏,造成不同程度的脆损现象。

此外,织品在存放期间,由于保管不善,还可能发生褪色、水迹、锈斑、压印以及遭受鼠咬等的危害。

二、纺织品服装的家庭保藏

纺织品服装的家庭保藏,是人们共同关心的问题,必须讲究科学、适宜、经济。具体应注意以下几方面:

1. 衣物箱橱,要保持清洁、干燥　使用前,衣箱、衣橱最好能移至阳光下晒一晒,如箱橱角落有蛀虫,则应在其中喷射"防虫剂",关闭 1h 后打开揩拭干净,并在箱橱内四周和底部垫上牛皮纸,然后再收藏衣物。

2. 收藏的衣物应干净　衣物收藏前要洗干净,以消灭依附于衣物上的霉菌,有条件的话,最好在收藏之前熨烫一次,以达到杀虫灭菌的效果。

3. 驱虫剂的使用　收藏衣物的箱橱内,需放适量的驱虫剂。通常有樟脑丸(块)以及一些高效低毒的农药。有人认为,樟脑丸之类的驱虫剂与合成纤维长期存放会发生化学作用,影响织品的穿用寿命。实际使用表明是不会影响织品的使用寿命的,只是要用纸、布包好,避免与衣物直接接触。很多香料如薰衣香料具有防霉防虫的效果,且无毒性,可供高档衣物之用。

4. 衣物的放置　衣物收藏在箱橱内,不论折叠或悬挂,都宜把衣物的反面朝外,以防正面色泽受到影响。收藏丝绒、长毛绒衣物,宜挂藏在衣橱架上,以避免受压倒绒。高级毛料、丝绸服装也宜挂藏,在衣架上还需盖一块遮尘布。收藏在箱橱中的衣物,需经常打开透气翻晒,以免因闷热引起异变。到了雨季,遇上好天,还应拿出来翻晒。

5. 化纤服装的保管　化纤服装,不可曝晒,要阴干晾干。保管时不要和有机溶剂接触,如香水、雪花膏等,也不要在很低的气温时拿到室外吹晒或过夜,以防材料硬化。

6. 吸湿剂的使用　收藏毛料和丝绸衣物,如环境过于潮湿,可在箱橱里放入吸湿剂,如硅胶,它具有良好的吸湿性(每千克可吸收水分 $0.4 \sim 0.5 kg$),不溶化、不污染、无腐蚀性,烘干后仍可继续使用。

7. 已霉织品的救治　如果织品已发生霉变,要根据不同织物及时进行处理。棉、麻原色布发霉后,可进行日光曝晒;色布可在透风处晾晒,待织品干燥后刷去霉点。呢绒、毛织品发霉,一般不宜直接曝晒或烘烤。轻的可晾干后将霉点轻轻刷去,重者送毛纺厂整理。绸缎等丝织品,如有轻微霉点,可用绒布或新毛巾轻轻揩去;重者,应送丝绸厂整理或用氨液喷射后,再用熨斗烫平。

👉 **思考题**

1. 纺织品服装如何洗涤与熨烫?
2. 纺织品服装如何除渍?
3. 纺织品服装如何科学存放?

主要参考文献

[1]朱进忠.实用纺织商品学[M].北京:中国纺织出版社,2000.

[2]朱进忠.纺织标准学[M].北京:中国纺织出版社,2007.

[3]朱进忠.纺织材料学实验[M].2版.北京:中国纺织出版社,2008.

[4]张一心.纺织材料[M].北京:中国纺织出版社,2005.

[5]于伟东.纺织材料学[M].北京:中国纺织出版社,2006.

[6]姜怀.纺织材料学[M].2版.北京:中国纺织出版社,1996.

[7]李栋高,蒋蕙钧.丝绸材料学[M].北京:中国纺织出版社,1994.

[8]姚穆.纺织材料学[M].3版.北京:中国纺织出版社,2009.

[9]严灏景.纺织材料导论[M].北京:纺织工业出版社,1990.

[10]上海纺织品采购供应站.纺织品商品手册[M].北京:中国财政经济出版社,1986.

[11]潘绍来.商品学[M].南京:东南大学出版社,2004.

[12]织物词典编辑委员会.织物词典[M].北京:中国纺织出版社,1995.

[13]叶润德,王欢.纤维、纺织品、服装与饰品[M].北京:化学工业出版社,1997.

[14]王府梅.纺织品商品学[M].北京:中国纺织出版社,2008.

[15]刘建华.纺织商品学[M].北京:中国纺织出版社,1997.

[16]王君平.蜀锦[M].成都:四川美术出版社,2004.

[17]中国纤维检验局组.棉花质量检验[M].2版.北京:中国计量出版社,2008.

[18]朱同芳.中华瑰宝—南京云锦[M].南京:南京出版社,2003.

[19]纺织品大全(第二版)编辑委员会.纺织品大全[M].2版.北京:中国纺织出版社,2005.

[20]肖丰.新型纺纱与花式纱线[M].北京:中国纺织出版社,2008.

[21]万融,邢声远.服用纺织品质量分析与检测[M].北京:中国纺织出版社,2006.

[22]徐蕴燕,仲岑然.织物性能与检测[M].北京:中国纺织出版社,2007.

[23]田恬.纺织品检验[M].北京:中国纺织出版社,2006.

[24]纺织工业标准化研究所.中国纺织标准汇编 基础标准与方法标准卷(三)[G].2版.北京:中国标准出版社,2007.

[25]中国纺织大学棉纺教研室.棉纺学[M].2版.北京:中国纺织出版社,1990.

[26]西北纺织工学院毛纺教研室.毛纺学[M].北京:中国纺织出版社,1990.

[27]苏州丝绸工学院,浙江丝绸工学院.制丝学[M].北京:中国纺织出版社,1993.

[28]王晓春,顾韵芬,杨书岫,曲旭煜等.丝绢织染概论[M].北京:中国纺织出版社,1995.

[29]董炳荣.绢纺织[M].北京:中国纺织出版社,1991.

[30]郁崇文.纺纱系统与设备[M].北京:中国纺织出版社,2005.

[31]张洵栓.染整概论[M].北京.中国纺织出版社,1997.

[32]蔡陛霞.织物结构与设计[M].北京.中国纺织出版社,2007.

[33]钱鸿彬.棉纺织厂设计[M].北京.中国纺织出版社,1996.

[34]范雪荣.纺织品染整工艺学[M].北京.中国纺织出版社,2005.

[35]朱苏康,高卫东.机织学[M].北京.中国纺织出版社,2008.

[36]包昌法.服装学概论[M].北京:中国纺织出版社,1998.

[37]全国服装标准化技术委员会.GB/T 15557—2008 服装术语[S].北京:中国标准出版社,2008.

[38]全国服装标准化技术委员会.GB/T 1335.1—2008 服装号型 男子[S].北京:中国标准出版社,2008.

[39]全国服装标准化技术委员会.GB/T 1335.2—2008 服装号型 女子[S].北京:中国标准出版社,2008.

[40]全国服装标准化技术委员会.GB/T 1335.3—2009 服装号型 儿童[S].北京:中国标准出版社,2009.

[41]张文斌.服装工艺学(成衣分册)[M].上海:东华大学出版社,2005

[42]全国服装标准化技术委员会.GB/T 18401—2003 国家纺织产品基本安全技术规范[S].北京:中国标准出版社,2003.

[43]全国服装标准化技术委员会.FZ/T 80002—2002 服装标志 包装 运输和和贮存[S].北京:中国标准出版社,2002.

[44]张渭源.服装舒适性与功能[M].北京:中国纺织出版社,2005

[45]国际环保纺织协会.Oeko – Tex Standard 100[S].苏黎世:国际环保纺织协会秘书处.

[46]全国服装标准化技术委员会基础分会.FZ/T 01053—2007 纺织品 纤维含量标识[S].北京:中国标准出版社,2007.

[47]全国服装标准化技术委员会基础分会.GB/T 8685—2008 纺织品 维护标签规范符号法[S].北京:中国标准出版社,2008.

[48]全国服装标准化技术委员会基础分会.GB/T 2664—2009 男西服 大衣[S].北京:中国标准出版社,2009.

[49]翟亚丽.纺织品检验学[M].北京:化学工业出版社,2008.

[50]张毅.纺织商品检验学[M].上海:东华大学出版社,2009.

[51]纺织工业科学技术发展中心.中国纺织标准汇编[M].北京:中国标准出版社,2001.

[52]徐水波.GB 1103—2007《棉花 细绒棉》宣贯教材[M].北京:中国计量出版社,2007.

[53]吴卫刚,周蓉.纺织品标准应用[M].北京:中国纺织出版社,2003.

[54]全国纺织品标准化技术委员会丝绸分会.GB/T 1797—2008 生丝[S].北京:中国标准出版社,2008.

书 名	作 者	定价(元)
【普通高等教育"十一五"国家级规划教材】		
纺织材料(第2版)	张一心	39.00
棉纺工程(第四版)(附盘)	史志陶	48.00
纺纱工艺与质量控制(附盘)	张喜昌	38.00
纺纱设备与工艺(附盘)	魏雪梅	43.00
织造设备与工艺(附盘)	韩文泉	37.00
色织工艺学(附盘)	董敬贵	40.00
色织产品设计与工艺	马昀	38.00
提花工艺与纹织 CAD	包振华	36.00
家用纺织品设计与市场开发(附盘)	姜淑媛	38.00
家用纺织品营销	王艳	33.00
针织服装设计与生产	贺庆玉	35.00
非织造工艺学(第2版)	言宏元	34.00
纺织设备机电一体化技术(附盘)	穆征	39.00
纺织机械基础概论(第二版)(附盘)	周琪甦	36.00
【纺织高职高专"十一五"部委级规划教材】		
纺织材料学实验(第二版)(附盘)	朱进忠	38.00
纺织染概论(第二版)(附盘)	刘森	30.00
新型纺纱与花式纱线	肖丰	35.00
毛纺工程(附盘)	平建明	45.00
机织物结构与设计(第二版)	刘培民	40.00
机织试验与设备实训	佟昀	29.00
织造工艺与质量控制(附盘)	马芹	36.00
纺织测试数据处理	胡颖梅	37.00
纺织工艺设计与计算	倪中秀	34.00
织物性能与检测	徐蕴燕	35.00
纺织面料	邓沁兰	29.00
针织服装设计与生产实训教程(附盘)	彭立云	35.00
羊毛衫生产工艺(第二版)	丁钟复	28.00
家用纺织品图案设计与应用(附盘)	王福文 牟云生	35.00
家用大提花织物设计与市场开发	姜淑媛	50.00
家用纺织品营销	王艳	33.00
家用纺织品设计与工艺	庞冬花	39.00
家用纺织品生产管理与成本核算	祝永志	35.00
纺织品 CAD 应用实践(附盘)	邓中民	30.00
纺织工艺与设备实训	陈锡勇	35.00
织物组织分析与应用	侯翠芳	42.00
纺织计算机应用技术(附盘)	苏玉恒	36.00

纺 织 高 职 高 专 教 材

推荐图书书目：轻化工程类

书 名	作 者	定价(元)
纺织标准学	朱进忠	28.00
纺织品市场营销	王若明 张芝萍	29.80
纺织服装外贸函电与写作(附盘)	张耘	34.00
纺织企业管理基础(第三版)	王毅	45.00
纺织品外贸跟单实务	张芝萍 田琦	28.00
纺织服装市场调研与预测(第2版)	方勇	33.00
【纺织高职高专教育教材】		
纺织材料学(第二版)	姜怀等	35.00
纺材实验	姜怀	18.00
纺织实验技术	夏志林	34.00
纺织工艺与设备(上册)	任家智	40.00
纺织工艺与设备(下册)	毛新华	48.00
纺织染概论	刘森	26.00
纺织测试仪器操作规程	翟亚丽	38.00
机织学(第二版)下册	毛新华	36.00
机织概论(第三版)	吕百熙	25.00
亚麻纺纱、织造与产品开发	严伟	36.00
纺织厂空调工程(第二版)	陈民权	37.00
针织概论(第二版)	贺庆玉	20.00
针织工艺学(经编分册)	沈蕾	22.00
针织工艺学(纬编分册)	贺庆玉	28.00
保全钳工(第三版)	杨建成	32.00
纺织机械制图(第四版)	刘培文	40.00
纺织机械制图习题集(第二版)	刘培文	35.00
纺织机械基础知识(第二版)	刘超颖	32.00
棉纺织设备电气控制	张伟林	36.00
纺织品经营与贸易	闫志俊	30.00
会计基础	张慧	28.00
企业管理基础	王毅	30.00
【全国纺织机电专业规划教材】		
传感器与检测技术	邓海龙	30.00
纺织机电专业英语	单敏 孙凤鸣	35.00

纺 织 高 高 职 高 专 教 材

注　若本书目中的价格与成书价格不同，则以成书价格为准。中国纺织出版社图书营销中心门市、函购电话：(010)64168110 或登陆我们的网站查询最新书目。

中国纺织出版社网址：www.c-textilep.com